傳統與詮釋

张之洞
人才思想研究

黄俊棚 著

四川大学出版社
SICHUAN UNIVERSITY PRESS

图书在版编目（CIP）数据

张之洞人才思想研究 / 黄俊棚著 . — 2 版 . — 成都：
四川大学出版社，2024.4
（传统与诠释）
ISBN 978-7-5690-6635-7

Ⅰ．①张… Ⅱ．①黄… Ⅲ．①张之洞（1837-1909）
－人才学－思想评论 Ⅳ．① C96-092

中国国家版本馆 CIP 数据核字（2024）第 051629 号

书　　名：张之洞人才思想研究
　　　　　Zhang Zhidong Rencai Sixiang Yanjiu
著　　者：黄俊棚
丛 书 名：传统与诠释

出 版 人：侯宏虹
总 策 划：张宏辉
丛书策划：张宏辉　张宇琛
选题策划：杨岳峰
责任编辑：李　耕
责任校对：梁　明
装帧设计：张丽斌
责任印制：王　炜

出版发行：四川大学出版社有限责任公司
　　　　　地址：成都市一环路南一段 24 号（610065）
　　　　　电话：（028）85408311（发行部）、85400276（总编室）
　　　　　电子邮箱：scupress@vip.163.com
　　　　　网址：https://press.scu.edu.cn
印前制作：四川胜翔数码印务设计有限公司
印刷装订：四川煤田地质制图印务有限责任公司

成品尺寸：148mm×210mm
印　　张：8.125
插　　页：2
字　　数：232 千字

版　　次：2020 年 12 月 第 1 版
　　　　　2024 年 4 月 第 2 版
印　　次：2024 年 4 月 第 1 次印刷
定　　价：58.00 元

扫码获取数字资源

四川大学出版社
微信公众号

前　言

　　众所周知，洋务运动是一场自上而下的，以引进西方军事武器、机器生产到学习科学技术的"自强"运动，其目的是维护清王朝的统治，但同时也开启了近代中国变革的伟大历程。

　　洋务运动的代表人物，大多是清王朝的贵族与高级官僚，他们在对外的交涉和冲突中，在对内起义叛乱的镇压中，切身体会到西方军事装备的先进，进一步发现了制造这些装备后面的机器生产，以及这一切之所以建立的基础——西方的科学技术。于是他们在对抗朝廷与社会的保守势力的同时，以"自强、求富"为口号大力推动"办洋务"，并由此推动了中国传统的政治、经济、社会、军事乃至学术的改革。

　　然而，这一批官僚士大夫虽被历史学家以"洋务派"归类，但他们并非一个拥有同一出身背景和行动纲领的群体，因此对于"洋务"该办什么，怎么办，这些"洋务派"官员内也意见不一。

　　如果说曾国藩、李鸿章、左宗棠等在镇压太平天国运动中崛起的洋务派，是长期处于传统政治体制边缘的官僚士绅，他们在为朝廷平叛中获得军功而进入权力中枢，张之洞则是在科举考试中名列前茅，又长期担任与文化教育相关的学官，翰林院和类似"御史大夫"的清流经历，使其很早就成为中国读书人中的翘楚。也正是张之洞这样一类的人物在"通经致用"的思想指引下，成为高唱"中体西用"的洋务派巨擘。从某种意义上来说，张之洞的思想脉络更能展现近代西方知识体系与对中国传统世界的冲击，它所牵引激发出来的，由西学引入产生的中国传统学术、文化思想的争论和激荡，其对后世造成的深远影响，恐怕远超过洋务派建立的海军与工厂。

言归正传，思想是人参与实践的指导，也是人评价自己和评价别人的标准。因此，要讨论张之洞的人才思想，就要讨论人才的"定义和分类"、人才的"培养方法"和人才的"选取标准"。回顾张之洞一生的不同阶段，可以看出在他的思想变化过程中所坚持的人才思想观：

一、坚持儒家传统道德：张之洞人才思想的基础

儒家思想注重官员是否符合儒家道德的"贤人"标准，正所谓"修身、齐家、治国、平天下"。张之洞对于人才的任用在政治、军事、科技、文化等不同领域和不同时期，因他对人才的需求和偏重不同，相对应地更注重相关领域人才的选拔和培育。但提倡"维持名教"的价值观、"砥砺气节"的品德修养既是张之洞终其一生所坚持的为人为官的行为准则，也是他选拔和培养人才的基本要求和标准。

跟随了张之洞十多年的辜鸿铭，曾对洋务派中的代表人物做过一些评价。他认为，曾国藩的时代，士林还讲究气节、忠信和操守，而到李鸿章的时代，士林风气开始变化，功利主义和实用主义不仅成为处理朝廷事务的潜规则，也渗透到日常生活的人伦领域。① 而对于曾国藩与张之洞，辜鸿铭认为，"张文襄儒臣也，曾文正大臣也，非儒臣也。"可见，在辜鸿铭这位以"保守主义"闻名的幕僚眼中，张之洞为官为人可以说在当时的官员中是首屈一指的。

---

① 许纪霖：《在"理"与"势"之间：晚清官僚士大夫的自改革》，《探索与争鸣》，2019 年第 10 期。

在选拔人才的标准和思想方面，张之洞也是一以贯之，无论是其初涉官场担任四川学政时所写的《𫐓轩语》一书，还是其晚年在湖广总督任上所写的《劝学篇》，都可以看出他强调德行和坚持"纲常名教"为一切人才之基础：如《𫐓轩语》一书的结构"上篇语行，中篇语学，下篇语文"，"语行"包括提倡德行人品、立志气节和作为学习方面的要求等（见第一章第三节）。《劝学篇》分内外篇，其中"内篇"中的"同心、教忠、明纲、知类、宗经、正权"可以看作以"中学为体"思想衡量人才的标准（见第三章第二节）。

二、重视办学：张之洞的人才培养方式

考察为官经历和办洋务的内容，可以说张之洞终其一生都带有"学官"本色，热衷于教育和办学。从某种意义上来说，这也是儒家重视教育、教化的思想在"儒臣"张之洞身上的体现。

以传统书院来讲，除了翰林院的四年生涯，在张之洞一生先后出任的湖北学政、四川学政、山西巡抚、两广总督、湖广总督，每一阶段张之洞都推动成立了书院和学校。如其在湖北学政任上兴办的经心书院，在四川学政任上成立的尊经书院，在山西巡抚任上成立的令德书院，在两广总督任上成立的广雅书院，在湖广总督任上成立的两湖书院，都对当地的教育产生了巨大影响，也培养了许多在历史上赫赫有名的人才。兴建这些传统书院，其初衷"为照维持世道，首赖人材，人材之成，必由学术"[1]。可以说，在张之洞看来，兴办教育是"维持名教"的一种延伸。

但更重要的，是张之洞热衷于成立以西学为主要教学内容的

---

[1]　苑书义，孙华峰，李秉新：《张之洞全集》（第四册），河北人民出版社，1998年版，第2755页。

新式学堂，这成为张之洞办洋务的特点。如果说李鸿章等人是在办洋务的过程中为突破技术瓶颈和摆脱人才短缺的窘况才进而推动洋务人才的培养和教育的话，那么张之洞在建立新式军队之前，或是在建设近代工厂的同时，就已敏锐地认识到"西学"乃一切洋务之根本，也看到了建立近代学堂培养人才的重要性。

例如，早在湖北练新军之前，在他担任两广总督期间，就创办了水陆师学堂，将西方先进军事教育与中国现实相结合，培养了一批批洋务人才。而在汉阳铁厂、卢汉铁路等建设开展之前，张之洞于光绪十五年（1889）十月十八日上书的《增设洋务五学片》，提出应将"矿学、化学、电学、植物学、公法学五种"[1]纳入"有益自强之务"[2]。在湖广总督任上，他进一步设立自强学堂，其分科基本涵盖了西学最基础的学问。创立陆军学堂、水师学堂和武备学堂，说明张之洞已经认识到学堂教育对练兵建军的重要性，"现当急练陆军，亟宜设法推广，储异日干城之选"[3]。因修建卢汉铁路成立的铁路学堂，"至各国专设有铁路学堂，并设有各国铁路公会，每两年大会一次，互相讲求"[4]。张之洞还兴办了"综合性"学校储才学堂，涵盖除军事之外的所有与国家外交和经济相关的专业，其学科设置"皆有益国计民生之大端"[5]。

相比大部分洋务官员只是对坚船利炮和高效率的机器感兴

① 苑书义，孙华峰，李秉新：《张之洞全集》（第一册），河北人民出版社，1998年版，第 732 页。
② 苑书义，孙华峰，李秉新：《张之洞全集》（第一册），河北人民出版社，1998年版，第 733 页。
③ 苑书义，孙华峰，李秉新：《张之洞全集》（第二册），河北人民出版社，1998年版，第 1089 页。
④ 苑书义，孙华峰，李秉新：《张之洞全集》（第二册），河北人民出版社，1998年版，第 993 页。
⑤ 苑书义，孙华峰，李秉新：《张之洞全集》（第二册），河北人民出版社，1998年版，第 1082 页。

趣，张之洞对近代科学的基础作用，以及科学所必需的系统性学习有深刻认识，这成为他一直重视兴办近代学堂的重要原因。正如他在光绪二十一年（1895）的《吁请修备储才折》中写到的那样："人皆知外洋各国之强由于兵，而不知外洋之强由于学。夫立国由于人才，人才出于立学，此古今中外不易之理。"① 而正是因为张之洞如此大规模、系统性地兴办学堂，其办学的经验和思想成为此后新政"废科举，兴学堂"基本措施的蓝本，同时也勾勒出了中国近代教育体系的雏形。这对于本意并非否定科举制度以及围绕科举考试的传统教育展开人才培养的张之洞来说，不得不说是出乎他预料的一个历史的"意外"。

三、不以"新旧"评骘人才：论张之洞的人才思想

一直以来，我们常常用"新与旧""保守与进步"等二分法来评价近代历史人物的思想。张之洞的"中体西用"思想，常常被归类为保守主义的范畴。

然而当我们以人才的内涵、人才的标准和人才的培养来考察张之洞在封疆大吏任上和在推动洋务运动的过程中所采取的人才措施和培养政策，不难发现，虽然张之洞终其一生都坚持儒家的伦理观和价值观，认为"纲常名教"乃天经地义，但在"三千年未有之变局"的环境中，在"经世致用"思想的影响下，他在学习和吸收西方科学、建立近代学堂、创新人才培养模式等方面的成就，却是很多"进步"人士仅凭口舌难以实现的。

如此看来，对于张之洞的人才思想，以及他在历史上所产生的影响，必然要以"理解之同情"来看待。这也是本书一以贯之的基本态度。

---

① 苑书义、孙华峰、李秉新：《张之洞全集》（第二册），河北人民出版社，1998 年版，第 996 页。

目　录

第一章　"天下人才出于学"：学政时期张之洞的人才思想（1867—1876）

要讨论张之洞的人才思想，有必要讨论张之洞本人思想脉络的传承和变化。

一般来讲，张之洞一生的思想可以大致分为"通经致用"和"中体西用"两个阶段。分段的时间点大概在光绪七年至十年（1881—1884）任山西巡抚时期，张之洞延请英籍传教士李提摩太为新政顾问。李氏从伦敦购置科学书籍与仪器，按月在太原向官吏和士绅演讲及试验表演，张之洞遂有于省城设洋务局之举。这是张之洞接触西方科学的开始，无疑对他的思想的转变产生了一定影响，"中体西用"的思想就此萌发。

而在这个时期以前，张之洞的人才思想无论就其个人的为学从政经历来说，还是就其思想学说来说，都可归类为清代后期"经世致用"的儒学思想脉络里。

第一节　晚清"经世致用"思潮与张之洞人才思想之基础

"经世致用"一词是由明末清初思想家顾炎武提出的，但其精神原本就是儒家固有的，如《礼记》提出的"格物、致知、正心、诚意、修身、齐家、治国、平天下"，其中"治国、平天下"

都可归为"经世"的范畴。

有清一代,在顾炎武等思想家提出"经世致用"之学以后,由于政治环境和儒学内在理路的双重影响,朝廷提倡程朱理学,为钳制时人的反抗思想,"文字狱"大行其道,故而民间以江浙为中心,"反宋学"的气势日盛,标出"汉学"名目与之抵抗。"汉学派"又称"乾嘉学派",以训诂、考订为治学方法研究儒学典籍,虽然该学派"厌倦主观的冥想而倾向于客观的考察",但随着乾隆末期到嘉庆朝清代社会危机的日益深重,这种扎进故纸堆的学问逐渐衰落,而"排斥理论,提倡实践"的另一支流"嘉道经世之学"异军突起,其代表人物就是魏源和龚自珍。他们不仅提出学术要以政事为目标,"学问、经济无二事",而且更明确提出要改革。

但正如杨国强先生所说,嘉道之间的经世之学既显现于议论之风发,也局囿于议论之风发,其感染和感召都以思想的表达为常态。[①]"经世之学"真正成为清朝士大夫的"显学",还是缘于在镇压太平天国运动的战争中因"事功"崛起的曾国藩、李鸿章、左宗棠、胡林翼等"中兴名臣"——原来仅限于边缘官吏和知识分子"议论"的"经世之学"成为手握实权的封疆大吏面临地方事务与社会危机的"必备之学"。其中被视为晚清理学代表的曾国藩,也打破理学家用义理学涵盖经世学的思路,将经世学列为与义理、考据、辞章并列的一门学问。在 1860 年的第二次鸦片战争中,北京被英法联军攻占,给清王朝和读书人的创伤和震动十分巨大,以至于"无人不为自强之言",而"法无不改"的"经世之学"则是士大夫、读书人面对内外困局最合适的思想资源,于是高讲"通经致用"之学成为这一时期儒学的主流。

---

① 杨国强:《衰世与西法:晚清中国的旧邦新命和社会脱榫》,中华书局,2014年版,第2页。

张之洞出身于官宦世家，父亲张锳由道光中叶起一直在贵州任官，先后担任古州同知，黎平、遵义、安顺、兴义诸府知府。张之洞出生于张锳担任兴义知府期间，他自五岁起入私塾读书，九岁读毕四书五经；随后学作诗与古文辞，启蒙老师"都是乾嘉朝科场老手，所学者为传统之经史、小学、声韵、训诂、诗文之类"，张氏在汉学方面的精湛造诣，"实奠基于此"。

张锳为官廉洁自持、躬亲政事的作风对张之洞有很大的影响。张锳临终前，希望诸子"力学问，树功名"，因此张之洞在二十四岁时就写出"仁厚遵家法，忠良报国思。通经为世用，明道守儒珍"① 的诗句。1867 年，张之洞以进士身份正式步入宦途，出任浙江乡试副考官。

第二节　科举制度与学政职务对
张之洞人才思想之影响

对于出身于官宦世家，又通过科举考试获得功名，并且以学官身份初涉官场的张之洞来说，科举是一种"天经地义"的制度，而全面否定科举制度，自然是一种"离经叛道"。因此可以这样说，对科举制度的坚守和当时逐渐蔚为大观的"经世之学"，一同塑造并限制了这一时期张之洞的人才观。

从 1867 年到 1876 年，张之洞历任浙江乡试副考官、湖北学政、四川乡试副考官、四川学政职务。学官是科举制度下的产物，故而此时的张之洞必然以维护科举这一选拔人才的基本制度为第一要务。而在这近十年的学官生涯里，张之洞推崇"实学"和"通经致用"之学，提倡以"天下人才出于学，学不得不先求

---

① 吴剑杰：《张之洞年谱长编》上册，上海交通大学出版社，2009 年版，第 23 页。

诸经"的思想，一方面大力整顿地方科场的舞弊作风，反对空洞的八股文风，号召以"实学"为取士之标准；另一方面则大力发展以"经学"教育为主的书院教育，积极实践其人才思想。

虽然张之洞本身的学术倾向并不排斥宋学，亦反对汉宋间的门户之见，但还是强调治经应"以汉学为本"，宋学也必须以汉学为本。"通经"无疑是"致用"的前提和基础。身为学官，"以汉学为本"的思想必然会影响他的取士标准。与此同时，"经世之学"讲究学以致用，这又与现实中主要以"八股"取士的科举制度之间存在着矛盾。所以初任学官的张之洞很快就将"通经"而又不囿于"八股"和品德优良作为选拔人才的标准。

张之洞在担任浙江乡试副考官时，十分看重考生的"根柢、性情、才识"，任内"不拘拘于文字格式，其不合场规文律而取录者极多"。在张之洞眼中，儒家的基本价值是不能违背的，儒家"义理"是不可触碰的红线，"惟义理悖谬者，虽一两语，必黜"①。张之洞担任浙江乡试副考官的时间虽短，但在其任内选拔了大量"尚汉学"的人才。因此吴剑杰在《张之洞年谱》中评价道，张之洞所取多朴学之士，知名者五十余人。尤著者袁昶、许景澄、陶模、孙诒让、谭廷献等。当然，张之洞在第一次担任学官时就拔取了这么多的汉学人才固然与他的取士标准相关，但在很大程度上也是浙江特殊的学术氛围使然。这说明晚清时期虽然以"乾嘉学派"为代表的汉学鼎盛时期已经过去，但江南地区的余风尚在，汉学的环境和土壤还很深厚。

张之洞重儒家伦理纲常和经世致用之学的人才思想，在他出任湖北学政时也有所反映。在湖北学政任上，张之洞声称，学政一官，不在衡校一日之短长，而在培养平日之根柢。不仅以提倡

① 苑书义，孙华峰，李秉新：《张之洞全集》（第十二册），河北人民出版社，1998年版，第10613页。

文学为事，而当以砥砺名节为先。"他在给各属的札文中写道：
"期与此邦人士研究实学，共相磋切，务得通经学古之士，经世
致用之才。"① 后来在担任川省学官时，张之洞"尤注重于经史
根柢之学，故所至考求文献，礼访名宿，惟恐不及。每值士人晋
谒，辄优假颜色，殷殷焉以读书稽古相敦勉，并为指示途径，俾
有遵循"，所取之士"皆经明行修，极一时之选"。

第三节　张之洞任四川学政时期的
除弊与兴学

同治十二年（1873），张之洞奉旨简放四川学政。他在四川
学官任上采用了"除弊"与"兴学"的两类政策，并由此在晚清
官场中树立了经世务实的学者官员形象，同时也因此形成并全面
展示了其"通经致用"的人才思想。

一、张之洞"除弊"与"正本清源"的科举思想

科场"除弊"，即扫除地方科举考试中的陋习与弊端。虽然
张之洞提倡真才实学，反对空洞的"八股"文风，但并不意味着
他对科举制度的否定。相反，无论出于学官的职责，还是其自身
的晋升经历，都让他对科举考试是为国家选拔人才的有效制度深
信不疑。正如张之洞为湖北试院撰写的楹帖所述："剔弊何足云
难，为国家培养人才，方名称职；衡文只是一节，愿诸生步趋圣
贤，不仅登科。"

光绪元年（1875），张之洞向朝廷递交的《整顿试场积弊
折》。这是一份最能体现张之洞以"除弊"为科举取士和社会风

---

① 吴剑杰：《张之洞年谱长编》上册，上海交通大学出版社，2009 年版，第 33
页。

气"正本清源"之思想的文献。

张之洞甫任四川学官，就对四川科场中的舞弊风气大为震惊。他认为科场的舞弊不仅让士人寒心，更是社会风气腐化的根本原因：舞弊"致寒士短气，匪徒生心，讼端日多，士习日敝，于人才、风气大有关系"①。科场的舞弊之风，显然与他所提倡的重"名节"的儒家传统道德相龃龉，故而张之洞在《整顿试场积弊折》中详细阐述了他在四川学政任上针对四川科场弊病所总结出的八条措施："惩鬻贩""禁讦诈""禁拉搕""拿包揽""责廪保""禁滋事""杜规避""防乡试顶替"。现分述如下。

其一，惩鬻贩。在张之洞看来，四川科举考场最让人触目惊心的陋习就是"鬻贩"。"鬻贩"即觅人代卷，俗称"雇枪手"：

> 廪保于府州县试时，多撰空名，觅人代卷。院试时，则雇枪顶名朦取并代覆试，悬价出售，卖与同姓之人，名曰"一根葱"。……若卖与异姓则云出继外家，呈请归宗，或弟转为兄，或叔推与侄，坏法乱纪，至斯而极。②

之所以如此嚣张，主要原因是川省童生名册记录混乱，"所填三代之名，多非真实，故可任意推移"③。所以张之洞认为要除此弊端，必须整顿名册登记：

> 务填祖父真名，不准妄填假名、别号，祖父有功名者，

---

① 苑书义，孙华峰，李秉新：《张之洞全集》（第一册），河北人民出版社，1998年版，第3页。
② 苑书义，孙华峰，李秉新：《张之洞全集》（第一册），河北人民出版社，1998年版，第3页。
③ 苑书义，孙华峰，李秉新：《张之洞全集》（第一册），河北人民出版社，1998年版，第3页。

无论捐考、保举，职衔必须注明，如此则外人难于假借。其出继者，兼写本生祖父某字样。府州县试时，即如此办理，含混者，不得给卷录送取进。覆试日，查出参差不合者，扣除。①

其二，禁讹诈。川省科场"讹诈"成风，张之洞称其"周历通省，此等案所见数十百起"。所谓"讹诈"，即许多落第士子在考试放榜后因不满成绩，就"始行呈控，纷扰喧呶"。张之洞在提审相关案件时十分注重证据，"大抵被控者，必须有因"，所以许多原告"初则联名迭控，势不两立；及至传讯或原告不到，或并无其人，或初讯时极力攻击，覆讯则认诬具悔避匿无踪，盖欲壑已盈，因作罢论矣"②。这些原告的本意就是要诬告讹诈。因此张之洞建议科场案件只许"文武生童呈控，非学校中人，无论职员、武弁、贡、监、军、民，一概不准，榜发多日始来呈控者不准，府州县试列在前二十名而院试榜前不先呈控者不准"③。如此才可更加精准有效地排查"诬告"，杜绝科场的不正之风。

其三，"禁拉搕"。所谓"拉搕"，是指针对新参加考试的童生、廪生的勒索："先与索钱，若拒而不与，与而不餍，则纠党数十人，将本童、廪保拉至僻处关闭、殴击、拘押多日，逼出银票乃释。"④ 张之洞在刚任四川学政时曾大力惩治"拉搕"（多为武举考生），他建议联合学官与军队，重拳打击此类恶习，禁止

① 苑书义，孙华峰，李秉新：《张之洞全集》（第一册），河北人民出版社，1998年版，第3—4页。

② 苑书义，孙华峰，李秉新：《张之洞全集》（第一册），河北人民出版社，1998年版，第4页。

③ 苑书义，孙华峰，李秉新：《张之洞全集》（第一册），河北人民出版社，1998年版，第4页。

④ 苑书义，孙华峰，李秉新：《张之洞全集》（第一册），河北人民出版社，1998年版，第4页。

包庇护短：

> 如有武举、武弁干预试事，恣行不法者，即由学臣奏参
> 革办，不容狡饰幸脱。职员恃符闹考者，同营兵立饬该营革
> 办，并饬提调多派兵役在外弹压，如有此等情事，惟提调
> 是问。①

其四，"拿包揽"。"包揽"即为考生介绍"枪手"和贩卖试卷的中间人，有时也包括策划、组织此类不法行为的"幕后黑手"，在四川俗称"亲家"。从事"包揽"者多为游民或小商人，甚至有捐纳职官者也厕身其中。这类人与各衙门上下相识，收养枪手，滥讼讹诈，可谓无恶不作。而且代考之事被查获后，往往"枪手、本童不免枷责而罪魁远飏逍遥法外"。究其原因，则是这类人已经形成盘根错节的关系网和"保护伞"。针对此类特殊犯罪，张之洞一方面建议改变定罪标准，"以后包揽舞弊引诱说合者，止须生童、枪手供证确实，或曾经各衙门查拿有案，仍复随棚者，无论本案已成、未成，人证已齐、未齐，先将包揽引诱说合者，定拟发遣，全案另行详结"；另一方面鼓励枪手、廪保、本童事发后供出包揽之人。如此用重典打击"包揽"之人，"枪手"之风被"釜底抽薪"，四川科场渐趋公正。

其五，责廪保。川省科场另一个陋习就是考官包庇廪生。廪生是科举制度中生员的一种名目。明清两代，廪生由公家给以膳食，所以又称廪膳生。廪生既"吃皇粮"又长期混迹科场，所以"川省无论何弊，廪保无不知情"。而且廪生"若非优等能文，必是老迈穷困"，虽有舞弊的劣迹，往往也会受到学官包庇，"不旋

---

① 苑书义，孙华峰，李秉新：《张之洞全集》（第一册），河北人民出版社，1998年版，第 5 页。

踵而乞恩开复矣"①。因此，张之洞将"责廪保"视为整顿科场的关键措施。张之洞建议对于作弊的廪生必须加重惩罚，"以后认保廪生舞弊者，先由学臣以'滥保'两字勘语咨部黜革。其全案人证罪名，该廪保情节轻重，俟讯明详覆日，另结。即使重情辩脱滥保，总不为诬。凡廪生坐此咨革者，永远不准开复"②。

其六，禁滋事。考生滋事往往会破坏考场秩序，败坏考场风气，甚或损害他人合法利益，因此张之洞对考生滋事深为痛恨。在川省科场上，武童滋事远多于文童。这些武举童生"平日操练，临考食宿，皆惟教习是赖，事事皆其主使，故武童作弊生事，廪保不欲究结，惟教习能知其底里，加以钤束"③。张之洞建议从武童的业师"教习"入手，加强管理，"各教习于场前来臣衙门具结，开明所教武童姓名、试日，各率其徒识认稽查。每一教习所教武童，并为一牌，又将同姓者汇聚一处"④，童生作弊滋事，教习也要受到惩罚，如此"禁滋事"的效果才会事半功倍。

其七，杜规避、防乡试顶替。乡试顶替其实在前文"惩鬻贩"中已有所论述，故此处将其与"杜规避"一并讨论。针对川省考场"规避"和"顶替"的陋习积弊，张之洞提议加强"捐局"和监生的管理，从而在源头上加以治理。

从上文的论述中我们不难看出，针对川省科场的种种弊端，张之洞提出的八条应对之策无一不是切中时弊，击中要害。作为

---

① 苑书义，孙华峰，李秉新：《张之洞全集》（第一册），河北人民出版社，1998年版，第6页。

② 苑书义，孙华峰，李秉新：《张之洞全集》（第一册），河北人民出版社，1998年版，第6页。

③ 苑书义，孙华峰，李秉新：《张之洞全集》（第一册），河北人民出版社，1998年版，第6页。

④ 苑书义，孙华峰，李秉新：《张之洞全集》（第一册），河北人民出版社，1998年版，第6页。

地方的学官,张之洞以奏折的形式将川省科场"积弊"展露无遗,这无疑体现了张之洞过人的洞察力、准确的判断力和卓越的治理才能,其干吏之才已崭露锋芒。同时,整顿科场弊病,维护广大学子的利益,也彰显了他对科举考试的重视程度和对莘莘学子的殷殷之情。在张之洞看来,只有清除了科场舞弊的陋习,俊乂之士才能被选拔出来,国家和社会的风气才能焕然一新。

奏折是一种公开的文件,张之洞作为四川学政"自曝其短",这实在不是件"明智之举"。既然如此,张之洞为何还要这样做呢?据笔者分析,主要有以下两个原因。其一,张之洞认为科场的风气清正与否会影响社会的治安。提醒统治者维护科场的风清气正,可以减少地方因科场不公而滋生的事端,有利于地方的长治久安。其二,张之洞是完全站在国家的立场上,通过对川省科场诸种弊端的揭示,对其他省份提出警示,进而更好地维护为全国选拔人才的科举制度。至于严密关防、稽核枪替、培材除莠、劝学厉行这类学官具体的人才培养事项,张之洞认为不值得在奏折里详细阐述,而是衙门自理事件。由此可见,对科举制度"正本清源",从而为国家选拔出更加优秀的人才,在张之洞的人才思想中占有何其重要的地位。

二、张之洞"兴学"与《輶轩语》《书目答问》中的人才思想

如果说"除弊"是张之洞坚持科举乃国家选拔人才的唯一有效制度在思想层面上的体现,那么"兴学"则是张之洞"通经致用"这一人才选拔标准的具体实践。

张之洞在学官任上兴办的具有代表性的学院,一为同治八年(1869)在湖北兴办的经心书院,一为光绪元年(1875)在四川成都兴办的尊经书院。经心书院由江汉书院改置,其办学章程"缄取苏州经古书院",引导学子研习经解、史论、诗赋、杂著

等。可以说，经心书院的办学实践是张之洞"通经致用"的教育思想的初步展示。嗣后，张之洞改任四川学政，创办了尊经书院。而他为尊经书院写的《创建尊经书院记》一文与编纂的《輶轩语》《书目答问》两部书，更是系统详细地阐述了这一时期他的教育思想和人才观。总体而言，张之洞这一阶段的人才思想大概分为三个层次，即以德行修养为根本，以"汉宋"融合的经学为基础，以及包含"古今中外"的经世致用之学为鹄的。

正如后来长期担任张之洞幕府的辜鸿铭所评价的那样："盖当时济济清流，犹似汉之贾长沙、董江都一流人物，尚知六经大旨，以维持名教为己任。是以文襄在京曹时，精神学术无非注意于此。即初出膺封疆重任，其所措施，亦犹是欲行此志也。"①张之洞深受儒家思想浸润，因此"维持名教"是其为人、为官的根本目的。在主张"人治"的儒家政治学说里，官员个人道德的修养以及对儒家执政理念的认知水平和实践能力，直接关系着国家的治乱。因此在张之洞的人才思想里，"德行"占有重要地位，学子需注重个人的品德修养，这可以从《輶轩语》一书"上篇语行，中篇语学，下篇语文"的结构中看出。

《輶轩语》"语行"篇第一类就对学子的德行、人品、志向、气节和为学等方面提出了要求——德行谨厚。"德行"即以行为所体现的个人品德，而"德行谨厚"的基本原则是心术慈良不险刻，言行诚实不巧诈，举动安静不轻浮。张之洞认为"川省人性浮动，狱讼繁多"，故而提出了"德行谨厚"与"人品高峻"的具体标准。同时，他还针对四川科场陋习为学子立下了规矩：

> 不为家庭事兴讼，不致以邪僻事令人告讦，不谋人良田美产。住书院者不结党妄为，无论大场、小场，守规矩，不

---

① 辜鸿铭：《张文襄幕府纪闻》，山西古籍出版社，1995年版，第17页。

生事。贫者教授尽心，富者乐善好施，广兴义学，捐钱多买书籍，置于本处书院，即为有德。

不涉讼，不出入衙门，不结交吏胥，不参预本州县局事。必不得已入局者，不侵渔。教书院、义学不素餐，求功名不夤缘，试场不作弊。武生勿与帽顶来往（蜀人谓匪类为帽顶），即为有品。①

此类规矩大多具体可行，而且还附有惩罚性的条款，体现了张之洞的学官本色。

《輶轩语》"语行"篇第二类是"立志远大""砥砺气节"。如果说"德行谨厚"是张之洞对学子立下的基本规范，是具有惩罚功能的基本规矩，那么"立志远大"和"砥砺气节"则是对学子个人修养的进一步要求。一般来说，对个人修养的要求往往容易沦为空话、套话，但张之洞都提出了具体做法，如：

常与古人比较，不以今人自宽。是谓远大。（常读书，常对古人，即是与古人比较法。常看史事，胸襟自然阔大。常览古人言行，志气自然增长。）

惟寒微时即与正士益友，以名节廉耻互相激发，则积久而益坚定矣。②

《輶轩语》"语行"篇第三类是关于川省学子学风和学习品德的培养。如"出门求师"针对的是穷乡僻壤的学子"无师""无书"，"见闻"不"广博"的现状；"习尚简朴"针对的是四川

---

① 苑书义，孙华峰，李秉新：《张之洞全集》（第十二册），河北人民出版社，1998年版，第9772页。
② 苑书义，孙华峰，李秉新：《张之洞全集》（第十二册），河北人民出版社，1998年版，第9773页。

人多民贫，要求学子做好表率，引导风气：

> 果能相率崇俭，乡里必有观感，浮华渐除，生计自然渐裕。城市读书人，尤戒专讲酬酢世故。即异日显达仕宦，亦望以此自持，则廉正无欲，必有政绩可观。①

值得注意的是，"讲求经济"一条是张之洞"通经致用"人才思想的具体展现："扶持世教，利国利民，正是士人分所应为。"② 而"通经"又是"致用"的前提和基础："通晓经术，明于大义，博考史传，周悉利病，此为根柢。"③ 所谓"致用"，即"讨论本朝掌故，明悉当时事势"。张之洞认为"讲求经济"的人才必须是读书通时务的，若不读书，仅能称为"俗吏"；读书不知时务，只能称为"陋儒"。

《輶轩语》"语行"篇最后为"十诫"，"十诫"也是针对川省学风、学子个人修养和品行而发的。如"戒早开笔为文""戒早出考""戒轻言著书刻集""戒讲学误入迷途""戒自居才子名士"是纠正学风；"戒侥幸""戒滥保""戒好讼""戒孳孳为利""戒食洋烟"针对的是川省学子的积弊陋习；这些训诫之辞均简单明了又切中时弊。

总的来说，张之洞在《輶轩语》"语行"篇对培养学子品行和学风的建议相当实用，毫无空泛、矫饰之弊。这些建议不但对川省学子的德行、人品、学习确立了详尽的规范，而且对当时川

---

① 苑书义、孙华峰、李秉新：《张之洞全集》（第十二册），河北人民出版社，1998 年版，第 9774 页。

② 苑书义、孙华峰、李秉新：《张之洞全集》（第十二册），河北人民出版社，1998 年版，第 9773 页。

③ 苑书义、孙华峰、李秉新：《张之洞全集》（第十二册），河北人民出版社，1998 年版，第 9773 页。

省学界的积弊陋习进行了有针对性的纠偏和矫正。针对川省生员多功名少的状况，张之洞提出的"读书期于有成"："今人入塾，应考者虽多，名则为士，而师承固陋，作辍无恒，帖括之外，固无所知，应试诗文亦不及格，勉强观场，妄思弋获。至于困顿垂老，变计无及，农工商贾皆所不晓，贫窘颠踣，计无复之，遂至丧行败检。"如此学无所成，"不如及早弃去，自占一业，尚可有资事畜。慎无冒士之名，无士之实，悠悠泄泄，自误平生也"①。

张之洞明确强调的"通经致用"，在《𫐐轩语》一书的"语学"和"语文"篇中体现得十分明显。其目的是培养对国家有用的人才，反对死读书："使者谆谆劝诸生读书，意在使全蜀士林美质悉造成材，上者效用于国家，其次亦不失为端人雅士，非欲驱引人才尽作书蠹也。"②虽然他把通经、经世致用、修身并列："可用以考古，可用以经世，可用以治身心"③，但经学为"通经致用"之基础，他在《创建尊经书院记》的"务本"一条里也表述得很清楚：

> 不通小学，其解经皆燕说也。不通经学，其读史不能读表、志也。不通经史，其词章之训诂多不安，事实多不审，虽富于词，必俭于理。故凡为士，必知经学、小学。④

而他对于经学里的"汉宋之争"，则认为：

---

① 苑书义，孙华峰，李秉新：《张之洞全集》（第十二册），河北人民出版社，1998年版，第9774页。

② 苑书义，孙华峰，李秉新：《张之洞全集》（第十二册），河北人民出版社，1998年版，第9798页。

③ 苑书义，孙华峰，李秉新：《张之洞全集》（第十二册），河北人民出版社，1998年版，第9793页。

④ 吴剑杰：《张之洞年谱长编》上册，上海交通大学出版社，2009年版，第46页。

> 学术有门径，学人无党援。汉学，学也；宋学，亦学也；经济、词章以下，皆学也。①

虽然张之洞提倡"通经"，但也并非那种追求"一物不知，儒者之耻"的古代儒家。他认为能真正成为"无所不通者"世所罕见，"代不数人，高材或兼二三"。因此强调以"通经"为目标的学习也需要专业化，"非博不通，非专不精"。

其实这与传统学术的近代转化脉络暗暗契合，而这种专业化的趋势，又与以"通经"作为"致用"的前提和基础的思想互相矛盾。随着独成体系且需要花费极大精力学习的西学大规模的输入，在中外的竞争和冲突中，以西学为主的致用之学需求更加急迫。在这样的历史趋势下，张之洞所设想的"通经致用"中的"通经"部分越来越被边缘化，"通经致用"作为人才的标准也越来越不现实，而这个伏笔早已在此时埋下了。

"通经致用"的思想最终还是要落到"致用之学"上。如果说张之洞所提倡的"德行气节"与"通经"还是传统儒家人才观的体现，那么他在《书目答问》一书中所透露的知识观念与知识结构，则明显反映了起于嘉道时的经世之学与日渐彰显的西学对于张之洞这样一位科举出身的中国士人的影响程度，也折射出他理想中"通经致用"人才的知识结构。《书目答问》"子部·儒家"类下分"议论经济""理学""考订"三小类，突出了"议论经济之属"文献的地位，"儒家"不仅提供形而上的"理学"知识，也提供"议论经济"的经世知识。在《书目答问》中，张之洞从传统"政书"类析出"今制之属"一目，并注云：

---

① 苑书义，孙华峰，李秉新：《张之洞全集》（第十二册），河北人民出版社，1998 年版，第 10077 页。

今日官书，如品级、处分、赋役、漕运、盐法、税则、学政、科场、枢政、军需、刑案、工程、物料、台规、仪象志、各部则例之属，各有专书，所司掌之，《四库》皆不著录。各省官司，以吏牍编纂成书者尤多，其纲要已具会典诸书，并散见经世文编中。①

《书目答问》所著录的西方文献主要集中在天文算法、历史地理、军事外交等相关类目中。有学者认为《书目答问》中的"西学"不仅是"新制""晚出"，而且隐隐然与"中学"并驾齐驱。这反映出了张之洞"古今中外"的知识观："诸生"的知识资源应该包括"古""今""西"三大板块。②

当然，这样的判断稍微有"倒放电影"后见之明的嫌疑，从《书目答问》一书的分类来说，西学只是作为经世之学其中的一部分而已。而在《𫐐轩语》中涉及学子基础学问的"语学"和"语文"篇里，有"通经""读史""读诸子""读古人文集"诸目，目中所推荐的书则有《音学五书》《史通》等：

顾炎武《音学五书》为韵学之门径，《史通》为史学之门径，国朝齐召南《历代帝王年表》为读史之门径，《古今伪书考》为读诸子之门径，《文心雕龙》、钟嵘《诗品》为诗文之门径，国朝赵执信《声调谱》、沈德潜《说诗晬语》、纪昀《瀛奎律髓刊误》、孙梅《四六丛话》、近人《历代赋话》，为初学诗赋四六之门径，孙过庭《书谱》、姜尧章《续书谱》、国朝包世臣所著《安吴四种》内《艺舟双楫》一卷，

---

① 张之洞：《书目答问补正》，上海世纪出版集团，2010 年版，第 101 页。
② 李满花：《论张之洞〈书目答问〉的知识观和人才观》，《国家图书馆学刊》2018 年第 2 期。

为学书之门径。①

　　但在《𬨎轩语》全书中，并未有西学或西学之书的踪影。
　　除了建议读古书之外，张之洞还建议读"有用"书。《𬨎轩语》"读书宜读有用书"一条中是这样阐述"有用"书的："有用者何？可用以考古，可用以经世，可用以治身心三等。"②《书目答问》可以说是《𬨎轩语》一书的补充，所以《书目答问》的西学正是《𬨎轩语》"有用之书"中"可用以经世"部分的延展。
　　由此可见，《书目答问》里体现的"通经致用"的人才观点，仍然与《创建尊经书院记》《𬨎轩语》如出一辙。张之洞所设想和期盼的，依然是注重德行与气节，融合"汉宋"经学的经世致用之才。
　　只是张之洞未能洞悉到，他所提倡的经世致用中的"西学"，其实是一种由与传统学术完全不同的宇宙观、世界观中发展出来的学问，它是一种更具有解释和改造自然的能力、更有竞争和冲击力的知识体系。它不仅吞噬了本土经世致用之学的空间，更威胁了以儒学为主的传统思想在近代中国思想界的基石与支柱地位。而在这种趋势下，张之洞不得不迅速调整他的"通经致用"的思想，并向"中体西用"的思想过渡："通经"融入"中体"，"西学"完全占领"致用之学"。

---

　　① 苑书义，孙华峰，李秉新：《张之洞全集》（第十二册），河北人民出版社，1998 年版，第 9791 页。
　　② 苑书义，孙华峰，李秉新：《张之洞全集》（第十二册），河北人民出版社，1998 年版，第 9793 页。

第二章　从庙堂"清流"到地方"时务"：张之洞人才思想的变化（1877—1888）

光绪三年（1877），张之洞充任文渊阁校理，从此离开四川，也结束了他近十年的学政生涯。

文渊阁校理掌阁藏《四库全书》的注册、点验等事，以翰林院侍读、侍讲、修撰、编修、检讨及詹事府所属左右庶子、中允、赞善和洗马等官兼充。慈禧太后为了抑制以恭亲王奕訢为首的洋务派，有意扶持以军机大臣李鸿藻为首的"清流派"，而翰林院与都察院正是"清流派"的"大本营"。

张之洞甫任教习庶吉士，就参与廷臣议穆宗（同治帝）升祔次位之事，积极从事政治活动。后来在中俄订约（1878—1880）、日本吞并琉球（1880）诸事件中，他也积极建言献策。在这一时期，无论是宫廷礼仪还是外交事件，张之洞都积极上书，抨击贪官酷吏、反对向列强妥协媚外，迅速成为"清流派"健将。

第一节　"清流派"健将张之洞的人才思想

如果说张之洞任学政时的人才思想是科举制度和"经世致用"思想共同塑造的话，那么在卸下科举取士的职责后，他作为言官和"清流派"的健将，必将以国家执政者的心态，以实际的内政、外交需求出发，思考人才的标准和选拔问题。

一、关于内政方面的人才思想

在"庙堂清流"的阶段，张之洞关于内政的重要奏折是光绪五年（1879）七月十八日的《请修政弭灾折》，光绪六年（1880）十二月初四日的《阉宦宜加裁抑折》，光绪七年（1881）六月初十日的《请修政弭灾折》。

在《请修政弭灾折》"纳直言""肃臣职""厚民生"三条中，张之洞论述了他期望的朝廷得人、用人之道。在"纳直言"条中，他说道：

> 一曰纳直言。修德之实，在于修政，而修政必自纳言始。谨案《洪范五行传》谓：居圣位者，宜宽大包容，而备举历朝地震诸异以为戒。仰惟圣哲如天，用人行政，何一不权度精审，独是万机至繁也，九州至广也。法官高远，见闻或有未周；即枢府诸大臣密勿勤劳思虑，或有未尽，拾遗补缺，岂得无人？语曰："君明则臣直。"若非实见皇太后、皇上仁智聪明，至诚求治，谁敢言者？若非灼知执政者，皆宣力旧臣，恪禀宸谟，不敢如前代大臣作威揽权，壅蔽言路，谁肯言者？夫戆直悚切之言，即或不干谴怒，而招怨必多，于国则利矣，于身何利焉？愚则愚矣，谓非忠乎？《古文尚书》云："言逆于心，必求诸道，言逊于志，必求诸非道。"故直言者，在朝廷则刍荛也，在大臣则药石也，虽无可采，亦不诃责，既足彰圣人善善从长之怀，并足见大臣休休有容之度。昔者尧设谤木，禹悬鞀铎，至今不闻道尧、禹之失，但闻称尧、禹之圣。郑乡学论执政，然明欲禁止，子产不许；汉诸葛亮诫其属吏曰"勤攻吾阙"；明王守仁诫其属吏曰"愿闻己过"。由今思之，论执政者传乎？抑子产传乎？攻亮之阙、规守仁之过者传乎？抑亮与守仁传乎？宋唐介劾

19

文彦博，仁宗怒介，彦博解之。由今论之，唐介贤乎，抑彦博贤乎？如遇上意不怿，枢臣职在献替，亦当委婉开陈。从来一家有急，则聚众谋之；国事多艰，则举朝忧之，固当以为助我，不当以为难我也。诚恐无识之人，见严旨屡下，森懔可畏，从此怔惧缄口，不几因噎而废食乎？伏望朝廷遇有直言，俯加优容，以来忠谠，此修政之首务也。①

张之洞指出，中国疆域辽阔，政事繁杂，用人行政，不能一一权度精审，而最高统治者身居高位，难免有见闻不周之时，这就需要有人来拾遗补阙。而要让人"肯言"，则要"皇太后、皇上仁智聪明，至诚求治"。因此对直言者，即使他们的建言没有可采纳的地方，也不应苛责，期望朝廷优容对待直言者。

在"肃臣职"这条中，张之洞说道：

一曰肃臣职。臣闻地道，臣道也。春秋地震，必谨书之，传，义以为责在臣下。迩来中外臣工习为罢玩，或上有德意而不能宣布，或诏令已下而未见奉行，或屡蒙教戒而怙过不改，即使敷衍支吾幸免吏议，求其真能仰体宵旰忧勤，关心国家大计，讲求利病搜拔人才者，颇罕其人。且比年习气，往往有大员奉旨贬黜，而督抚旋即奏调者，有大员谪戍未久而边臣旋即设法乞恩者。有曰人才可惜，何妨稍迟岁月，俟朝廷果不录用，再列荐章；即曰志在退闲，何不俟入都展觐后，再为陈请。窃思送部引见者，若竟不到部，吏议綦严，然则候简者，不亦事同一律乎？循此流弊，必至惟感臣门之私恩，而不复知朝廷之威福。既往虽可不咎，将来不可不

_____

① 苑书义，孙华峰，李秉新：《张之洞全集》（第一册），河北人民出版社，1998年版，第23—24页。

防。伏望大整乾纲，务期赏信罚必令行禁止。盖当修之政，非三数端可尽？惟令群臣，咸体圣心，而重臣尤懔朝命，自能竭智尽力，以求各举其职，不劳朝廷之事事教督矣。①

张之洞在奏折中先列举了当今臣子诸多不好的习气，如都抚、边臣为谪戍大臣乞恩的风气，送部引见者竟不到部之流弊，这类事件让人只能感受到个人的私恩，而不能知道朝廷的威福。因此，张之洞期望朝廷大整乾纲，赏罚要令行禁止，规范人才举荐方式，避免只感私恩而不知朝廷的弊病，使群臣竭智尽力，以求各举其职。

而在"厚民生"这条中，张之洞谈到了"奖廉吏"的重要作用，他说道：

窃惟固邦本养民生，今日约有二义：一在奖廉吏。朝廷于民之生计，不能事事为谋，惟官吏廉洁，自然随方培养，良懦受惠。自古来养民之道，言兴利者扰而无终，求循良者逸而有功。伏考圣祖之朝，褒奖清官、擢举廉吏之诏不可胜纪，所以吏治蒸蒸，康阜盛隆，比于三代。方今宦途日杂，能吏虽多，廉吏颇少，病国以肥身家，剥民以媚大吏，民生日蹙。职此之由，拟请敕下各省督抚，访察属吏清操卓著者露章保荐，特加奖擢以风其余。②

从中可看出，张之洞推崇廉吏，认为朝廷对于百姓生计，不可能事事都谋划，惟有廉洁之官，随当地之情养民，让良懦之人

① 苑书义，孙华峰，李秉新：《张之洞全集》（第一册），河北人民出版社，1998年版，第24页。

② 苑书义，孙华峰，李秉新：《张之洞全集》（第一册），河北人民出版社，1998年版，第24—25页。

都能受惠，而"言兴利者"对于"养民"来说，只能是扰动不止。张之洞又用康乾之际因褒奖清官、擢举廉吏而"吏治蒸蒸""康阜盛隆"的盛况，来与当今"廉吏颇少""民生日蹙"的窘境进行对比，请求朝廷访察、举荐、奖擢廉吏。

最后张之洞在此奏折结尾处总结道：

> 是惟庙堂之上，开诚布公，任贤远佞，大臣以不虚心为戒，小臣以不正言为耻，协恭以谋国，同心以御侮，所谓和也。人事既尽则天麻至，内治既修则外忧绝。恐惧致福，是在圣心而已矣。臣迂愚之儒，偶有管窥，不敢自安缄默，谨竭诚上奏以备裁择。[①]

从以上引文可以看到，张之洞既期望朝廷"开诚布公，任贤远佞"，也要求大臣虚心、小臣正言，上下同心谋国，此外还要求举荐人才要合乎朝廷程序，奖擢廉吏。可以说，这一阶段张之洞进一步丰富和完善了他的得人、荐人、用人方面的标准。

光绪六年（1880），张之洞与陈宝琛抗疏力诤"庚辰午门案"，这是张之洞作为"清流派"的最后一次重大作为。

光绪五年（1879）中秋前夕，慈禧的太监李三强闯午门，被护卫拦截；李三抢先向慈禧告御状，结果护卫玉林等人被发充苦差或被判监禁三年。此事在翰林院引起了轩然大波。

对此，张之洞于光绪六年十二月初四日（1880年1月3日）递奏《阉宦宜加裁抑折》。在此奏折中，张之洞认为虽然宫中对护军玉林等殴太监、刘振生混入禁地两案已有处置，但两案皆因太监而起，加之清朝历代对太监驾驭最严，请求宫中对太监加以

---

① 苑书义，孙华峰，李秉新：《张之洞全集》（第一册），河北人民出版社，1998年版，第26页。

裁抑。张之洞先从对这两案的分析入手：

> 即以此两案言之，玉林因藐抗懿旨而加重，并非止以太监被殴也。刘振生一案，道路传闻，谓内监因此事被罪发遣者数人，是圣意灼见弊根，并非严于门军而宽于阉御也。仰见大中至正，宫府一体，曷尝有偏纵近侍之心哉？[1]

张之洞认为，在"庚辰午门案"中，殴打太监的玉林等因藐视和对抗懿旨而受到加重处分，而在刘振生一案中，宫中也处置了玩忽职守的太监，可见"宫中"对太监等近侍并没有偏袒放纵。但此两案的处罚依据的量刑标准没有明谕，因此近侍未必能体察圣心，甚至还会产生一系列危害：

> 太监不喻圣心，恐将有借口此案，恫喝朝列，妄作威福之患。护军等不喻圣心，恐将有因噎废食、见奸不诘之忧。天下臣民不能尽喻圣心，恐将有揣摩近习，谄事貂珰之事。[2]

张之洞认为，若不公开此两案的案情和处罚的标准和依据，太监可能就会借此妄作威福，而护军等也不敢大胆处理，由此形成宦官目无法纪的风气，甚至会导致天下臣民谄媚于他们。而且太监一旦手握权柄，就可能会干预政事。因此张之洞请求对太监加以约束，并明确宣示对刘振生一案中涉事太监的处理详情。

---

① 苑书义，孙华峰，李秉新：《张之洞全集》（第一册），河北人民出版社，1998 年版，第 74 页。

② 苑书义，孙华峰，李秉新：《张之洞全集》（第一册），河北人民出版社，1998 年版，第 74 页。

　　万一此后太监等竟有私自出入，动托上命，甚至关系政务，亦复信口媒蘖，充其流弊所至，岂不可为寒心哉？相应请旨严饬总管内务府大臣，将太监等认真约束稽察，申明铁牌禁令。如有借端滋事者，奏明重加惩处。至内监出入，旧例应有门文，即使谓禁中使令繁多，向来或有便宜办理，非外廷所能尽悉者，亦望敕下总管内务府大臣、前锋统领、护军统领妥议章程，以后应如何勘验，以谨传宣而杜影射之处，奏明遵守。其刘振生一案，如有惩办太监，亦恳明旨宣示，则圣心之公，国法之平，天威之赫，晓然昭著于天下，庶几宿卫班军，知感知悚，可以各举其职矣。①

　　可见，张之洞认为对可能影响国事的太监一定要用相应的章程来约束他们，犯了相应的错误也应该公开处理，以起到警示作用，不让他们因近侍身份而有作威作福的机会。

　　光绪七年六月初十日，张之洞递奏了《请修政弭灾折》，上陈"修政"的四条建议。其中"用人""言路"两条，张之洞对朝廷应如何得到人才、应用人才提出了自己的观点。对于"用人"，张之洞说道：

　　一曰用人。夫用人不过进贤退不肖，然不肖不去，虽有贤不得而用也。近日大患，宵旰忧劳于上，而臣工泄沓于下，其膜视君国，痼习已深，断非空言训戒，所能悛改，而激浊扬清自大臣始。拟请圣明独断，默加审察，并饬军机大臣，切实秉公考核，内而部院卿寺各堂官，外而将军督抚诸大臣，其有蠹国害民，旷官废事，昏庸鄙劣，物论不孚者，择尤请

---

　　① 苑书义，孙华峰，李秉新：《张之洞全集》（第一册），河北人民出版社，1998年版，第74—75页。

旨，立予罢黜数人，以儆其余。金壬既去，俊良自升，长官既贤，举劾自当。夫然后可以讲求自强之略，储材之道，察吏之方，理财治军之策。昔王猛治秦，不过斤斤，焉以黜尸素拔幽滞为务，而国势以强。转移风气之枢，要将在是矣。[①]

张之洞认为用人之道，不过是举贤才而黜不肖，而现在的朝廷是君上日夜操劳，臣子却做事拖拖沓沓，漠视君上与国家，且此等习气深重，仅用言语训诫并不能让他们悔改，因此对他们应采用激浊扬清的办法。于是，张之洞建议君上要"圣明独断，默加审察"，同时饬令军机大臣要切实秉公考核"部院卿寺各堂官"与"将军督抚诸大臣"，就其中的危害国家、残害人民、荒废政务、无才无德、不能使人信服之辈，择其尤者请旨查办，以儆其余。张之洞认为这样做就可以达到小人去位、俊贤之人得用的效果，然后才可以有效地饬吏治、理财、治军，进而达到自强的目的。

对广开"言路"，张之洞的认识如下：

> 一曰言路。伏读四月初二日求言之诏谕，以不可稍存避忌，诚矣，切矣！今既数月，言者寥寥，他官姑不论，科道独无愧乎？台谏失职，官邪民隐，何由上闻？此臣之所大惧也。拟请申谕有言责诸臣，于臣僚贤否，时政遗阙，直言无隐。言而当者奖之，不当者容之，则说言日至矣。而朝廷亦可因其所言，以知其心术之所存，才识之所至，未尝非观人求才之一道也。[②]

---

① 苑书义、孙华峰、李秉新：《张之洞全集》（第一册），河北人民出版社，1998 年版，第 77 页。

② 苑书义、孙华峰、李秉新：《张之洞全集》（第一册），河北人民出版社，1998 年版，第 77 页。

张之洞认为，君上于四月初二日所下的求言之诏是十分恳切的，但过了数月，进言者无几，这是科道、台谏官员的失职。而言官失职，民众的痛苦自然不能上达君上，这是应该大为惊惧的。针对这种情况，张之洞建议晓谕有进言职责的臣子，要求他们举荐贤良，规谏时政，并奖励进言得当的，包容进言不当的。这样做以后，朝廷上正直之言就会多起来，而朝廷也可以通过臣子的言行，鉴别他们的心术和才识，而求得一些人才。

从上可见，在"庙堂清流"阶段，张之洞对内政人才的评价标准和选拔方式，有着非常强烈的传统儒家士大夫的伦理道德和价值标准的痕迹。一方面，相对于能力而言，他更注重官员的道德水准和廉洁与否，这正是传统儒家"人治"思想的体现；另一方面，他强调官场的"风气"决定着朝廷人才选拔的结果。张之洞认为，朝廷要得到人才，一是中枢要有激浊扬清的风气，使得贤才在位，这样各方面的治国策略才能有效实施；一是要保持言路畅通，朝廷才能得知官员、时政和人民的情况，并通过进言的水平鉴别人才、提拔人才。

二、外交与军事方面的人才思想

与侈谈维护"天朝"威严，轻言修武以讨伐"外夷"的清流派不同，张之洞虽然也主张对外敌采取强硬的态度，反对软弱媾和，但他更强调应夯实"强硬"的基础，即提升综合国力。张之洞很早就认识到清朝在外交与国防方面专业人才的缺乏，所以在这一时期的奏折中，张之洞用了很大篇幅和精力讨论练兵、外交和培养选拔相关人才的问题。这对于一位从未有过军事和外交经验的书生"清流"来说，尤为可贵。

这一时期张之洞的外交和国防人才思想，在他于光绪五年底（1879）至六年（1880）正月间针对新疆中俄边境交涉事件时所呈的《详筹边计折》和《边防实效全在得人折》中展现得比较清晰。

光绪四年八月十七日，崇厚与俄国签订了丧权辱国的《里瓦几亚条约》《瑷珲专条》《兵费及恤款专条》《陆路通商章程》等。当"现议条约款目摘要电报"传入国内后，一时"朝野骇然""众谤沸腾"。清流派针对这次媾和群起而攻之。其中张之洞连续上疏二十次，指出条约将对中国主权和利益产生严重危害，"不改此议，不可为国"，并提出对俄外交的四大原则：一曰计决，二曰气盛，三曰理长，四曰谋定。在汹涌的公议压力下，朝廷于光绪六年（1880）被迫将崇厚革职拿问，交刑部治罪，随后被定为斩监候，等待秋后处决；并改遣曾国藩长子、驻英公使曾纪泽出使沙俄，就边界条约重新谈判。

同在光绪五年，日本正式吞并琉球。在边界危机日益深重的背景下，张之洞认为"中国大势，断不足以御强邻"，必须加强应对和准备，重视练兵、筹饷与用人。其中练兵需要军事人才，用人则包括如何培养和使用军事与外交人才。张之洞认为，备边防的关键就在于得人："而究之边防有益无益有效无效，必以得人不得人为断。得其人则皆胜算也，不得其人则尽空文也。"[①]

首先，张之洞在奏折《熟权俄约利害折》中，对朝廷中军事人才和谋臣人才的缺乏有清晰认识，他说道：

> 然则及今一决，乃中国强弱之机，尤人才消长之会。此时猛将谋臣足可一战，若再阅数年，左宗棠虽在而已衰，李鸿章未衰而将老，精锐渐尽，欲战不能，而俄人已城于东，屯于西，行栈于北，纵横窟穴于口内外，通卫藏，胁朝鲜，

---

① 苑书义，孙华峰，李秉新：《张之洞全集》（第一册），河北人民出版社，1998年版，第42页。

不以今日捍之于藩篱；而待他日斗之于庭户，悔何及乎？①

他认为现在中国尚有与俄国一战的猛将和谋臣，即左宗棠与李鸿章，若再过数年，左宗棠已衰，李鸿章将老，已不能再战了。不过在此奏折中，张之洞也做了一个"顾募西洋劲卒"的假设：

> 李鸿章高勋重寄，岁糜数百万金钱以制机器而养淮军，正为今日，若并不能一战，安用重臣？伏请严饬李鸿章，谕以计无中变，责无旁贷，及早选将练兵，仿照德国新式，增建炮台，战而胜则酬以公侯之赏，不胜则加以不测之罚。设即以赎伊犁之二百八十万金，顾募西洋劲卒，亦必能为我用。②

其认为需要设防的天津一路，有李鸿章的淮军，应严饬李鸿章及早选将练兵，即使无兵，也可以招募西洋劲卒为我所用。对比这两处引文，可见张之洞对国家需要猛将和谋臣一类的人才有清晰认识，而巩固国家边防的劲卒，也纳入其人才方面的考量。

其次，针对中俄边衅，张之洞在奏折中提出了储备边务文武人才的方法，他说道：

> 此外，文武之才，储备宜广，拟请敕李鸿章、左宗棠切实荐举以备录用。边才本属专门，方今京外通弊，冗员多而真才少，不索何获？不学何能？即如李鸿章、左宗棠等，若

---

① 苑书义，孙华峰，李秉新：《张之洞全集》（第一册），河北人民出版社，1998年版，第35—36页。

② 苑书义，孙华峰，李秉新：《张之洞全集》（第一册），河北人民出版社，1998年版，第35页。

非中原多事，久历兵间，其才何由而成？何由而见？伏望敕下各部堂官、各省督抚，就属员中访求志节可造之人，有愿讲求边事者，即行奏请发往东、西两边，以资练习。隐逸者、士未仕者一体列荐。数年之后，人才辈出，安知不更有驾李鸿章、左宗棠而上之者？何至令朝廷西顾东瞻，兴不得颇、牧之叹哉？[①]

　　一方面，张之洞认为文武人才应该广为储备，所以请朝廷令李鸿章、左宗棠切实荐举以备录用。另一方面，针对当今缺乏有真才实学的边防人才，张之洞又请朝廷令部堂、督抚类高官访求其下属官员中有"志节可造""愿讲求边事"者，并督促他们到处士及隐逸之士中访求，将其推荐给朝廷，然后朝廷派他到边地历练数年，这样边务可人才辈出，甚至可能出现超过李鸿章、左宗棠的人才，朝廷也不用感叹没有边务人才了。

　　最后，他还对出使远国的使节提出了具体要求，要求他们要有汉代陆贾的辩才，苏武的气节，傅介子、陈汤的权略，常惠、班超的勇武。

　　　　出使绝国，汉有专科，必如陆贾之辩，苏武之节，傅介子、陈汤之权略，常惠、班超之勇，方称斯职，并请谕令疆臣亟为物色，备行人之选，庶可与谋臣、战士相辅为功，有备如此，可以战矣。[②]

　　从以上引文可以看出，张之洞十分重视储备边防、外交方面

---

　　① 苑书义，孙华峰，李秉新：《张之洞全集》（第一册），河北人民出版社，1998年版，第38—39页。

　　② 苑书义，孙华峰，李秉新：《张之洞全集》（第一册），河北人民出版社，1998年版，第39页。

的专门人才，并提出了从士大夫乃至隐逸之流中访求志节之士充任边防、外交人才的方法。但我们也应该看到，张之洞上述方法充满了局限性。比如人才的引进全靠部堂等高官推荐，其人才来源则是下属官员及处士、隐逸等，对于选拔的人才，不讲求专业基础，只讲求志节与意愿，至于其培养方式更是只将他们发往边地历练数年，这些都是对专门人才没有一套成熟的培养方案的反映。当然，这些也可以看作是张之洞所处时代与位置的局限性造成的。

上文论述了张之洞边防、外交方面的人才标准，下面探讨他的人才选拔方法。张之洞总结了"得人之道"七条，前三条为朝廷如何求得人才之法，后四条为朝廷御人之道。关于如何求得人才，他说道：

> 一曰至诚。责大臣以荐举，不荐不止；广条目以求才，不得不休；二曰秉公。务采物望，务拔幽滞，黜尸素，禁滥竽，不以喜怒为爱憎，不以异同为去取；三曰虚心。不患下无才，但患上不求。朝廷以枢臣为耳目，枢臣当以公论为耳目，宜预储之于夹袋，不可取办于临时。[①]

从以上引文可以看出，张之洞认为朝廷求取人才的途径全在朝中大臣。他建议朝廷责令大臣举荐人才，而且要扩大求才范围，不得不休；在求取人才时，应秉公办理，不能以个人爱憎与观念异同为取舍，并禁止滥竽充数等；有举贤之责的大臣，平时要虚心倾听公论，要存储预备人才，而不是在要求举荐时才临时办理。关于如何使用人才，张之洞认为要"破格""器使"和

---

① 苑书义，孙华峰，李秉新：《张之洞全集》（第一册），河北人民出版社，1998年版，第42页。

"节取""造就"：

> 四曰破格。勿计年资，勿泥成例。奇杰之才，不拘文武，艰巨之任，不限疏戚；五曰器使。足食足兵，量能授任，南船北马，各用所长，即塞外番僧，泰西智巧，驾驭有方，皆可供我策遣；六曰节取。边才每多偏驳，健将每涉不羁，不以一眚掩大德，不以二勦弃干城，或取其技能，或采其议论；七曰造就。有边事，始有边才，颇、牧、卫、霍，非本天生，皆由习练。疆圉孔棘之秋，正磨练人才之具。[①]

在使用人才方面，张之洞一是要求破除使用人才的一些限制，对人才的提拔应不计较其资历与拘泥于以往的成例，奇杰之人不能因其之前是文职或武职而限制使用，艰巨的任务不能因亲疏之别而对人才有所限制。二是根据人才的能力来使用，要用其所长，即使是番僧、泰西中有才能的人，只要能够驾驭，都可以使用。三是对偏颇、不羁之才，应取用其大德或勇武之处，对其缺点可予以包容。四是人才并非天生，而是由事务磨炼造就的，因此需要对使用之人进行历练，以使其成为专门人才。

在中俄伊犁交涉之后，作为"清流"的张之洞更关注军事和国防，先后递奏了《会议未尽事宜片》《谨陈海防事宜折》《海警日迫急筹战备折》《条陈防务片》《敬陈东防西防事宜片》《台防重要敬举人才片》《请饬李鸿章节制防务片》《请发伊犁参赞大臣升泰往东三省差遣片》。这些奏折无一不是与军事、练兵相关的。在这些奏折中，张之洞作为一个科举出身并有着学官经历的"清流"，颇有一些"纸上谈兵"的味道，但我们依然能看出张之洞

---

① 苑书义，孙华峰，李秉新：《张之洞全集》（第一册），河北人民出版社，1998 年版，第 42—43 页。

的军事人才思想在逐渐成熟。

在光绪六年（1880）正月二十一日的《会议未尽事宜片》中，张之洞对北洋水师如何求得人才及蒙古练兵应选择怎样的将佐等问题进行论述，他称：

> 一、北洋师船宜得人也。天津虽购有外洋战舰数艘，闻水手运用，犹未娴习，临战恐不足恃。水陆人才，各有所宜，海战舟楫，非闽、广将士不可，故大学士曾国藩奏疏中曾发此义。至于教练海战，实是西人所长，闻赫德愿觅西士助我教练海防，其说未尝不可酌采，但须权操自我耳。①

> 一、蒙古练兵之藩臣宜择将佐也。现既请派重臣行边抚练蒙古，治兵固为要图，屯牧尤为切务。文武将佐，均宜精选，将校宜择曾经战阵者，不宜用游惰之徒。文吏宜择干练耐劳者，不宜用虚浮之辈，应请朝廷简派发往，以资臂助。②

对北洋水师，张之洞在得知水手对外洋战舰的操作尚不娴熟后，指出海军、陆军的人才各有所长，不宜用原来的陆军将士操舟，应招募福建、广东的健儿做海战将士，并以曾国藩的奏疏为证。此外，他还认可了招募擅长海战的西人来教练海战的策略，认为只要事权操之于我方即可。而对于蒙古练兵，张之洞认为除了要加派重臣外，还要对派遣的文武将佐进行认真选择：将校应使用经历过战阵的人，不得使用游惰之人；文官应使用干练耐劳

① 苑书义，孙华峰，李秉新：《张之洞全集》（第一册），河北人民出版社，1998年版，第44页。
② 苑书义，孙华峰，李秉新：《张之洞全集》（第一册），河北人民出版社，1998年版，第44页。

之人，不用虚浮之辈，如此才能得到实效。由此可见，张之洞对边防的文武将佐有其人才标准，对水陆人才的分别也有一定认识，并对能为我所用的国外人才也不存偏见。

光绪六年七月初十日，张之洞在《谨陈海防事宜折》中就海防事宜进言，在一定程度上展现了他的海防人才观念。首先，张之洞认为海防除了应加强要地的防务外，还应访求海防良将，而且"人为尤要"。他在奏折中写道：

> 至海防，不外筹地、筹人两端，而人为尤要，不得良将与无兵同。[1]

因此，张之洞在后文中建议各海防要地的防务事宜时，认为盛京将军岐元没有经历战事，战事守备非其所长，而作为海防要地的营口距离盛京太近，希望朝廷另派八旗知兵大员换防：

> 一、盛京将军宜择人。营口距盛京太近，将军岐元未经兵事，战守恐非所长，可否量移他处，别选八旗知兵大员，往代以固陪京。[2]

其次，对海防将领，张之洞还主张他们学习《防海新论》。他在奏折中写道：

> 一、宜发《防海新论》，令各营讲习。近年西人著有《防海新论》一书，经上海道译出，刊板通行，于外洋争战，

---

① 苑书义，孙华峰，李秉新：《张之洞全集》（第一册），河北人民出版社，1998年版，第49页。
② 苑书义，孙华峰，李秉新：《张之洞全集》（第一册），河北人民出版社，1998年版，第50页。

防外海防内河，种种得失利钝辩论至详，京师洋书肆现有其书，拟请先购数十部发交东三省，一面令沿海各督抚向上海多购，分发诸将领，细心讲求，触类引伸，必有实效。综而论之，欲御洋人断以讲陆战、扼内河、截后路三者为要义，伏祈圣明裁度施行。①

从以上引文中可看到，张之洞对《防海新论》的内容有深刻认识，他认为该书对海防等事的辩论至为详细，故请求朝廷购买并将此书分发给诸将，期望将领们细心学习此书，触类旁通并收到实效，提升自身的本领。

最后，张之洞强调在人才的使用上，不应求全责备，宜用其所长，避其所短。张之洞在向朝廷建议各知名宿将的调用事项后，总结道：

> 总之，全才难得，若以瑕掩瑜，则可用之将希矣。以上诸将，各有所长，亦各有所短，惟在位置得地，驾驭有方，相辅而行，自能奏功。与其少调一人而贻后时之悔，不若多调一人而为未雨之谋，与其少练一军而疏蚁穴之防，不如多练一军而为闲着之备。②

张之洞认为全才难得，对各将领应措置得当，用其所长，这样才能够相互辅助，获得实效。此外，他还建议应多调将领、多备兵员以作不时之需。

光绪六年八月十二日，张之洞在《海警日迫急筹战备折》

---

① 苑书义，孙华峰，李秉新：《张之洞全集》（第一册），河北人民出版社，1998 年版，第 51 页。

② 苑书义，孙华峰，李秉新：《张之洞全集》（第一册），河北人民出版社，1998 年版，第 52—53 页。

中，因闻俄国战舰与使节将来，针对沿海防务还未妥当，上陈九条建议，认为皆是急务，其中一条则是再次要求启用刘铭传，他说道：

> 一、刘铭传宜特召备用。臣言刘铭传屡矣，未蒙明旨征召。查淮军非有刘铭传督战不能取胜。该提督功高负气，李鸿章知其才而畏其傲，以故不便奏调。当此危急之际，岂可令良将投闲。似宜特旨征召来京，量加任用，即或天津无可位置，亦可令其自募一军，或守烟台，或防天津后路。该提督现虽引病家居，臣闻其实非沉疴，皖人多知其详。①

张之洞查到淮军向来凭刘铭传督战取胜，认为刘铭传是一员良将，而李鸿章却因刘铭传功高气傲而不上奏调用他。张之洞不认同李鸿章此做法，认为现在局势危急，应该征召刘铭传，根据实际情况予以任用。对刘铭传的情况，张之洞还特地在此奏折尾部总结道：

> 勿再吹毛求疵而弃将材。②

可见，张之洞在人才的任用上，认为只要瑕不掩瑜，就可量才为用，在局势紧急的情况下更应如此。最后在奏折结尾，张之洞还希望朝廷虚心纳言，不要因自己人微言轻就置之不理，他说道：

---

① 苑书义、孙华峰、李秉新：《张之洞全集》（第一册），河北人民出版社，1998年版，第59页。

② 苑书义、孙华峰、李秉新：《张之洞全集》（第一册），河北人民出版社，1998年版，第60页。

> 勿因出于小臣之口，遂以人微言轻而弃置之。天下幸甚。①

此句虽然是张之洞的自谦之辞，但也是张之洞认为朝廷在用人上应有的一种态度。

随后张之洞在奏折《条陈防务片》中，认为要用好已有的人才，他说道：

> 用现有之将。曹克忠虽交李鸿章差委，然至今未闻成军，坐闲良材，实为可惜。宜令募练数千人，自成一队，即用天津忠义骁果之士，尤为相宜。或即扎芦台，或备天津后路策应，均属有益。依克唐阿，臣前疏请令百日后赴营口带兵，如已蒙俞允，应即催其速来。令岐元将旗兵内拣选精锐一二千人，交其统带，以为曾国荃之助。此二将近在咫尺，可以应急。此外如臣前疏所请刘铭传诸人，倘蒙召用，即宜促令北来。②

从以上引文可以看出，张之洞认为李鸿章对曹克忠的委任未见效果，为人才没有得到很好的使用而感到十分惋惜，建议对曹克忠重新予以安排。同时，张之洞还请求催促依克唐阿前来领兵布防，协助曾国荃。另外还提到了之前在奏疏中推荐的刘铭传，希望朝廷能及时对其予以重用。可见，张之洞认为应用好现有的人才，没有用好的，就及时调整，以达到速见成效的目的。

光绪六年九月十二日，张之洞在奏折《敬陈东防西防事宜

---

① 苑书义，孙华峰，李秉新：《张之洞全集》（第一册），河北人民出版社，1998年版，第60页。

② 苑书义，孙华峰，李秉新：《张之洞全集》（第一册），河北人民出版社，1998年版，第64页。

片》中，提到在东西防务中，有三处的将帅可能失和，遂一一提出了调和对策。一是：

> 左宗棠内召。刘锦棠素为军锋，该大学士自必荐为西帅，惟是刘锦棠勋绩虽多，资望非左宗棠之比。张曜百战宿将，名位相埒，恐怀觖望之心，致成不相下之势。西陲兵冲，岂可令将领自生疑忌。臣闻张曜才兼文武，智略老练，实非一介武夫。似宜予以帮办之名，庶几益加鼓舞，彼此和衷，自于边事有益。①

张之洞认为在左宗棠内调后，刘锦棠必为西帅，刘氏虽夙著功勋，可张曜也是百战宿将，其资历、名望不能压服张曜。而张曜为了名位恐与刘锦棠不和，势必影响西陲用兵。同时，张之洞也认为张曜是一位文武干才，于是建议授予张曜帮办名义，使其与刘锦棠和衷相处，共固边圉。二是：

> 至宋庆、郭宝昌、刘连捷、刘维桢四将之军，分相敌而情相浃，且湘、楚、皖、豫，饷之厚薄不同，共处相形，必怀嗟怨，轻则有逃溃之忧，重则有私斗之患，尤须主帅较近，方能施镇抚调护之方。曾国荃近颇衰病，神识销减，大为可忧。朝廷宜豫筹替人，方免临时失措。②

张之洞在此奏折中，认为曾国荃意欲驻扎山海关的策略不妥。其不妥的原因，除了军事上的策应因素外，也有其麾下将领

---

① 苑书义，孙华峰，李秉新：《张之洞全集》（第一册），河北人民出版社，1998年版，第68页。

② 苑书义，孙华峰，李秉新：《张之洞全集》（第一册），河北人民出版社，1998年版，第69页。

宋庆、郭宝昌、刘连捷、刘维桢四将之军因兵源不同、军饷不等，同处一处则必致嗟怨，随后就有逃逸甚至私斗的忧患。而地位同等的将领必不能处理这种复杂的情形，只有统帅就近驻扎，才能调解他们之间的矛盾。而统帅曾国荃近来又衰病得厉害，朝廷应及时考虑替换人选，避免真的发生变故时没有应对措施。三是：

> 鲍超不日到津。该提督功高气盛，必须位置得宜，方免主客参差。即不愿受李鸿章节制，又难骤假重权。窃谓若使调补直隶提督，则不亢不卑，自然形迹默化。即使俄事粗定以后，各国修约等事，无年无之，防将防军，断难遽罢。而畿甸之间，尤须有大将重兵，方免受人要挟。临事征召，又蹈后时之悔。霆军皆系楚人，北边东陲，皆不相宜，自以屯驻畿辅为便。直隶年年水患，苦于无力修治，将来防秋之暇，即以兼供浚河、开渠之用，亦未尝非一举两得之事也。①

张之洞认为提督鲍超功高气盛，必须量功授予其合适的职务才能避免其与当地将领发生冲突。且鲍超又不愿受李鸿章节制，骤然间难以赋予重权，于是张之洞建议将其调补到直隶提督位上。这样考虑，一是因为职位与勋劳相宜，避免鲍超与地方大员失和；二是因为京城需要大将和重兵长期驻扎，以避免受到外国要挟；三是其部卒均为楚人，不适合驻扎边地；四是在闲暇时，可以用其部治理直隶地区的水患。

可见，张之洞认为在用人时应考虑团队的凝聚力，并积极调

---

① 苑书义，孙华峰，李秉新：《张之洞全集》（第一册），河北人民出版社，1998年版，第69页。

和团队主要领导间的关系，使彼此和衷共事。

光绪六年十月初一日，张之洞在奏折《台防重要敬举人才片》中，认为台湾防务建设了五六年还没有收到成效，其主要原因是没有人才，负责防务的福建省既没有积极练兵，将领也乏善可陈，无人可用：

> 夫议台防者已五六年矣，而毫无成效者，不得人故也。闽省兵既不练，将材又少。[①]

于是，张之洞举荐了刘璈、方耀两人负责台湾防务：

> 窃闻甘肃军营差委候补道刘璈，曩在左宗棠军中，才识雄毅，兼有权略，前官浙西，治行第一，曾随沈葆桢渡台办理倭案，闻其平居私议，自谓恶寒喜热，若有事台湾，慨然愿以身任。又广东湖（潮）州镇总兵方耀，智勇沉深，身经百战，声威赫然。台湾距潮甚近，其地商务半系潮人，若令带所部潮勇数营前往，风土尤为相习。窃思若得此文武两人，责以台务，畀以重权，必能左提右挈，辟土阜财，抚番捍敌，为八闽之藩卫。盖台湾瘴热，任此者不惟择其才，又必服习水土，不致疾病者。该两员尤为相宜，两人材器，敢请询之浙、粤两省官吏士民，决无异词。朝廷如以为可用，即当其所急，不得任听督抚扣留。[②]

从奏折中可看出，在举荐此二人时，张之洞充分考虑了拟用

① 苑书义、孙华峰、李秉新：《张之洞全集》（第一册），河北人民出版社，1998 年版，第 72 页。

② 苑书义、孙华峰、李秉新：《张之洞全集》（第一册），河北人民出版社，1998 年版，第 72 页。

人选的才干、资历、意愿，以及他们对台湾环境的适应性。首先在才干、资历方面，张之洞认为刘璈才识雄毅，兼有权略，并在浙西为官时，治理考绩第一，而方耀也有智勇沉深之才，又身经百战，声威赫然，故两人既有才干又有资历。其次在个人意愿方面，张之洞打听到刘璈曾私下说自己恶寒喜热，也表达过若台湾有事需要，他亦愿意前往的意愿；而方耀作为武将当服从调令，且其之前的驻地离台湾也近，故不用考虑他的个人意愿。再次就是拟任人选对台湾的适应性及其个人对拟任地有无渊源。台湾气候湿热，前往之人需要对水土有较高的适应性，刘璈曾随沈葆桢到台湾办理过事务，能适应台湾环境，适合处理台务，而方耀所部官兵多为潮州人，与占台湾商务界人士半数的潮州人也多有乡谊。可见，张之洞在举荐人才时，主张进行全方位的考虑，力争人才与所任之事相宜，同时也主张人才公用，不得私留。如上述两人，张之洞认为只要朝廷觉得人才可用，就不得听任督抚扣留。

光绪六年十月初一日，张之洞奏《请饬李鸿章节制防务片》。奏折中，张之洞首先认为营口、烟台的防务空虚，不可据为凭恃。他分析道：

> 近来惟天津一路，粗有战守之备，营口、烟台断不可恃。曾国荃病日深而气日衰，顿军临榆，自关以东，绝不敢引为己任。关东四将，惟宋庆、郭宝昌能战耳。刘维桢、刘连捷两军，平日空籍太多，临行凑募，刘维桢所部多系黄陂、孝感游手浮惰之徒，刘连捷所部半是直隶、山西沿途乌合之辈，以此临阵，岂特不能当俄人乎？周恒祺抚东，尚无劣迹，然素不知兵，诸将皆玩而凌之。调防登州之总兵全祖凯，新募之勇，大半济南乞丐，致土人有丐兵之嘲。总兵王正起，在东将中略胜而桀骜太甚，不受钤束。夫营口乃盛京

近岸，烟台乃渤海首冲，同为北洋门户，而疆臣如此，诸将如此，可不为寒心哉？[1]

对于营口防务，张之洞分析道：曾国荃病重气衰，日甚一日，其兵力部署只能达榆林一带，山海关以东的防务，绝不敢肩任；而关东的四支军队中，只有宋庆、郭宝昌的军队能作战，而刘维桢、刘连捷两军空额过多，现在的军队只是临时拼凑起来的，兵源为关内的"游手浮惰之徒"，战事一起，根本不能抵挡俄军。

对于烟台防务，张之洞分析道：山东巡抚周恒祺虽无劣迹，但向来不知兵事，被将领们愚弄；调来负责登州防务的总兵全祖凯，其部下士兵大半是新招募的济南乞丐，另一总兵王正起，其才能虽比山东其他将领略胜一等，但桀骜不驯，不受约束。营口靠近盛京，烟台是渤海要冲之地，都是北洋的门户重地，而负责防务的大臣与具体将领或老迈气衰，或玩忽职守，或刚愎自用，不得不让人寒心。

于是，张之洞认为，虽然曾国荃功勋显著，周恒祺也无明显过失，但朝廷用人应用其所长，而不是用其所短或力所不逮的地方，建议将曾国荃、周恒祺调派他处，另选干城之才主持营口、烟台防务：

> 窃谓曾国荃素有大勋，周恒祺幸无官谤，朝廷用人自宜因其所长而不窘其所短。可否分别回任量移，另择干城之选，则北洋全局，庶可无虞。[2]

---

[1] 苑书义，孙华峰，李秉新：《张之洞全集》（第一册），河北人民出版社，1998年版，第73页。

[2] 苑书义，孙华峰，李秉新：《张之洞全集》（第一册），河北人民出版社，1998年版，第73页。

同时，张之洞再次建议征召刘铭传，并给出了具体理由：一是刘铭传眼疾渐好，身无痼疾，有主持军务的精力；二是即使李鸿章认为天津不需要刘铭传，朝廷也可令其主持关外防务，驻扎锦州，其才可用；三是刘铭传与时任盛京副都统富陞向来投契，将两人放在一起必能和衷共济，关东可期同心勠力。

> 闻刘铭传近来目疾渐痊，实无大病，亟宜促召北来。如李鸿章必以为天津无须此人，或令专防关外，驻扎锦州，亦必能壁垒一新，遇敌不败。且闻刘铭传与盛京副都统富陞素称投契，极相引重，则以后共事，关东可期同心勠力。①

其次，张之洞在奏折中从总体上探讨了北洋局势，认为北洋防务需要联为一体，只有这样，才能达到相互策应的效果。他分析道：

> 至于北洋大势，总须联为一气，方能故守兼权，犄角相助，论地理论人事皆合如此。②

最后，张之洞在奏折中推荐李鸿章节制北洋防务，负责筹划方略、简汰将士，达到御侮的目的：

> 窃谓宜令李鸿章节制北洋三口防务，责令通筹方略，简汰将士。该大学士究系更事重臣，精力犹壮，傥专其责成，当可力图御侮，固胜于今日之散涣推诿者远矣。否则，兵劣

---

① 苑书义，孙华峰，李秉新：《张之洞全集》（第一册），河北人民出版社，1998年版，第73页。
② 苑书义，孙华峰，李秉新：《张之洞全集》（第一册），河北人民出版社，1998年版，第73页。

而无律，将杂而无统，饷浩而无实，一旦有警，岂不
危哉？①

从中也可看出，张之洞推荐李鸿章，一是因为李鸿章为"更
事重臣"，位高权重，二是因为他"精力犹壮"，有充足的精力去
处理这些事务。

从以上论述中可见，张之洞在用人处理国家大事时，既要考
虑人才与岗位的匹配度，又要考虑共事人员的团队协作精神，以
期事成。

光绪七年二月初七日，张之洞在奏折《请发伊犁参赞大臣升
泰往东三省差遣片》中，认为时任伊犁参赞大臣升泰应予以重
任，以尽其才。张之洞认为，虽然自己对升泰的才器缺乏深入的
了解，但观其自请赴边效力的志气，绝非常人所有，至于才干的
问题，是可以通过历练得来的。

> 伊犁参赞大臣升泰，由云南布政使，自请前赴边地效
> 力，是以命往西域经理界务。其人才器如何，臣未深知，第
> 观其慷慨请缨，志气甚壮，已为人所难。抑臣思之，语云：
> "大巧拙于熟习。"②

紧接着张之洞指出，新疆已有刘锦棠等人，他们熟悉新疆地
形，又素著军威，能震慑住新疆各部，足以处理新疆事务，现在
又让没有经过历练，不谙新疆地理，在新疆没有名望的升泰去经
理新疆，不仅没有益处，反而还可能横生枝节。

---

① 苑书义，孙华峰，李秉新：《张之洞全集》（第一册），河北人民出版社，
1998 年版，第 73—74 页。
② 苑书义，孙华峰，李秉新：《张之洞全集》（第一册），河北人民出版社，
1998 年版，第 75 页。

今新疆分疆界，即使刘锦棠、金顺、张曜、锡纶诸人为之，则军威久播，谙悉地形……俄、回、哈、隆、支布鲁特各部皆所特惮，均易就理。兹添一不知地理，又不知名之参赞，恐无大益也。恐多一生事，特致横生意见耳。[1]

同时，张之洞知道升泰与东三省渊源颇深，对东三省有一定的认知，认为可将其派往东三省加以任用。

且该大臣祖父富俊曾镇远东，于东陲形势、掌故，尝加讲求。夫其人习于东而用之西，上不足以尽其所长也。可否将分界责成刘锦棠等，而升泰则发往东三省，量加差遣，或尚有可观。臣为慎重界务、珍惜人才起见。是否有当，伏候圣裁。[2]

可见，张之洞认为珍惜人才的最好方法就是尽其所长，并通过历练增长才干。在人才的任用上，除了要考虑个人的志气和意愿外，还要考虑拟用人选对实际事务是否有益，尸位素餐者则应尽快调离岗位。

第二节 山西巡抚时期张之洞的人才思想

光绪七年（1881），张之洞奉上谕补授山西巡抚。身为一省"父母官"，张之洞此时所面临的政务，已超出以往学政和翰林院"清流"的范畴。从庙堂"清流"到地方"时务"，张之洞的人才

---

① 苑书义，孙华峰，李秉新：《张之洞全集》（第一册），河北人民出版社，1998年版，第75页。
② 苑书义，孙华峰，李秉新：《张之洞全集》（第一册），河北人民出版社，1998年版，第75页。

思想必然会随着环境的不同而发生变化。简单说来,更注重能解决实际问题的"经世"人才,是这一时期张之洞人才思想的主轴线。

张之洞上任之初的山西,刚经过"丁戊奇荒","山河表里,饥馑洊臻",作为山西父母官,其主要任务在于维护治安。随着工作的深入,张之洞很快就发现山西存在很多的问题,能够倚重的人才也很缺乏:"晋省事可办者颇多,惟同志无人。"

因此张之洞在 1882 年到 1884 年的山西巡抚任上,宵衣旰食,"因劳顿过度,心忡气喘,须发多白",与此同时,山西的政务、教育、民生都为之一振,张之洞的勤政风格和治理能力崭露头角。

在抚晋的短短三年中,张之洞给朝廷递了二十多道奏折,大致分为"举荐人才""参劾官员""政务改制"与"外交军事"四类。作为地方大员的张之洞,其人才思想皆可从这些奏折中得到体现。

一、"举荐人才折"与张之洞的人才思想

与举荐人才相关的奏折包含有《阎敬铭定期赴阙折并抄件》《胪举贤才折并清单》《保奖循良片》《留员总理营务片》。

慈禧太后在张之洞临行前给了他专奏之权,并强调其应担负起推荐人才的责任:"以时事艰难,如有所见,随时陈奏,并留心访求人才。"① 因此张之洞甫一上任就向朝廷举荐了阎敬铭。

阎敬铭(1817—1892),字丹初,晚年自号"无不悔翁",谥号"文介",陕西朝邑(今大荔)人。道光二十五年(1845)进士,素有官名,曾被胡林翼称赞为"公正廉明,实心任事,为湖

---

① 吴剑杰:《张之洞年谱长编》上册,上海交通大学出版社 2009 年版,第 68 页。

北通省仅见之才"。阎敬铭历任署山东盐运使、署山东巡抚，光绪三年（1877）山西饥荒，阎敬铭曾奉命视察赈务，光绪九年（1883）充军机大臣、总理各国事务衙门大臣，晋协办大学士。阎敬铭理财有道，为官清廉耿介，是清末为数不多的理财专家，有"救时宰相"之称。

光绪八年二月十六日，张之洞在奏折《阎敬铭定期赴阙折并抄件》中，详述了其奉命说服阎敬铭赴京任职的经过，并根据阎敬铭的顾虑提出了应对之策，以便阎敬铭能安心就任户部尚书。

张之洞在上任山西巡抚前，已蒙令召阎敬铭来京并承准寄奉阎敬铭的上谕，到任后，首先访问了阎敬铭寓居地来省城的官员，考证阎敬铭的精力状况及心理状态。

> 窃臣于上年陛辞日，仰蒙皇太后圣谕，令召阎敬铭来京。同日承准军机大臣字寄奉上谕："前工部右侍郎阎敬铭，叠经召令来京，均以疾辞，现在时势多艰，需才孔急。等因。钦此。"臣到任后，知阎敬铭久寓解州，因访诸久在河东及南路来省官吏，将其近年精力若何，衷曲若何，考证详确。知其心力精健，足以任事。①

在得知其有足够心力任事后，张之洞就发出公文与私信，催促阎敬铭来省城，但阎敬铭仍以疾病为由辞让。

> 当具公牍咨会，并致书函，恭述钦奉寄谕，有宣示之件，趣其来省。阎敬铭答书，似已揣知朝廷有召用之意，以

---

① 苑书义、孙华峰、李秉新：《张之洞全集》（第一册），河北人民出版社，1998年版，第84页。

天寒疾作为辞。①

张之洞仍未放弃，又委托素为阎敬铭敬重的候补知府马丕瑶出马。马丕瑶带着张之洞以朝廷深恩、臣子大义相规劝的信件，赴阎敬铭寓居地解州相机劝说。得知朝廷授阎敬铭户部尚书后，张之洞又去以公牍书函，百般劝勉。不久，张之洞接到阎敬铭回复，阎氏答应定期入觐，但仍辞官位。

> 臣访知候补知府马丕瑶，因居官甚好，素为阎敬铭所敬爱，可以婉曲尽言。即委该府再持手书，驰赴解州。书中动以圣朝眷注耆硕之深恩，责以老臣共济时艰之大义，并饬马丕瑶相机敦劝。旋接部咨，阎敬铭已蒙简授户部尚书，又具函牍，百方规勉。项接阎敬铭咨送谢恩折稿，并致臣手书，略言辞逊高官，而定期入觐。②

至此，张之洞在奏折中总结道，阎敬铭现在仍然智虑周裕、神识聪强，有爱国忧民之心，没有衰弱的症状，虽身有小病，但并不影响办公，他之所以屡不应召，乃"因前抚山东，夺情视事，引为心疚"，不是辞官遁世的清高之举。

> 查阎敬铭今年才六十五岁，自侨寓山西以来，查赈减徭诸事，无不殚精勤力，智虑周裕，不觉疲劳。每与人谈及时事艰难，晋民困苦，辄为扼腕泣下。是其爱国忧民之心，未尝一日去诸怀抱。所称春寒痰喘，不过一时微病，且行路既

---

① 苑书义、孙华峰，李秉新：《张之洞全集》（第一册），河北人民出版社，1998年版，第84—85页。

② 苑书义、孙华峰，李秉新：《张之洞全集》（第一册），河北人民出版社，1998年版，第85页。

多，偶然发喘，亦系五旬以外人常态。至于左臂疼痛，更无妨于办公。闻其上年讲授生徒，娓娓不倦。即读其此次折稿，事理详尽，真气充溢，足见神识聪强，并无衰征。所以屡征不起者，因前抚山东夺情视事，引为心疚。此次来函，录示同治八年四月答友人书稿，专发斯义，此其苦衷所在，固非以辞荣遁世为高也。①

张之洞认为，在阎敬铭身体并无大碍的情况下，当此朝廷亟须贤才之际，若听任阎敬铭辞让职位，虚置安民济世之才，十分可惜。于是，张之洞建议先颁布优待的诏命，促使其启程到京，再让皇太后、皇上施以褒勉与责备，并将其引为心病的"金革夺情"之事作为移孝作忠的大义公开宣示，阎敬铭必然会因蒙此殊恩而晓于大义，自然就能奉命就职。

伏思阎敬铭本非笃老之年，又无沉痼之疾，平日未忘君国，此时躬诣阙廷，值兹宵旰焦劳，求贤孔亟，若听其固守辞让之节，虚置康济之材，实觉可惜。可否再颁优旨，促其启行，将来到京召对时，如蒙皇太后、皇上剀切开谕，褒勉与责备兼施，并将其前此金革夺情移孝作忠之义，宣示大廷，则阎敬铭既感奋于殊恩，又见迫于大义，出处心迹，皎然无疵，当可以拜命就职，力任艰巨。②

从上文可以看出，张之洞在召阎敬铭去京任职一事上，虽有奉命行事之意，但张之洞仍是在先考证了阎敬铭的具体状况后，

---

① 苑书义，孙华峰，李秉新：《张之洞全集》（第一册），河北人民出版社，1998年版，第85页。

② 苑书义，孙华峰，李秉新：《张之洞全集》（第一册），河北人民出版社，1998年版，第85页。

认为其足以任事才多次予以劝勉。在得知阎敬铭辞让职务的苦衷后，张之洞又设身处地地为其解除后顾之忧，建议朝廷恩威并施，解决其具体的困难。

在阎敬铭启程到山西省城后，张之洞再次确认了阎敬铭的身体状况后，才多次劝勉，直到阎敬铭答应进京就职为止。这一点从光绪八年四月二十日张之洞的奏折《阎敬铭遵旨赴京供职片》中可看出：

> 再，新授户部尚书阎敬铭，于本月初二日由解州抵省。臣接晤后，知其所患气喘、臂痛诸证，自春令暄暖，逐渐得瘥。察其体履俱强，气充神炯，当将前奉谕旨，敬谨传知。据称："渥受殊恩，亟思图报。惟自揣颓老迂执，无用于世，徒玷高位，恐负国家。拟俟到京展觐，一抒瞻恋之诚，仍行恳辞乞归"等语。臣当即遵旨，将时艰天眷，剀切敷宣，正言规切。[1]

> 开陈数日，反覆累数百千言，阎敬铭于是幡然奋发，谓主恩如此，何忍言辞？此行到京，即当遵旨拜命受职，竭此桑榆，惟力是视。[2]

可见，张之洞在荐举人才时，是经过详细考察，较为谨慎的。对于人才所面临的具体困难，张之洞也积极设法解决，解除其后顾之忧。这些都表明，张之洞在人才的使用上非常慎重，对人才是十分珍惜的。

---

① 苑书义，孙华峰，李秉新：《张之洞全集》（第一册），河北人民出版社，1998年版，第97—98页。

② 苑书义，孙华峰，李秉新：《张之洞全集》（第一册），河北人民出版社，1998年版，第98页。

光绪八年四月二十日，张之洞在奏折《胪举贤才折并清单》中，先论述了他举荐人才的观点及其举荐标准。首先，张之洞认为臣子的大义，以荐才为最。因此，张之洞平时就十分注重搜集人才的信息，即使自己品级过低，"不得与荐贤之科"，但也要尽人臣之责，在奏疏中随时随事举荐人才。

> 窃惟人臣之义，无急于以人事君者。光绪六年正月，有旨令中外大臣保举人才。臣备官侍从，综计平日所博搜而详记者，不乏其人。因品秩殊绝，不得与荐贤之科。仅于随时条奏时务疏中，因事论及。①

其次，张之洞在奏折中表明了自己虽居官山西，但心怀天下的志向。张之洞说，在自己履职的三个月中，"殚精勤职"，使山西的政局"略具规模"，但如果自己的眼光只局限在山西，对天下大计就没有益处，也难以报答君上厚恩，所以仍以举贤为己任。

> 抵晋以后，夙夜不遑，求民生之疾苦，考官常之淑慝，振颓废之纪纲，清盘结之弊窦，迄今三月，略具规模。然而宵旰之忧劳，时局之日棘，未尝一日去诸寤寐。窃念臣虽殚精勤职，而自囿方隅，何补于天下大计。愿惟厚恩，悚仄难释，用敢敬举所知，仰塞明诏，以备圣择。②

同时，在举荐贤才方面，张之洞以胡林翼为榜样。张之洞认

---

① 苑书义，孙华峰，李秉新：《张之洞全集》（第一册），河北人民出版社，1998 年版，第 88 页。

② 苑书义，孙华峰，李秉新：《张之洞全集》（第一册），河北人民出版社，1998 年版，第 88 页。

为，胡林翼不分地域、年年不绝地举荐贤才，其中还以不认识的人居多，"荐贤满天下"，从而成就了他"中兴之功首"的名位。

　　尝见巡抚胡林翼官止鄂抚，而性好举贤，畛域无分，岁时不绝。中朝士夫、邻省将吏，并皆搜采，列于剡章。其所称引，不识面者居多，以故荐贤满天下，卒收其用，为中兴之功首，世称其忠，今享其利。臣虽不肖，心窃慕之。①

再次，张之洞在奏折中具体记述了他举荐人才的标准。张之洞说，在他举荐的五十九人中，"素无通识者"有十分之七，虽各人学术、器量不同，但都为人正直，具有济世之才，而那些秉性不正、品行不端、动机不纯的人，则一概摒弃。

　　臣所举中外文武官吏凡五十九人，素无通识者居其十之七。学术不同而同归于济世，器量不同而同归于端人，其秉性回谲，品行凡下，作用偏驳者，不敢滥及。臣之愚暗，诚不足以知人，惟此绝无一毫私曲之心，可以上质天鉴。②

最后，张之洞委婉地表达了自己的用人标准。张之洞认为，如何使用这些人才，是君主的权力。不过他在奏折中仍隐晦地提到了使用人才时应尽其所长，甚至通过破格提拔以激励士气这两条用人标准。

　　至于量才任之以尽其长，破格拔之以厉其气，则裁成鼓

---

　　① 苑书义，孙华峰，李秉新：《张之洞全集》（第一册），河北人民出版社，1998年版，第88页。

　　② 苑书义，孙华峰，李秉新：《张之洞全集》（第一册），河北人民出版社，1998年版，第88页。

舞之妙用，敬俟圣人之权衡，非微臣所敢拟议者也。^①

从上文可以看出，张之洞认为臣子不论品级高低，都有举荐人才的义务，有诏令时可奉令举荐，无诏令或品级不够时，可随事提及。在举荐人才时，要以才能及品行为标准，而不以私人交情为准则，使用人才时应用其所长，激励其气。当然，从张之洞举荐的人才几乎全为翰林等清流官员的情况中，也可看出张之洞在实际举荐时也有自身的局限性。

光绪八年四月二十日，张之洞在奏折《保奖循良片》中，提出用人应采取激浊扬清之法，并以西汉褒勉循良而大治为证。因此，张之洞在参奏山西境内残害百姓、渎职误事的官员后，请求朝廷对真心爱护百姓且政绩优秀的官员予以褒奖，以此让官员们知道趋势所在。

> 再，激扬之术，道贵兼施。尝考西汉之世，循良之吏，玺书褒勉，所以吏治蒸蒸，最为近古。臣于晋省害民不职之员，已经专折奏参。至实心爱民，为守兼优者，亦应上达宸聪，恳加褒奖，然后群吏知所趋向。^②

> 查有现署太原府知府候补知府马丕瑶，廉惠刚明，所至有声。前署永济县，痛除差钱数万缗，民困大苏。洎知解州，办灾最善，清丈招垦，精密有法，以故解州既无荒地，亦无累粮，至今征收最易，官赋不亏，民力不困，成效益彰。候补直隶州知州方龙光，学道爱人，前署汾阳县，正值

---

① 苑书义，孙华峰，李秉新：《张之洞全集》（第一册），河北人民出版社，1998 年版，第 88 页。

② 苑书义，孙华峰，李秉新：《张之洞全集》（第一册），河北人民出版社，1998 年版，第 98 页。

光绪二、三年，当灾象初成，首请停征，触怒上官，于是早筹荒政，设法储粮，苦心枭运，全活甚多。若使再任一年，该县雁灾尚不甚酷，至今县民称之。朔州知州姚官澄，操守廉洁，政事勤明。晋省早年州县不染卖粟恶习者，不过数人，而姚官澄兼以有才。阳曲县知县锡良，守清识定，自其候补时抽厘办赈，卓著贤声，到阳曲任两月，革除差累，商民咸悦。万泉县知县朱光绶，廉洁慈祥，上次任万泉时，荒政尽心，饥而不害，所到皆有惠政。太原县知县薛元钊、廉朴至诚，专心民事，前署垣曲灾区，于禁种莺粟，极为认真。现任太原，孜孜讲求渠利。以上六员，官声最好，众论佥同。合无仰恳天恩，降旨嘉奖勉励，以为晋省官吏之劝。①

笔者将张之洞褒奖的这六名官员的情况制作成一张表格（见表2—1），以便读者浏览：

表2—1 晋省循吏表

人物	职务	评价	具体事迹
马丕瑶	现署太原府候补知府	廉惠刚明，所至有声	前署永济县，痛除差钱数万缗，民困大苏。 泊知解州，办灾最善，清丈招垦，精密有法，以故解州既无荒地，亦无累粮，至今征收最易，官赋不亏，民力不困，成效益彰。

---

① 苑书义、孙华峰、李秉新：《张之洞全集》（第一册），河北人民出版社，1998年版，第98—99页。

人物	职务	评价	具体事迹
方龙光	候补直隶州知州	学道爱人	前署汾阳县，正值光绪二、三年，当灾象初成，首请停征，触怒上官，于是早筹荒政，设法储粮，苦心粜运，全活甚多。若使再任一年，该县罹灾尚不甚酷，至今县民称之。
姚官澄	朔州知州	操守廉洁，政事勤明	晋省早年州县不染卖粟恶习者，不过数人，而姚官澄兼以有才。
锡良	阳曲县知县	守清识定	自其候补时抽厘办赈，卓著贤声，到阳曲任两月，革除差累，商民咸悦。
朱光绶	万泉县知县	廉洁慈祥	上次任万泉时，荒政尽心，饥而不害，所到皆有惠政。
薛元钊	太原县知县	廉朴至诚，专心民事	前署垣曲灾区，于禁种莺粟，极为认真。现任太原，孜孜讲求渠利。

从表2-1可以看出，张之洞在褒奖地方官时，比较注重以下这两个方面。一是廉洁。上述六人中有四人的评价中都有"廉"，而另外两人的评价中，锡良有"清"，方龙光被评为"爱人"，"清"和"爱人"都与"廉"有一定的关系。二是有爱民有方。上述六人的事迹中，除姚官澄的事迹偏向个人操守外，其余五人则有积极应对自然灾害、革除弊政等利民事迹。这两方面应也可以看作是张之洞评价地方治理人才的标准。

光绪八年十二月初四日，张之洞在奏折《留员总理营务片》中，提请已被简放平阳府知府的李秉衡暂缓赴任，而责成他总理山西营务：

> 再，接准部咨，知府李秉衡已蒙简放平阳府知府，本应即饬赴任，惟该员自到晋后，臣稔知其曩在直隶曾带练军防剿，晓畅军事，擒捕盗匪，所至有效。晋省营务废弛，兵气

颓弱，亟宜上紧整顿，即派该员会同太原府马丕瑶总理营务处并统领湘练两军马队。该员守洁律严，勤于训练，数月以来，渐觉改观。治兵，为晋省今日急务，以后尚须规画全局，大加修饰。各员中晓此者，尤难。其人应令暂缓赴任，责成该员竭力经理，以期武备日有起色。理合附陈，伏乞圣鉴。谨奏。①

张之洞知道李秉衡熟悉军事，曾在直隶带兵，所到各地，均能有效擒捕盗匪，而山西营务废弛，士气颓弱，亟须整顿。于是，在李秉衡到山西后，张之洞即派他"会同太原府马丕瑶总理营务处并统领湘练两军马队"。数月以来，李秉衡都能保持廉洁，严于律己，勤于练兵，其整顿山西营务已取得可观的成效。张之洞认为，山西当务之急是治兵，治兵之后还需规划全局，大加整顿，而在山西各官员中，有兵务才能的尤为难得，于是请求朝廷允许李秉衡暂缓赴任，继续整顿山西营务。

可见，张之洞在用人方面上，以当务之急为重，着眼于大局，并兼顾个人才具，从总体上进行综合考量。

二、"参劾官员折"与张之洞的人才思想

作为"清流派"的健将，张之洞对官员贪墨不法、鱼肉百姓和办事不力十分痛恨，积极奏劾弹压，这一方面反映了张之洞的为官风格和用人标准，另一方面也反映出他希望用弹劾的方式来淘汰、筛选官员的人才思想。

张之洞参劾官员的奏折有《特参害民不职各员折》《特参贻误善后各员片》《特参文武员弁折》《参劾不职武员片》《特参贻

① 苑书义，孙华峰，李秉新：《张之洞全集》（第一册），河北人民出版社，1998年版，第137-138页。

误善后各员片》《请开复安颐处分片》等。

光绪八年四月二十八日，张之洞在奏折《特参害民不职各员折》中，纠劾害民不职的官吏九人。张之洞认为，山西遭受灾害后，四民困苦，官吏良莠不齐，山西要恢复之前的繁荣局面，尤需良吏尽心尽责，励精图治。

> 窃惟山西承灾祲之后，四民困苦，官司丛脞。尤赖良有司尽心抚字，励精整饬，庶几由庶而富，由富而教，渐复全盛旧观。[①]

于是，张之洞认为纠劾对象应以害民之官为先，其中又以贪墨之辈为要，而与民争利、荒废政务之官，亦在淘汰之列。紧接着，他以事实为依据，以公评为参照，全面考察官吏，并选择了其中尤为恶劣的官吏加以劾奏。

> 臣愚以为纠劾以害民为先，害民以贪墨为首。至于侵蠹废弛，亦当沙汰及之。臣到任以来，悉心察核，考诸实事，验诸公评，谨择其尤，据实劾奏。[②]

其劾奏详情如下：

> 查有萨拉齐同知定福，贪纵害民，行检不修，声名最劣。候补直隶州知州李春熙，行径鄙俗，私加厘金，剥商扰民。补用知县洪贞颐，习染最恶，征收弊混。以上三员，应

---

① 苑书义，孙华峰，李秉新：《张之洞全集》（第一册），河北人民出版社，1998年版，第99页。

② 苑书义，孙华峰，李秉新：《张之洞全集》（第一册），河北人民出版社，1998年版，第99页。

请即行革职。宁武县知县萧树藩，居心很（狠）鸷，放利而行。石楼县知县王景羲，昏惰无能，纵丁滋扰。汾阳县知县庆文，抽厘不实，不能听断。以上三员，应请以府经历、县丞降补。和林格尔通判惠俊，秉性浮巧，不惬舆情。长治县知县李桢，暗昧无识，动招民怨。高平县知县庆钟，嗜好太重，公事模糊。以上三县，应请开缺留省另补。综计此次所参九员，皆系实迹彰闻，断难宽假。此外，尚有不知振作及不免疵累者，臣当指陈其失，严檄教戒，责令改过。如仍不悛悔，再行随时奏参。①

从中可以看出，张之洞对其具体劾奏的九人，以情节轻重为据，将他们分成三类，建议朝廷采取不同的处罚措施。第一类是请求即行革职的定福、李春熙、洪贞颐三人，他们都有贪墨行为，或直接"贪纵"，或私自加收，或在征收时作弊蒙混。第二类是请求朝廷予以降补的萧树藩、王景羲、庆文三人，其中萧树藩心思阴险，做事只考虑如何对自己有利，而王景羲、庆文二人则昏聩无能，或政务处理不当，或不能判断实情，张之洞皆认为其措置失宜，应予以左迁。第三类是请求开缺另补的惠俊、李桢、庆钟三人，他们或性情虚浮不实，或性情愚昧，或嗜好太重。此外，张之洞还对不作为的官吏指陈过失，责令其改正。

光绪八年六月十二日，张之洞在奏折《特参贻误善后各员片》中，认为山西省在被灾数年后仍未能恢复元气，反而每况愈下的局面，"大率皆前藩司葆亨、前冀宁道王定安二人所为"，并列举了这两人的罪过。可在追究责任时，张之洞却称不想彻查，认为一一追究，就会辗转株连，兴起大狱，而朝廷宽仁，将不忍

---

① 苑书义、孙华峰、李秉新：《张之洞全集》（第一册），河北人民出版社，1998年版，第99—100页。

见到这种局面，但一个也不惩罚，就不能面对灾后亿万百姓，也无法挽回山西官场风气，所以对于首恶一定要严惩不贷。

> 该二员在晋，官民愤怨，万口沸腾。臣考核善后各案牍，因得查悉其种种弊混之端，论其贻误善后之罪，葆亨实为之魁，而王定安挟私妄为，咎亦次之。此外十分荒谬之端，众口凿凿，而文案粗可弥缝者，臣尚不敢论及。缘一一穷究，展转株连，必兴大狱。朝廷宽仁，亦将不忍。然不加之惩罚，既无以谢灾余亿万之穷黎，亦无以挽晋省官场之风气。①

于是，在葆亨已经因另案革职后，张之洞提请将王定安革职查办，而对其他涉事官员，张之洞仅仅提到了跟随葆亨、王定安最久的两名官员，并建议朝廷对其进行处理。两名从犯，其一是候补直隶州知州陈本，张之洞认为他是合谋作恶之人，提请朝廷将其革职；其二是候补知府安颐，张之洞认为他有疏忽之过，提请朝廷将其交部议处。对其他各员，张之洞则恳请朝廷免予追究，认为他们当时不能匡正长官过错，固然有罪，但这也是因为他们的力量不足以与葆亨、王定安两人对抗，因此建议朝廷督促他们洗心改辙，以观后效。

> 查善后局员中，办事最久者，系候补知府安颐、候补直隶州知州陈本两人。看稿秉笔，皆归陈本。……盖其时凡事太支离，藩署幕友不肯核稿钤章者，则陈本悍然为之。其为该员合谋弊混，明白无疑。应请旨将陈本一并革职，即行驱

---

① 苑书义，孙华峰，李秉新：《张之洞全集》（第一册），河北人民出版社，1998年版，第111页。

逐回籍。至安颐入局在陈本之后，出局在陈本之先。经臣查询，尚肯详晰陈明，不加回护。且查其平日居官，亦属勤慎。惟在局日久，于各款目不能细加清厘，究属疏忽，应请旨交部议处。此外当日在事之司道首府暨各局员，不能匡正，均有不合。惟以葆亨之昏谬，王定安之恣横，两人相比，各该员势有不敌。仰恳逾格天恩，从宽免其深究。臣当随时督察，饬其洗心改辙，以观后效。[①]

可见，张之洞在追究有过官员时，从挽回风气等方面考虑，主张对罪魁及主要从犯严加惩罚，而对胁从之人却不过分追究，不过仍主张要随时督察他们洗心革面的情况，以观后效。

光绪九年三月十一日，张之洞在奏折《特参文武员弁折》中，针对山西境内盗贼横行的情况，参劾那些处置不力的文武官员。张之洞认为他们平时疏于防范，任由盗贼横行，事发后不能跟踪缉拿盗贼破案，实属玩忽职守，而且还有一些劫案直至抓获盗贼后才得到具体报告，而另一些劫案虽被及时报告了但始终未能缉拿盗贼。

> 该地方文武员弁事前既疏于防范，一任盗贼横行；事后又未能跟踪缉拿，破获全案，捕务实属废弛。临汾县张万洪、王金盛家被劫两案，直至一月有余，该县协同洪洞县获盗七名之后始具报，殊属迟延。德昌合被劫之案，具报虽未迟延，至今未获一盗。[②]

---

① 苑书义，孙华峰，李秉新：《张之洞全集》（第一册），河北人民出版社，1998年版，第112页。

② 苑书义，孙华峰，李秉新：《张之洞全集》（第一册），河北人民出版社，1998年版，第154页。

张之洞认为在目前他多次催办保甲、饬令缉捕盗贼、严厉查处瞒报盗贼的情况下，对这些办案不力的文武官员，必须从严惩处，否则不足以警醒这些玩忽职守者。于是，张之洞根据不同的情况，请旨将这些文武官员分别交部议处，摘去顶戴，然后勒令其协同破案或限期破案。

现经臣迭次檄饬催办保甲，讲求缉捕，严查讳盗，若不从严示惩，不足以儆玩疲。除屯留县应免查参外，至现署荣河县、沁源县知县董余三、接署沁源县知县程宏继均未便因原案未至行强，遂置拒毙官兵，盗匪无获于不问。临汾县知县李荣和，先已调署洪洞县知县，未便因协获两案盗犯，遂并具报迟延暨关乡被劫之案，亦予从宽。前署岳阳县知县李士珍，先经调省交卸，亦未便因甫经离任，令其置身事外。据藩、臬两司详揭请参前来，相应请旨将现署荣河县沁源县知县董余三、接署沁源县知县程宏继、黎城县知县董庆咸、交卸临汾县知县现署洪洞县知县李荣和，均先行交部议处。前署岳阳县知县李士珍，摘去顶戴，仍留于岳阳县地方，责令协同接任之员，一体勒缉。调署稷山县知县马鉴、沁源汛外委姚乐善、黎城汛外委郭华、平阳营把总杨幸喜、岳阳汛外委贾春华、稷山汛外委武占鳌，均摘去顶戴，仍勒限两个月严缉，赃贼务获究办，届限不获，再行从严参办。[1]

从以上引文可以看出，张之洞在治理山西时，根据自己的治理需要，要求下属文武官员应及时如实汇报情况，并能够措置得宜，而那些瞒报、迟报者，也应受到相应处罚。这也可视为张之

---

① 苑书义，孙华峰，李秉新：《张之洞全集》（第一册），河北人民出版社，1998年版，第155页。

洞的一种用人观念。

光绪九年十月二十三日，张之洞在奏折《参劾不职武员片》中，认为山西绿营将领以往有侵吞钱粮的恶习：绿营钱粮虽然向来归守备管理，但副将、参将、游击等将领往往也在钱粮中谋求利益，以致在上者多所苛求，在下者有意挟制，互相攻讦，毫无纪纲。而现经屡次发檄禁戒，该风气也没有尽数祛除。于是，张之洞针对查出的四位在钱粮方面有不法情事的将领，请旨对其予以降职处理。

再，绿营钱粮，向归守备经管，本营副、参、游等官，往往疑有沾润，以致上多苛求，下存挟制，动相攻讦，漫无纪纲，实为晋省营伍恶习。迭经严檄禁戒，此风未能尽除。兹查有得胜路参将那琛，居心俗陋，改变外汛应拨租谷旧章，多招物议。得胜路守备苏殿忠，性情桀骜，挟忿无礼，于存储公款，任人挪借，迨经查办，始行归清，且妄称库银被窃，凌逼兵丁。盂寿营游击德海，识见庸暗，意存需索，于操练发饷，藉端挑剔，不恤兵艰。平定营守备王福庆，性气粗浮，且于该营应还仓谷之项，买补迟延。以上各该员，上不秉公，下不循分，均属不知检束，有乖政体。据大同镇、太原镇总兵先后咨请查办惩处前来，相应请旨将那琛以游击降补，德海以都司降补，苏殿忠、王福庆均以千总降补，以肃营政。至该员等所出得胜路参将、盂寿营游击、得胜路守备、平定营守备等缺，晋省现有应升应补人员，应请扣留外补。[1]

---

① 苑书义，孙华峰，李秉新：《张之洞全集》（第一册），河北人民出版社，1998年版，第182页。

兹据上文制成下表（见表2-2），以便读者省览：

表2-2　晋劣绿营不法将领表

人物	性情、居心	不法事迹	请旨处分
得胜路参将那琛	居心俗陋	改变外汛应拨租谷旧章	以游击降补
盂寿营游击德海	识见庸暗，意存需索	于操练发饷，藉端挑剔，不恤兵艰	以都司降补
得胜路守备苏殿忠	性情桀骜，挟忿无礼	于存储公款，任人挪借，迨经查办，始行归清，且妄称库银被窃，凌逼兵丁	千总降补
平定营守备王福庆	性气粗浮	于该营应还仓谷之项，买补迟延	千总降补

从表2-2可以看出，张之洞将这些将领犯错的原因归结于他们的德行：或居心俗陋、识见庸暗，或桀骜挟忿、粗浮，上级不能秉公处理事务，下级不能循守本分，不知道检点约束自身。可见，张之洞在用人上十分重视考察他们的心术和性情，并以能检点约束自身，秉公处理政务为标准。

张之洞于光绪八年六月十二日上奏《特参贻误善后各员片》。张之洞在奏折中指出，候补知府安颐在山西善后局任职时，对于各种款项不能细加清理，有疏忽之过，请旨交吏部议定处分。而在光绪十年四月初七日，张之洞又在奏折《请开复安颐处分片》中，陈述了安颐在被劾后的变化，请求朝廷取消之前对安颐的处分。不过，安颐被张之洞参劾后，经吏部议定，被定为在公务上玩忽职守，被处以降一级调用，因此，圣旨钦定不准其将功抵罪。

在光绪八年（1882）九月，张之洞又奏请将降职调任的安颐留在山西任职，责令其彻底检查公库款项，如果再出错乱，就将他从严参办，如果他能够改正以前所犯的错误，对仓库存储有所帮助，也应该根据实情让朝廷知道他的进步。对此，皇帝下旨准许了张之洞所请。

之后，安颐留在山西，跟着清源局的司道官员清理公库款项，专门掌管会计报表的勾稽事项，做事小心，服从命令，没有丝毫怠惰玩忽。当初设置清源局时，不熟悉业务的人很多，而安颐不害怕麻烦劳苦，均对其悉心指点、引导。偶尔遇见局内意图作弊蒙混的吏员，安颐也一定会尽心教导，尽力维护款项，严防地方官自行销用公款。

> 该员自奏留晋省，随同清源局司道清厘库款，专司勾稽，事事小心禀承，不敢稍涉怠忽。当初开局时，派入各委员，未能谙习者居多。该员不惮烦劳，一一指引，偶遇书吏意图弊混，尤必尽心抉摘，力护内款，严别外销。①

三、"科举兴学折"与张之洞的人才思想

如第一章所述，近十年的学官生涯，对张之洞的人才选拔培养思想产生了重要的影响。而在山西巡抚任上，张之洞进一步延续了他之前所形成的人才思想——大力恢复和整顿山西科场，兴办书院。更重要的是，在山西巡抚任上，张之洞对西方科技的进一步的接触，促使其产生了培养洋务人才的思想。

张之洞这一时期的"科举兴学折"包括《会请开复各生衣顶折》《咨学院筹商学校事宜》《札司局设局讲习洋务》。

（一）恢复整顿科举

张之洞极为看重科举考试，在他看来，山西灾后重建，恢复

---

① 苑书义，孙华峰，李秉新：《张之洞全集》（第一册），河北人民出版社，1998 年版，第 231—232 页。

科举考试是当务之急。光绪八年（1882）十月，经张之洞大力推动，山西"大修贡院，举行乡试"。

光绪九年（1883），张之洞与时任山西学政的吕凤岐合奏《会请开复各生衣顶折》，为平阳、汾州、蒲州、解州、绛州、霍州、隰州这七个州府所属的生员请命，这些生员在光绪五年（1879）、六年（1880）中因山西大灾耽误了岁考，张、吕两人恳求朝廷开恩，准许其以原有功名参加科举考试。在奏折中，张之洞与吕凤岐先陈述了事件的起因。山西省光绪三、四年间（1877、1878）全境大旱，其间因旱灾耽误岁考被除功名的生员，光绪八年（1882）六月经前任山西学政王仁堪上奏请命，朝廷已开恩准许恢复其功名。

在吕凤岐接任山西学政后，平阳、汾州、蒲州、解州、绛州、霍州、隰州七州府所属生员（汾州生员耽误于光绪五年，另外六州府的生员耽误于光绪六年），因躲避灾荒不能归来，以致在科场上被除了功名，他们纷纷向张之洞、吕凤岐等呼吁恳求，希望朝廷援光绪三、四年旧例，恢复其功名。张之洞、吕凤岐两人认为，如果总是援引旧例求朝廷破例开恩，未免漫延而无限制，本应该批驳他们的请求：

> 兹臣凤岐接任考试以来，据平阳、汾州、蒲州、解州、绛州、霍州、隰州等属生员复以汾州误考，系在光绪五年，其余六属均系六年，因逃荒未归，临场除名，向臣之洞、臣凤岐等纷纷吁恳奏请开复前来，当以光绪三、四两年他府州误考各生已蒙殊恩准予开复，若叠次奏请未免漫无限制，批驳未准。[①]

---

① 苑书义、孙华峰、李秉新：《张之洞全集》（第一册），河北人民出版社，1998年版，第213—214页。

但是经考查可知，平阳、蒲州、解州、绛州、霍州、隰州在全省中受灾最为严重，且这些州府在光绪三年（1877）举行夏季以前的岁考时，因当时灾害初步形成，该处的生员还能勉前来参加考试，到了夏、秋之后，生存的机会一天比一天渺茫，生员们不得不流离失所，辗转迁移到别的地方谋生，并逐渐流离到人地两疏的地方。在当地，田地、房屋都空着，故乡的宗族难以恢复，生员没有办法回归，以致耽误了光绪六年（1880）的岁考。

> 惟查平、蒲、解、绛、霍、隰各府州于通省中被灾为最重，系于光绪三年夏季以前岁考，彼时灾象初成，该生恪守功令犹能勉强赴试，夏秋后生机日蹙，流离转徙，觅食他乡，渐至亲族罕在，田业皆空，邦族难复，归去无计，致误六年岁考。①

面对如此惨状，张之洞、吕凤岐两人认为，这些生员的"误考"虽发生在光绪六年（1880）农事已渐好转的时候，而他们躲避灾荒远走他方实际是在光绪三年（1877）灾害正盛之时，只是因为轮考的年份稍微晚些，以致本是受灾最重的地区，反而没有和其他州府一起仰沐皇上施恩，这种情况也特别令人怜悯。

> 是该生等误考，虽在光绪六年岁事渐转之时，而其逃荒远出实在光绪三年灾祲方殷之际，只以轮考年分稍迟，以致被灾最重之区，转未得一律仰沐恩施，其情亦殊可悯。②

---

① 苑书义、孙华峰、李秉新：《张之洞全集》（第一册），河北人民出版社，1998年版，第214页。
② 苑书义、孙华峰、李秉新：《张之洞全集》（第一册），河北人民出版社，1998年版，第214页。

况且，山西当时还面临着文德教化之风渐衰，学识渊博、修养有素的学者日少的颓势，因此，振拔该地士气，显得尤为重要。灾害过后，山西能参加童试的人数非常稀少，常常一个县的童生数量仅比童试的录取名额多两三名或四五名，这时候所谓的选拔人才，也只能是勉强凑数了，以至于略知剖章析句的生员就能成为秀才。长此以往，山西省的文风只会越发退步，因此素有声望的博学之士与地方年高德劭者，都为此发愁。

> 况晋省迩来文风不振，宿学益稀。灾后童试人数甚属寥寥，往往有一县童生之数仅多于学额二三名、四五名者，其间乃是勉强充数，于是粗通章句，便作青衿，辗转流传，愈趋愈下，宿儒乡老，群以为忧。[①]

面对这种情况，张之洞等认为，目前的局势已不是他们极力筹划所能扭转生效的。因此，只有请求准许光绪五、六年耽误考试的文生以其原有的功名赴试，使其继续取得更高的功名，而渐渐成为后来学子的榜样。通过这种方式选拔的人才，无论如何都要比学识浅薄而侥幸成为秀才的人好上几个档次，培养人才也比较容易一些。针对其中年龄超过六十而不愿意继续考试的人，也可以从宽给予其相应的功名。这样做，既体恤了这些因灾害"误考"而失去功名的生员，同时也不失为振兴山西教育的一种方法。

> 现经臣等极力筹议培养之法，仍恐骤难取效，惟有请将光绪五六年误考各文生准以原名应试，俾令仍得进取，稍为

---

① 苑书义，孙华峰，李秉新：《张之洞全集》（第一册），河北人民出版社，1998年版，第214页。

后学楷式，较之童幼浅学侥幸滥竽者，自必加之数等，造就较易为功。其年逾六旬不愿再试者，从宽给予衣顶。如此则于体恤孤寒之中，兼有振兴学校之道，与臣之洞往复相商，意见相同。①

因此，张之洞与吕凤岐联合恳求皇帝恩准令光绪五、六年平阳、汾州、蒲州三府和解州、绛州、霍州、隰州四州耽误考试的文生，仍以原有功名参加科举考试，六十以上不愿赴考者，从宽给以相应的功名。当生员们蒙受这种超越常规的鸿恩后，应该也不会再持异议。

合无仰恳天恩俯准将光绪五六年平阳、汾州、蒲州三府，解、绛、霍、隰四州学误考文生，仍以原名应试，六旬以外者，从宽给予衣顶，出自逾格鸿施，其该七府州误考武生应无庸议、是否有当，谨合词缮折具奏，伏乞皇太后、皇上圣鉴。谨奏。②

（二）兴学与改革

在兴学方面，张之洞延续其担任学政时兴办书院的政策，于光绪九年（1883）创办令德书院，该书院仿照阮元诂经精舍及学海堂的例规，聘请王轩为主讲，聘请后来为"戊戌六君子"之一的杨深秀为襄校兼监院。学院办起来后，张之洞选取山西省的高才生就读其间，专治经史古学，"后来通省人才，多出于此"。

---

① 苑书义，孙华峰，李秉新：《张之洞全集》（第一册），河北人民出版社，1998年版，第214页。

② 苑书义，孙华峰，李秉新：《张之洞全集》（第一册），河北人民出版社，1998年版，第214页。

此外，当时的山西吏治腐败，民不聊生，鸦片流毒严重，文风屡弱不堪。而作为一省民政最高长官的张之洞，除了创办书院外，还大刀阔斧地革弊兴利，针对当时山西不重文风、不尊礼教的情形，张之洞认为必须进行改革，需要"端蒙养而兴文教，优新进而重士林，振淹滞而革锢习"。

因此，张之洞在前山西学政所提的"振起颓业之方，以为修举宏纲之助"① 六策之基础上，与下级官员集思广益，并实际考察各地情形，详细斟酌，将其扩展为十条。具体方针如下：

一、减社钱以广义学。

查义学一节，现各属正在筹款议办，惟未必处处有款可筹。即有馆之处，亦不能村村设立。应照来咨："凡各村社钱，无论按地按粮、公田存款，每年提出若干，先尽义学经费。大村设学二，中村设一，瘠苦之村则两三村合办，畸零不成村者则数村并办。"应饬各厅州县邀集乡绅社首，悉心筹议，各就本地情形，酌量举办。其提钱之数、设学之所，以及经收管理各章程，一并公议妥办。城中无社钱者，由官筹建，先为创行。其如何设塾，如何延师，开列规条，俾各村仿照。每州县义学数目，塾师姓名，由地方官报明，并报贵院备案。于出棚按临时查考，所有村中余剩社钱，以祈神赛社者听，惟只准按年一举，尤不得因设立义学，格外摊派。

一、筹经费以修书院。

查外府州县书院膏修，现在以裁减之差徭暨抵补摊捐之陋规，拨充经费，如汾州、大同等府，绛、代等州，曲沃、

① 苑书义，孙华峰，李秉新：《张之洞全集》（第四册），河北人民出版社，1998 年版，第 2401 页。

太平、垣曲、洪洞等县。统计全省大约有经费者十之四，无经费者十之六。除充裕者无庸议，及其向无书院暨不敷之处，由守令等各就本处情形妥为设法，或自分廉俸，或敦劝绅商，或捐未尽之旧规，或查隐漏之粮地。若著名瘠苦之区，势难举行，亦应由县学月课季考，酌给奖赏，犹贤乎已。至明定章程并一切稽核之法，按照来咨饬属办理。

一、去棚费以汰积弊。

查晋省棚费，出自新生者，惟瘠僻州县有之，如保德州、隰州一属及太原府属之兴县，汾州府属之石楼、宁乡、临县、永宁州，平阳府属之乡宁、吉州，绛州属之垣曲等县。保德州业经本部院于裁摊筹发棚规案内，批饬清源局通行示禁在案。公堂礼亦棚费之类，现棚费既出自公，则公堂礼亦在并裁之列，惟既有此名，若不指实禁绝，恐滋官吏私收之弊，且留后日取巧之端，自应札饬司局，转饬出示永革。

一、免差徭以尊学校。

查生员优免差徭，例准免三十亩差钱。来咨以岁考之等第，定免役之多寡，自二百亩至五十亩不等，于例似有窒碍。惟贵院自为鼓励人才起见，现拟多设义学，凡各村聘请塾师，先尽一等生员，二等次之，三等又次之，其劣等暨不赴试者，不准滥竽充数，均以本届为凭。庶显以谋其饭谷之资，即隐以激其发愤之志。贫士寒窗，愈得昕夕攻苦，与贵院之意，仍属相符。至生员不准充膺官役杂差，载在《学政全书》，定例綦严。应饬各州县教职，申明旧例，毋再派充。其或诡名顶替，一概撤退。

一、重岁贡以劝来学。

查岁贡选教，止有单月选训导一班，今部选才及。道光十一二年所选者皆系已故，则现存者无选期可知。家属不即报官，地方官不即详司，司吏不即详请达部，三者均咎有应得，而反使现存之岁贡淹蹇仕途，何以持平。应照来咨，严饬各州县查照贡监名册，将贡生一项，挨户询明。其已故者，确查日期，汇案详司。该司迅即汇详报部。各州县限文到一月内，查明详报。该司限半月详院咨部。如有疏漏延阁，仍有选缺，发凭到省，始行补报者，照例参办。经此次查办之后，凡届年终，照前查报一次。至廪生应贡不贡，仍请贵院设法整顿，庶该生不致恋栈，后生得以进身。

一、戒鸦片以作士气。

查晋省士子，大半一入胶庠，便染恶习。以学校而嗜好成风，非痛加创惩，不足以发聋振聩。本部院前有戒烟局之设，有种烟之禁，均经奏明在案。应请贵院将稽核之法，革烟之限，重申禁令。凡遇生员考等，童生入学，染嗜好者，文虽工而不录；能改过者，文平通而亦取。至应如何责成教官举报，廪保稽察，互结防维，统由贵院随时随地酌量情形办理，似不必拘定成式，致涉纷扰而滋流弊。

一、核教官以端表率。

查教官位列师儒，自应立品厉学，若沾染嗜好，何能禁士子之吸烟？干预公事，何能禁士子之讦讼？月课季考，并具文而无之，何能禁士子之废学？应请贵院按临时，传齐面试，则各教官文章根柢暨有无嗜好，大概可知。并饬该管府州出具切实考语，互相印证。本部院会同贵院择取数员，分别举劾，庶师严然后道尊，道尊然后民知敬学。

一、裁陋规以恤寒素。

查各儒学陋规，报事故者，丁忧起复者，学师有礼，学书门斗有费，习以为常。否则，废阁不报，岁试未到，例应除名。该生竟抱不白之冤。至举报节孝亦有需索，此何等事，取之毋乃伤廉！应一并裁禁。若贽见规礼，似亦束脩以上之义，惟由生致送则可，由师勒索则不可，格外多取，尤干例议。并饬各学，毋违定例。

一、清学田以复旧章。

查晋省原设学田，共二百七十余顷之多。各学有田者，居其大半。此外或由绅富捐输，尚不在此数。日积月累，间有户失地迷，无从稽考。应饬地方官逐渐清厘，或查出隐漏，或劝垦荒芜，俾得照额征收，庶解司正项与学中正用之款，均归有着。

一、整武校以资练习。

查讲堂课艺，学馆横经，文生随在皆可肄业。至武生弓马技艺，有旋得旋弃者，既无所事，必至易于为非。应饬学官稽察加严，毋任视同秦越。现在盗风未靖，冬防巡勇需人，乡间又举行守助，俾其供差遣而练胆识，此亦一法。亦在地方官因地制宜，量材委用耳。①

这十条准则，主要分为三大部分。第一部分，是筹集钱款以广设义学和修建书院。欲得人则先育人，为了使各地都有义学，张之洞要求各地社钱应优先满足义学经费，城市没有社钱则由官府筹建。大村要有两所义学，中村一所义学，贫瘠之村由两三村合办一所义学，其他不成村者，则由数个聚居点一起筹办义学。书院建设的经费，通过裁减徭役获取，经费不足的，"或自分廉俸，或敦劝绅商，或捐未尽之旧规，或查隐漏之粮地"，总之要通过切实可行的办法筹集齐全。

第二部分，主要是减轻学生负担，鼓励学子用功学习。首先，禁止向生员摊派棚费以及公堂礼，这部分费用由官府包揽。为师者不得索取钱礼，学生自愿相送则可。其次，优先减免生员

---

① 苑书义，孙华峰，李秉新：《张之洞全集》（第四册），河北人民出版社，1998年版，第2401—2404页。

的徭役，根据考核成绩定等级，等级越高，减免越多，劣等和不参加考核者则不予减免，这样既减轻了学生的负担，又激励了有志之士发奋学习。再次，重新重视贡生选拔，让生员有晋升的出路。通过这一系列的措施，张之洞大大激励了生员学习进取的积极性，极大地推动了人才的培养。

第三部分，革除学界积弊。其一，由于鸦片流毒泛滥，很多士子染上鸦片恶习，此风气应被学校禁止。其二，教官应以身作则，为士林表率："查教官位列师儒，自应立品厉学，若沾染嗜好，何能禁士子之吸烟？干预公事，何能禁士子之讦讼？月课季考，并具文而无之，何能禁士子之废学？"老师严于律己，师道尊严才能受到社会认可，民众才会敬畏才学之士。其三，山西原来设立的众多书院，学田荒废，应该重新规划利用起来，学田所得则可以用于教育支出。其四，武生应得到妥善安置，避免其妄生是非。

总而言之，张之洞主持开列的这十条准则，措施得当，可操作性强，为改变山西屡弱文风、兴办教育、培养人才奠定了很好的基础，同时也体现出张之洞对人才培养的深刻理解及高度重视。

（三）洋务人才思想的萌芽

如果说张之洞的人才和学术思想分为"通经致用"和"中体西用"两个阶段，那么他担任山西巡抚期间，因其"洋务"思想于此时萌芽，则可将这一时期看作是张之洞思想的过渡阶段。而促成张之洞萌发"洋务"思想的，是传教士李提摩太。

李提摩太，字菩岳，英国传教士。李提摩太于1870年12月抵达上海，随后去山东烟台、青州等地传教。1880年9月李提摩太与李鸿章在天津初次会面，随后得到李鸿章支持，前往当时正遭受旱灾的山西赈灾，同时为张之洞等官员宣讲西方科技及传教布道。李提摩太为此花费了1000英镑，购买了书籍及仪器，匆忙补课自修,而后向中国官绅宣讲哥白尼日心说、化学的奥秘、蒸汽机带给人类的福利、电力的奇迹等科普知识,并做示范表演,以吸引信众。

在李提摩太的演示和讲解下,张之洞无疑对西方科学的系统性、严密性和解释力有了更进一步的认识,于是他在赴广东就任两广总督前,写了一篇为山西招募洋务人才的《札司局设局讲习洋务》,这是张之洞第一份以"学习洋务"为主题的奏折。

奏折开篇这样写道:

> 而各国使命所历,几遍天下,遇有交涉事件,恐难以空疏无据之材,出而肆应,自不得以远距海疆,阙焉不讲。查直省各局林立,取精用宏,裨益甚多,关系甚重,为国家储宏济之才,为民生裕日用之质,凡兹美利,屈指难赅。[①]

对于洋务人才的重要性,张之洞此时已有清醒的认识。其一,遇到需要与其他国家进行交涉的情形时,朝廷没有合适的人才来应对;其二,培养洋务人才,就是为国家储备匡扶社稷的人才;其三,张之洞认为洋务可以改善民生,对国家有利。

> 现于省垣建设洋务局,延访习知西事通达体用诸人,举凡天文、算学、水法、地舆、格物、制器、公法、条约、语言、文字、兵械、船炮、矿学、电汽诸端,但有涉于洋务,一律广募。或则众美兼备,或则一艺名家,果肯闻风而来,无不量材委用。各省局、厂、学堂,人才辈出,擅长者当不乏人,已咨请选择,资送来晋。此外官幕绅商,如有讲求此

---

① 苑书义,孙华峰,李秉新:《张之洞全集》(第四册),河北人民出版社,1998年版,第2399页。

事，自请北来，即希量加考核，是否确有实际，如非虚诞，亦并量予津遣。所有路费，咨照归款。其自行投效者，但察其果有所长，一体量能礼遇，优其薪资，以收实效，而资利用。除备具文启多张，分咨各省，饬属张贴，遴选劝导前来，并分行遵照办理外，为此札，仰该司局即便遵照会同，悉心筹议，即于东门内新买金姓房屋，设立洋务局。①

张之洞对人才的招募不拘一格。只要是通晓洋务的人才，一律招募；只要有真才实学，不论其他，都予以重用。而且张之洞对招募人才的安排极为细致妥当，一是通过各省局、工厂和学堂招募有洋务经验的人才；二是针对官员、士绅或者商人，只要愿意前来，通过考核，确有其才，也会给予宽厚待遇并报销路费；三是针对其他自愿前来投效的人，只要其确实有真才实干，也会给予优厚待遇；四是向各省分发文启，广求人才，尽力网罗有用之才。

酌派提调，正佐委员，先就晋中通晓洋务之人，及现已购来各种洋务之书，研求试办，详立课程，广求益友。如有试造新式各器，不得吝惜工料。该处地势宽阔，将来酌于附近添修院落，以为制造厂所。所有新出关涉洋务各书，随时向津沪购买，刻即筹款，附赴苏顾募机匠便员，令其在上海购买外洋新式织机、农器数种前来，以为嚆矢。各省著名通晓中外交涉事物之人，即由清源局随时访求，指名禀请，以便商调，借资倡办。所有一切经费，即于河东道库提存续增五款项下专案动支，并将以上各节，由清源局拟就简明章

---

① 苑书义，孙华峰，李秉新：《张之洞全集》（第四册），河北人民出版社，1998 年版，第 2399 页。

程，详请核办。①

张之洞为了招募和培养洋务人才，还做了很多准备工作。他让山西通晓洋务的人先用已有的洋务书籍试办课程，对于试造各类新式器械所需的材料，在供给上不设限制。在洋务局附近修建院落，作为制造洋务器械的场所；只要有新的关于洋务的书籍资料，随时购买；命令曾经有过采购经验的官员在上海购买外洋新式纺织机器和农用机器等；对于各地著名的洋务人才，安排清源局前往访求商调。

通过《札司局设局讲习洋务》即可看出，张之洞对人才的重视程度非常高，对招募人才进行了细致入微的安排，务必求得有真才实学之人。

当然，由于张之洞随后被调任两广总督主持抵抗法国侵略者的大局，《札司局设局讲习洋务》所展现的培养、选拔洋务人才的措施和拟设的相关洋务机构，并未在三晋大地实施和建立，但毋庸置疑的是，此后他在广东和湖北实际推动洋务运动时，许多思路、措施和用人的思想，都能在《札司局设局讲习洋务》中找到痕迹。

四、"内政改制折"与张之洞的政治人才思想

正如张之洞在抵达山西不久后所感叹的那样，"晋省事可办者颇多，惟同志无人"，要完成朝廷交给他治理山西的政务，实现他个人"经世济时"的抱负，"治吏"和"改制"是他必然要面临的挑战。

这一时期，张之洞与内政改制相关的奏折有《整饬治理折》

---

① 苑书义，孙华峰，李秉新：《张之洞全集》（第四册），河北人民出版社，1998年版，第2399—2400页。

《请变通边缺折》《筹议七厅改制事宜折》《请加翰詹科道津贴片》。

光绪八年六月十二日，张之洞在奏折《整饬治理折》中，除了上陈山西当前的政局形势及他治理山西的二十条策略外，还针对山西如何才能得到人才进行了论述，陈述了他相应的做法：

> 要之，凡百政事，皆须得人而理。晋省偏僻狭隘，官斯土者，才俊之士，志气郁遏而不伸。阘冗之流，徼幸掩覆而苟免。其致此之由，尤在近年大吏，纪纲不立，赏罚无章，不激不扬，人才安出？臣弹竭愚诚，董率告戒，各官中有奉职无状，妨于吏治民生者，已经随时劾奏。果能由司道以至牧令，共矢公忠，咸遵法度，皆以利国利民为务，自有成效可观。①

张之洞认为山西省本就"偏僻狭隘"，而近年来封疆大吏不树纪纲，任意赏罚，导致官吏中的才俊之士的志气受到压抑而得不到伸张，而庸碌低劣之流却能够凭借掩饰得以苟安，因此山西吏治大乱。自然，张之洞认为山西要获得治世之才，唯一的方式就是树立纪纲，使赏罚有据，激浊扬清。于是，张之洞告诫属下官吏，对"有奉职无状，妨于吏治民生者"，随时劾奏，期望属下各员，共矢公忠，遵守法度，以利国利民为务，如是自可获得可观的治理成效。

光绪八年七月二十九日，张之洞在奏折《请变通边缺折》中，针对当时山西省北部管理民族交涉事务的七个厅的官员任免问题，提请量能授官，修明政事，以期有益于山西政局。首先，

---

① 苑书义、孙华峰、李秉新：《张之洞全集》（第一册），河北人民出版社，1998年版，第102页。

张之洞认为，这七个厅民族众多，客商往来，平时已经难于治理，而近日有关官员旷缺，于是奸徒就聚集过来，盘剥商民，侵吞仓库，甚至有匪徒图谋作乱，这些都表明情势危急，需要有才能的官员来修明政事，否则将成地方大患。

> 窃惟晋省北境边墙以外，旧设理事同知、通判七员，管理蒙民交涉事务。隶于雁平道者，曰丰镇厅、宁远厅。隶于归绥道者，曰归化厅、萨拉齐厅、托克托城厅、清水河厅、和林格尔厅。其辖境东接张家口、察哈尔，西当宁夏河套、鄂尔多斯，北走大青山外扎萨克诸部。蒙回杂厕，客民往来。在平时已号称难治，迨及近日，有司旷官，奸徒丛聚，阎阎苦于盘剥，仓库耗于侵牟，乘墉伏莽，方且环顾，图万一之逞。贾谊所谓厝火积薪，正此之谓。再不及此，量能授官，修明政事，将为边围大忧。[1]

此后，张之洞又列举了这些奸徒的种种不法情事。这些人在外国人的煽动下，极易滋生事端，事态严重。而历来各厅官员，多数极不称职，大多因虐民害政而被劾去职，而且这些污吏因不熟悉律令，听从家丁书役之言，还造成了府库钱粮亏空。

> 夫以各厅目前治理情形，其难已十倍内地州县，何况近来洋人游历，动有蒙古字样。而中俄新约，增入俄界运货赴津，准由科布多、归化城行走之条。该洋人形状殊异，言语侏离。假令稍有龃龉，难免滋生事端，内忧外患有如此者。乃历考各厅员，多不称职，由来已久。即如近数年间，丰镇

---

① 苑书义，孙华峰，李秉新：《张之洞全集》（第一册），河北人民出版社，1998年版，第130页。

同知玉麟、宁远通判佛尔根额富明、归化同知常桂、清水河通判庆启、托克托城通判赓熙、萨拉齐同知定福，皆因虐民害政，先后被参落职。核其交代，则又无人不短，无任不亏。①

推原其故，由其不谙律令，惟家丁书役之言是听。故上而亏国，下而朘民，终以覆厥身家。②

于是，张之洞在与山西有关官员进行充分的讨论并深思后，认为需要因时制宜，不拘一格地任用人才。

臣与在省司道、归绥道暨曾任边厅各员，博议深思。在今日欲谋绥边柔远之规，必求因时制宜之道。查丰镇、归化、萨拉齐三同知缺，向例于理事同知、通判中升调，宁、清、和、托四通判缺，专于臣衙门俸满笔帖式奏准，以理事同通用者请补，如无人，题请补放。大率此项人员，在各部院中，原非上等出色之选。其才具固非绝无可造，而不能通晓政体者居多。以故既苦竭蹶，兼贻身累。③

张之洞又在考察了具体情况后，认为现在应该根据政务的需要灵活选择官员，拟请将山西北部七厅改为要缺，在遇缺时，依次用本省实缺调补、实缺州县升用，选拔人才时不拘泥于满汉身

① 苑书义，孙华峰，李秉新：《张之洞全集》（第一册），河北人民出版社，1998年版，第131页。
② 苑书义，孙华峰，李秉新：《张之洞全集》（第一册），河北人民出版社，1998年版，第132页。
③ 苑书义，孙华峰，李秉新：《张之洞全集》（第一册），河北人民出版社，1998年版，第132页。

份，只以人地相宜为准。

今昔情形迥异，则断宜以为地择人为先。窃见比年来，直隶、奉天、吉林等省，皆以筹边切要，于用人成格，屡有变通，并蒙俞允。仰见圣人之道，时措皆宜。拟请将晋省口外七厅，均改为抚民同通要缺，并酌照直隶张、独、多三厅，满汉统用成案，遇有七厅同知缺出，先尽本省实缺候补同知、直隶州，或调或补，如调补无人，以实缺州县升用。遇有七厅通判缺出，先尽本省实缺候补通判，或调或补，如调补无人，以实缺知县升用，不拘满汉，惟取人地相宜。①

最后，张之洞拟请根据这套方案，改补七厅缺员，并就山西同知、通判缺员的调补做了方案。

抑臣更有请者，现拟将七厅员缺，援案改补，乃为边要择人。但外而六年俸满，内而候题请放之笔帖式暨太原理事通判，升阶较隘，未免向隅。查山西内地通判，仅止三缺，同知裁剩五缺。除太原同知管理鼓铸，潞安同知管理缉私，泽州同知管理矿厂，责重事繁，未便更张外，拟请将汾州、蒲州同知二缺，专以本省实缺、旗缺通判的量请升，及笔帖式俸满引见后之候补理事同通，酌量请补放，平阳、汾州、大同通判三缺，专以臣衙门俸满之笔帖式酌量请补。如无人，则题请补放。期于有益边政，无妨仕途。倘部臣以为内地同通，向无专用旗员之缺，或即仿照直隶成案，此七厅员缺，径改为满汉兼用，勿庸另行抵还。将太原府理事通判，

---

① 苑书义、孙华峰、李秉新：《张之洞全集》（第一册），河北人民出版社，1998年版，第132页。

臣衙门俸满以同通用之笔帖式，于内地同通一律升调请补，则办理尤为简易。臣为边缺紧要，中外交涉起见，伏祈敕部核议施行。①

从以上引文可见，张之洞一个重要的用人标准，就是"人地相宜"：对于像边地这样难于治理或隐患重重的地方，不应派不通政体的官员治理，这些官员虽然可能通过历练成为人才，但短期内于政事无益，应派知悉当地情况并有才能的官员励精图治，才能有益于政事。

光绪九年（1883）九月二十九日，张之洞在奏折《筹议七厅改制事宜折》中奏陈山西省口外七厅改制时，提出应议未尽事宜十二条，其中的"定章补署"与"建设学校"两条体现了张之洞一些用人和培育人才的观点。在"定章补署"条中，张之洞认为一般的实缺候补同知都是闲散官职，且多为捐纳之官，不谙政务，而直隶州的实缺候补同知因职责较重，人才也较多，从中拣选人员调补到晋北要地，可收到因才施用的效果。

补署宜定章也。臣原奏所请，遇有七厅抚民同知缺出，不拘满汉，先尽本省实缺候补同知、直隶州调补。调补无人，以实缺知县请升。遇有七厅抚民通判缺出，不拘满汉，先尽本省实缺候补通判调补，调补无人，以实缺知县请升一节，实为因地择人，慎重边缺。且该厅等辖境辽阔，形势紧要，虽缺系同通，其繁剧难治，远过于内地孔道州县。而实缺候补同知，均系闲曹，兼多捐纳出身，未能尽谙政务。故原奏于七厅抚民同知缺出，请以实缺候补直隶州一体调补。

---

① 苑书义，孙华峰，李秉新：《张之洞全集》（第一册），河北人民出版社，1998年版，第133页。

原以直隶州一班，职任较重，人才较多，拣选调补边要，可收得人之效，系为整饬边政起见。接准部覆独于直隶州请调请补一层，既未议驳，亦未议准，似系疏漏。惟各厅初改，治理颇难。欲求干济之才，非量为变通不可。①

于是，张之洞在拟定七厅同知、通判遇缺时的调补章程时总结道：

以上七厅抚民同通缺出，但须人地相宜，不拘满汉实缺候补试用同知直隶州通判及实缺知县保有升阶及应升合例之员，一体酌量分别请调请升请补。至委署七厅抚民同通，亦应于候补试用直隶州同通知州及各知县中，随时酌拣熟悉边情、长于治理人员委署，不入轮次。②

从以上引文可以看出，张之洞以"人地相宜"为人才选择标准，主张扩大人才的选拔范围，在人才的任用上不论资历，一体斟酌，选择那些熟悉政情、擅长治理的官员予以重任。

在"建设学校"条中，张之洞总结道：

一、学校宜建设也。查七厅，惟绥远驻防向附朔平府棚考试，其余均无学额。各厅寄居民人，多有远至百余年及数十年者。现已生齿日繁，其中不乏俊秀之士，进身无路，未免向隅。改设抚民厅以后，自应设立学额。查归化厅户口蕃衍，四民辐辏，弦诵日多。近年设有书院，最为口外繁盛之

---

① 苑书义，孙华峰，李秉新：《张之洞全集》（第一册），河北人民出版社，1998年版，第168页。

② 苑书义，孙华峰，李秉新：《张之洞全集》（第一册），河北人民出版社，1998年版，第168页。

地，应设文、武学额各四名。萨、丰两厅，均设文、武学额各三名。宁、清、和、托四厅，均设文、武学额各二名。归化厅设廪生二名，增生四名。余厅均设廪生一名、增生二名。①

可以看出，张之洞针对山西北部七厅人才晋升无路的问题，想出的解决之道仍是将他们引导到当时的科举道路上。

以上可见，张之洞对晋北的治理，在用人上是以"人地相宜"为标准，即任用熟悉边情且擅长治理的人才，为此希望朝廷能够有所变通，扩大范围选拔人才；在对边地的人才培育上，仍是以当时的科举制度为指归。

光绪九年（1883）十一月十七日，张之洞在《请加翰詹科道津贴片》中，请求增加京官中翰林、詹事和科道官员的津贴。

首先，张之洞认为原来户部拟定的京官津贴数量本来就比较低，如果再以官员的品阶来做分别，那么翰林院的编修、检讨等官员，得到的津贴一定是有限的，而科道官员的津贴虽略有增益，但也不会太多。

> 再，查户部原拟京员津贴之数，自数十两至二百余两止，为数颇廉。若以官品为差，则翰林院编检等官，所得定当有限，即科道较有增益，而最优之数，亦复无多。②

其次，张之洞认为翰林院、詹事府是国家用来储备人才的地方，所以必须让翰林、詹事们誉望清重、心力宽闲，只有这样，

---

① 苑书义，孙华峰，李秉新：《张之洞全集》（第一册），河北人民出版社，1998年版，第172页。

② 苑书义，孙华峰，李秉新：《张之洞全集》（第一册），河北人民出版社，1998年版，第196页。

他们才能潜心学问，明辨是非，讨论朝廷的典章，研究经世济民的方法，才可以作为朝廷公卿的后备人才。中央各部属官都有养廉银、饭银和印结银，而翰林、詹事却没有，因此他建议对翰林院的编修、检讨等官员，按五品的等级发放津贴，不应拘泥于他们现在的等级。

> 窃惟翰詹之官，乃国家储才之地，必使誉望清重，心力宽闲，可以覃精稽古，讨论朝章，讲求经济，以备异日公卿之选。且部曹尚有养廉、饭银、印结费，而翰詹无之。若编检，居五品之班，不得以阶级论。[1]

同时，张之洞认为科道官员的职责比较多，开支范围比较广，更应该提升他们的品行，这样他们才能态度严肃地处理政务，无所回护。张之洞认为，翰林、詹事虽然现在的职务比较清闲，但却是将来的重要人才，科道官员的地位不高却责任重大，两者必须在津贴上加以优待。

> 至于台谏之职，所司较繁，费用较广，尤须峻其行检，养其风棱，然后能正色纠绳，无所瞻顾。故翰詹职虽闲而用远，科道位不尊而责重。惟此四项，必宜加优。[2]

最后，张之洞总结道，增加翰林、詹事和科、道四个衙门的官员津贴，不论是用"内销"的办法，还是用"外销"的办法，都是容易办到的，完全取决于部臣的安排。此外，张之洞还明确

---

① 苑书义，孙华峰，李秉新：《张之洞全集》（第一册），河北人民出版社，1998年版，第196页。

② 苑书义，孙华峰，李秉新：《张之洞全集》（第一册），河北人民出版社，1998年版，第196页。

表示，在费用的分摊上，山西省虽然贫穷，但他愿意比照大省分摊，并认为只要以后朝廷能够多得到一个贤才，科道能多发表一份正直之言，这样对国家的好处也算很大了。

> 至此四衙门加给之数，无论定议时出之内销，出之外销，均属易办，一听部臣派拨。三晋虽贫，愿比大省，但使朝廷多得一贤才，台垣多抒一谠论，其利亦已大矣。①

可见，张之洞认为，要想培养人才，就要满足其一定的物质需求，这样才能解决他们的后顾之忧，培育他们的品行与才能。

五、"军事外交折"与张之洞的军事人才思想

虽然巡抚是管民政的官职，但大灾后的山西全省凋敝，民贫官乏，因此张之洞在做好民政的本职工作外，对维护治安、加强地方防务等方面也多有涉及，而且他不改"清流"本色，对外患和国防也频频发声，尤其力主抗击侵略越南的法人，这也为他后来调任两广总督打下了基础。

张之洞的军事人才思想主要反映在《新募马队并未增饷折》《密陈北军应练情形片》《拟调营哨各官片》《资遣湘军日期片》《密陈奎英阻挠边事片》《越南日蹙宜筹兵遣使先发豫防折》《法衅已成敬陈战守事宜折》中。

光绪九年（1883）正月二十日，在奏折《新募马队并未增饷折》中，张之洞在说明当时山西军队情况的基础上论述了他新募马队的必要性，以及并不会因此而额外增饷的理由。

---

① 苑书义，孙华峰，李秉新：《张之洞全集》（第一册），河北人民出版社，1998 年版，第 196 页。

晋省防营，如树军久驻塞外，尚称得力。由其籍隶江北，皆能骑战，与北地风土亦尚相习，拟从容与张树屏筹商画一经久之策。至湘毅军马步三营，臣熟加体察，并非百战精锐。其马队于马上技艺，究非所长。又与此间水土不甚服习，民情亦多扞格，不如裁之为便。故臣拟即以此饷另募北省马队，一取其饷需较省，一取其骑战便利，于边防相宜，一取其风土性情相近，与军民相安。且训练既成，或即以挑补练军。彼时再当酌度情形，奏明办理，诸多活便。而其选募，则早已严定章程，专取确有身家朴质习劳、力强胆壮者。游民散勇，禁绝不收。此军将成，湘军遣撤回籍。①

从中可看出，张之洞认为张树屏的树军，士兵籍贯多在江北，与北地的风土相宜，能进行骑战，其长期驻防塞外，尚可称得上得力，因此与张树屏商讨山西的防务比较合适。随后，张之洞在详细考察了湘毅军马步三营的部队后，认为他们并非百战精锐之师，也不擅长马上的技艺，而且有水土不服的情况，与当地的民俗风情也多扞格，应加以裁撤。于是，张之洞拟请以湘毅军裁额的饷银另行招募由北人组成的马队，练成后将湘军裁撤，遣送回籍。他认为如此一来，一是可以节省饷需；二是这些人熟悉马战，宜于边防；三是他们适应山西的风土民情，军民能够相安无事。而且张之洞要招募的是有身家、性情质朴、吃苦耐劳、气力强、胆气壮的人，绝不收没有正当职业的人。

而针对部臣们认为这些地方的人多为粗野强悍之民的疑虑，张之洞则认为，首先他选择的是"身家朴实"之民，其次招募的范围广，人数较少，因此无需多虑。

---

① 苑书义，孙华峰，李秉新：《张之洞全集》（第一册），河北人民出版社，1998年版，第144—145页。

至部臣所虑此端一开，他省纷纷奏请一节，臣现已声明，系属另募节饷，他省自无从借口。又所虑素多犷悍一节，臣此次召募所定章程，专选身家朴实之人，且分赴四处选募，人数寥寥，尚可无虑。①

而在同一天的奏折《密陈北军应练情形片》中，张之洞除了更具体地说明他的招募条件外，还提道：

臣到晋后，锐意欲办山西练军。而练军不可猝成，故有募练北省马队之请。前奏所言，直、东等省，盖兼直、东、豫三省而言。大抵北方数省风气，近日惟山西最弱，陕西南路次之。若直隶、山东、河南、甘肃及陕西之北山，人皆可用，惟甘肃相距过远，陕西北山人数无多，故拟先就三省募之。其选募格式有七：一、身家良善者，一、质性朴实者，一、力举百二十斤以上过顶者，一、能控骑劣马趫捷如飞者，一、试使放枪敏疾不怯火者，一、能超跃八尺濠堑者，一、胆量绝人者。不必娴于技艺，惟择七事俱合格者取之。大意专取生兵，练以熟将。其沾染嗜好，曾充营混，以及浮荡无籍，桀骜夸诈，回民盐贩，概不收入。到晋后，再加挑选，使之专练马上洋枪，兼练步下长矛。俟教练既成，就中察收。②

此折中张之洞将视野扩大到国家的边防，认为现在北地商路被打开，而西陲之地也未稳固，因此当前不应是弭兵忘战之时，

---

① 苑书义，孙华峰，李秉新：《张之洞全集》（第一册），河北人民出版社，1998年版，第146页。
② 苑书义，孙华峰，李秉新：《张之洞全集》（第一册），河北人民出版社，1998年版，第147页。

而应急练北军以为持久经营之计。

　　再，今日大局，北徼之商路日开，西陲之藩篱未固，此殆非弭兵忘战之时也。深谋本计，边备为先。而欲为筹边经久之计，非急练北军不可。①

这是因为张之洞经分析后认为：一是北地九边的环境与饮食只有北地人才能够适应；一是北方边地适宜骑兵作战，用北方五省的人员更具有优势，除此之外，也只有淮北之人尚能适应。而实际上，张之洞通过考察宋庆、张曜所部豫军在剿灭捻军过程中的表现，刘锦棠、金顺等借重甘肃兵勇之力肃清西域的实际情况，以及直隶、正定等处练军的成效，认为北兵是可用的，只是没有人提倡，以致风气没有打开。

　　盖九边内外，风霜严劲，沙碛荒阔，饮食粗粝，惟有北人与之相习。且其地皆宜于骑兵驰骋冲突，尤非北人不便。北五省外，惟淮北人亦为近之。查剿捻诸军，宋庆、张曜所部豫军，素称善战。刘锦棠、金顺等肃清西域，前敌摧锋，亦颇借甘肃关外土勇之力。闻近年直隶正定等处练军，亦有可观。可见北兵非不可用，患在无人提倡，以故风气未开。②

同时，张之洞认为边防以北军为宜，但海防用福建、广东之军为宜。

_____

　　① 苑书义、孙华峰、李秉新：《张之洞全集》（第一册），河北人民出版社，1998年版，第146页。
　　② 苑书义、孙华峰、李秉新：《张之洞全集》（第一册），河北人民出版社，1998年版，第146—147页。

臣愚以为必宜因时因地，储备干城。如海防则以闽、粤之军为宜，边防则以北军为宜。①

他以光绪六年（1880）朝廷用北方奉、直诸省之军筹备海防，耗费无数却只有宋庆一军尚可依恃为证，说明筹备海防同样需要与海疆风土相宜的士兵。张之洞认为没有军情的时候不筹备边军，有军情的时候专招募南边的士兵，不仅会造成饷糈过度耗费的问题，而且南军到北地也多不足恃，北地万一有军事险情而无可以依靠的军队，那才让人感到害怕。所以朝廷应该乘国家无事时，早做稳固国家根基的计划。这就是张之洞急练北军的目的。

光绪六年，奉、直诸省，筹备海防，仓卒征调，糜费无算，罕见得力。其可恃者，惟宋庆一军耳。然则无事不筹边兵，有事专募南勇，不惟饷糈过费，亦恐迁地弗良。彼时幸而无事，万一有警，岂不可为寒心。诚宜乘此国家闲暇之时，亟作深根固柢之计。②

由此可见，当时张之洞在军队招募上，考虑得更多的是军费的消耗问题及军队是否有作战力的问题。具体而言，一是张之洞认为募军应以人地相宜为标准，其考虑的是招募的士兵能否适应当地的水土，是否与当地风俗民情相符，与当地的百姓相安。二是募兵时要注意考察士兵的个人素质，如士兵是否具有海陆各兵种相应的技艺基础，以及其身体素质和道德品质。三是募兵时应

---

① 苑书义，孙华峰，李秉新：《张之洞全集》（第一册），河北人民出版社，1998年版，第146页。

② 苑书义，孙华峰，李秉新：《张之洞全集》（第一册），河北人民出版社，1998年版，第147页。

以便于管理为原则，如考虑士兵的身家、分散招募等。

光绪九年（1883）正月二十日，张之洞在奏折《拟调营哨各官片》中，提出了其为山西军队选择营哨两级军官的标准。张之洞认为，当时的山西省，无论是招募北民组成马队还是筹办山西练军，都要将选择合适的营哨军官放在首位。

再，晋省现募北省马队，又函须筹办本省练军，自以物色营哨官为先。①

张之洞指出，当时山西省候补武官中可堪任用的少，没有嗜好的也不多，更不用说具备胆略武才的了。此时张之洞主张练北军，于是全面地考察了北军将领，认为宋庆、曹克忠、张曜三人可堪大用，遂拟请李鸿章命宋、曹、张三人各自挑选得力将弁数人，送来山西担任营哨级军官。

查近年北将中，惟提督宋庆、曹克忠两人，最为立功知名。宋庆暨提督张曜所部，皆系北军。曹克忠虽罢兵家居，旧日部曲，仍当不少。拟与署北洋大臣李鸿章咨商，询访宋庆、曹克忠，令其各举得力将弁数人，由李鸿章咨送来晋差委。并咨商提督张曜，挑选得力将弁数人，咨送来晋差委，以备挑作营哨官之用。但须择其朴诚勇敢，久经战阵，习劳耐苦，籍隶奉、直、豫、东、陕、甘诸省，而又向来未充营官者，官阶必须在都司以下。缘近来军营习气，若官阶稍大，即不免习染油滑，专讲应酬，惟知克扣渔利，安逸娱乐，而夸张骄惰，不肯赴急用命。必其官秩较卑，未充营官

---

① 苑书义，孙华峰，李秉新：《张之洞全集》（第一册），河北人民出版社，1998年版，第148页。

者，习气尚浅，加以拔擢，尚可出力。此等卑微将弁，需用甚多，位置亦易。俟其到后，察其材具，量为委用。其不得力者，当仍随时咨回。如此则将弁得人，训练可收实效。①

从中可以看出，张之洞对军官除了有籍贯、个人品行及作战资历的要求外，还特地要求其应是之前没有担任过营官且官阶在都司以下者。一方面张之洞认为近来军营作风油滑，专讲应酬，高级军官只知克扣渔利，贪图逸乐，夸张骄惰，不肯赴急用命，而下级军官则习气较浅，提拔后尚可大用。另一方面张之洞认为底层军官需求较大，人才流动性强，能力不够者可以及时遣回。可见，张之洞认识到在军队建设时，要重视中下级军官的选拔，这些军官习气较浅，并且能够量才授职，有利于训练出一支有用的军队。

光绪九年（1883）三月十一日，张之洞在奏折《资遣湘军日期片》中，详细陈述了山西省裁撤境内湘毅军马、步四营及湖南籍闲弁散勇并将他们送回原籍的过程，并道明了裁撤的原因。他说道：

> 再，湘毅军马、步四营，自前抚臣曾国荃赴山海关，留晋巡防。查该军需饷浩繁，且与此间风土人情不甚相习，现经钦奉谕旨，裁勇节饷，自应即时遣撤。②

针对湘军中的散兵游勇，张之洞说道：

---

① 苑书义，孙华峰，李秉新：《张之洞全集》（第一册），河北人民出版社，1998年版，第148页。

② 苑书义，孙华峰，李秉新：《张之洞全集》（第一册），河北人民出版社，1998年版，第153页。

惟此军驻晋有年，湘中闲弁散勇闻风踵至，冀得收留，以及渝关不归之众、秦陇罢遣之军，纷纷投至，若不设法资遣，则正军既撤，游勇徒存，必致随地漂流，无所统纪，重为民害。①

从中可看出，张之洞裁撤湘军的原因是其需饷太多且与山西的风土人情多不相习。之所以送他们回原籍，则是怕他们到处流浪，没有约束，祸害百姓。结合张之洞之前提请练北军的奏折，可知张之洞此时确实是持有"人地相宜"的练兵原则的。

光绪十年（1884）三月二十七日，张之洞在奏折《密陈奎英阻挠边事片》中，陈述了归化城副都统奎英阻挠山西北部七厅军务的实际情况及原因。首先张之洞根据归绥道阿克达春的秘禀及归绥道致山西布政使奎斌的密函，陈述了奎英干扰军务的种种情形。

其一，奎英平时就喜欢插手地方政务。奎英常常愚弄商民，离间归化城中文武官员，迷惑与动摇之前驻扎于山西的淮军卓胜营、直字营等，扰乱军务。在民族事务中，各民族的民间交涉和纷争控诉，奎英也盲目地袒护蒙古族，而不分是非。即使丈量田地，交纳赋税，奎英也以恐怕军田被侵占为由，贯彻其一己私意。

归化城副都统奎英，于地方公事多有意见，往往愚弄商民，离间同城文武，且摇惑从前驻扎之卓胜直字等营，别生枝节，民、蒙交涉之事，争控之案，一味偏袒。即如清丈粮地，原为祛民累而裕兵食，乃亦以恐被侵占为词，逞其私

---

① 苑书义，孙华峰，李秉新：《张之洞全集》（第一册），河北人民出版社，1998 年版，第 153 页。

见。平时徇庇蒙古，阻扰地方，本非一端，亦非一日。①

其二，在山西北部七厅改制的时候，开始各民族相安无事，而到了土默特部查核人口的时候，各部首领一起集中到副都统衙门造册，突然就有谣言说官府想要将土默特蒙古迁徙到伊犁，空出的地方全部上交官府，一时间街头巷尾议论纷纷，民众不安。归绥道随即命令归化厅同知谦吉访寻并拿办造谣者，最终平息此事。而经过详细的访查，这些谣言均出自奎英的副都统衙门。

> 尤可奇者，七厅改设，民、蒙安帖，初无异词。当土默特比丁之期，各蒙古齐集副都统衙门，比造丁册，忽有讹言欲将土默特蒙古徙往伊犁安插，空出蒙地，全行入官。一时街谈巷议，甚属支离。随经该道饬令归化厅同知谦吉访拿惑众之人，始得寝息。详细访察，其言实出自副都统衙门。②

其三，张之洞在征集关于晋北政务的意见时，有传闻说：奎英想要从中阻拦，只是不便让公文上只有自己一个人的意见，于是将自己的意图告诉其所统属的参将、参领等官员，命令他们联名呈上文件，他再根据文件知照转达，并约同将军丰绅一起上奏，只因丰绅不肯立即答应，才耽搁到今天。

> 当臣饬议边政时，风闻该副都统意欲从中梗阻，而又未便独出己见，遽然形诸公牍，遂授意所属各参、领，令联名具禀，当为据禀照转，约将军丰绅会奏，因丰绅未肯遽允，

---

① 苑书义，孙华峰，李秉新：《张之洞全集》（第一册），河北人民出版社，1998 年版，第 219 页。

② 苑书义，孙华峰，李秉新：《张之洞全集》（第一册），河北人民出版社，1998 年版，第 219—220 页。

延搁至今。①

于是张之洞认为，依据现在所读到的奎英原奏以及上述传闻，奎英意欲插手山西北部政务是实情。

> 兹阅原奏，征以所闻，该副都统之欲阻挠边事，已属信而有征。②

对于奎英的阻挠，张之洞分析后认为晋北蒙古族民众性情质朴，尚不至于被他煽动鼓惑，只是现在边地各厅正值图治之时，如果相关事务受到他的掣肘，必然对治理地方有所妨碍。

> 窃思边地蒙众，性情质朴，尚不致为煽惑。惟当各厅求治方殷，若遇事掣肘，必致有妨治理。③

针对奎英的以上情况，张之洞又分析了其背后的动机。首先张之洞陈述了他听到的原因，即奎英因张之洞在之前上奏晋北七厅改制时没有让他联名签署，很不高兴，所以处处想办法阻挠该事。

> 闻该副都统因臣前奏七厅改制，未与会衔，意甚不悦，

---

① 苑书义，孙华峰，李秉新：《张之洞全集》（第一册），河北人民出版社，1998年版，第220页。
② 苑书义，孙华峰，李秉新：《张之洞全集》（第一册），河北人民出版社，1998年版，第220页。
③ 苑书义，孙华峰，李秉新：《张之洞全集》（第一册），河北人民出版社，1998年版，第220页。

故尔设法阻挠。①

不过,张之洞分析认为,七厅改制只关系地方官缺员的选择和补充,与蒙古部没有牵涉,更与将军、副都统没有牵涉,向来没有联名签署上奏的理由。况且之前直隶省上奏改制张家口、独石口、多伦三个厅时,也没有联合签署察哈尔、热河两都统之名。

> 伏思七厅同通,改理事人员,为满汉兼用,此乃关系地方官缺项选补之事,于蒙部无涉,更于将军、副都统无涉,例无会衔之理。况直隶奏改张、独、多三厅事宜,亦不闻会及察哈尔、热河都统之衔。②

所以,张之洞认为奎英是以此事为借口,实际原因只是像奎斌所禀告的那样,奎英极为担心蒙古族官员失去权力,因此动不动就刁难,像查禁罂粟、筹措军饷等这些关系到百姓的事件,奎英都要越权参与。

> 乃该副都统借此为词,实则止如奎斌所禀,深恐蒙官失权,不能遇事挽越之故,因是动辄为难。凡查禁罂粟,筹办兵糈,于关系民人事件,无不从中挽越。③

---

① 苑书义,孙华峰,李秉新:《张之洞全集》(第一册),河北人民出版社,1998 年版,第 220 页。
② 苑书义,孙华峰,李秉新:《张之洞全集》(第一册),河北人民出版社,1998 年版,第 220 页。
③ 苑书义,孙华峰,李秉新:《张之洞全集》(第一册),河北人民出版社,1998 年版,第 220 页。

张之洞起初只认为奎英有地域上的偏见，却没有想到他不识大体到这种地步。所以，张之洞最后认为，在山西北部七厅政务正紧要的时候，像奎英这样不识大局且散布谣言者，留在当地是不适宜的。同时，张之洞陈述了将军丰绅性情质朴敦厚，只不过被奎英所累，他对丰绅并没有不好的看法。

> 初犹以为畛域之见未泯，竟不料其罔识大体，一至于此也。当此边务方殷之际，似此不知大体，动发不根之言，人地似不相宜。将军丰绅性情质厚，不过为所牵制，尚无成见。①

而张之洞是主张人地相宜的，可见张之洞其实是希望至少也要将奎英调离的。

张之洞虽为山西的"父母官"，但国事艰难、外患日益深重的情况不允许他只把眼光放在山西一省的治理中。19 世纪 80 年代初，法国殖民势力由越南南部向中越边界扩张的势头越来越明显，威胁到滇桂两省。

光绪八年（1882）四月二十日，张之洞在奏折《越南日蹙宜筹兵遣使先发豫防折》中，提出了一系列防范措施，在"择使""选将"两条中，张之洞举荐出使越南的使臣与两广、云南的统兵将领，从中可看出张之洞在应对时事和举荐人才时的一些观点。首先在"择使"方面，张之洞认为应派"忠正明干"的人担任使者：

> 第七，择使。宜派忠正明干人员两人为出使越南大臣，

---

① 苑书义，孙华峰，李秉新：《张之洞全集》（第一册），河北人民出版社，1998 年版，第 220 页。

办理护商议约事宜。①

"忠正明"指品行方面，"干"指能力方面，即要求品行与能力兼顾。在具体举荐时，张之洞建议以船政大臣黎兆棠为正使，侍讲学士李文田为副使。黎兆棠在品行上"老练沉雄"，在资历上"久任海疆"；李文田"才敏胆决"，而且熟悉洋防。另外两人对"洋情"都有广博研究，又都深明大局，足可胜任职务，这两人的品行、才能相辅相成，出使必能成功。

> 查有船政大臣黎兆棠，老练沉雄，久任海疆，才胜正使。在籍侍讲学士李文田，才敏胆决，熟精洋防，才胜副使。可否即以该两臣量加虚衔，为出使越南护商议约大臣。令其统领闽、粤师船，并节制广西陆军，密授以统兵之权，而阳畀以寻常出使之名，外国亦不至惊诧。其参赞等官，如熟悉洋务之徐建寅、马建中等，即可径发数员前往，听该使臣酌用，免致奏调耽延。船政局近来事简，本有提调综理一切，可令岑毓英暂为兼权。该两臣皆博究洋情，深明大局，断不至孟浪粗疏。特任重道远，必须正、副二使相辅相济，两臣偕往，必能取成约而还。②

在举荐正副两使的同时，张之洞也以熟悉洋务为标准对随他们出行的参赞等官举荐了一二，同时对有"船政大臣"职务在身的黎兆棠的工作交接也做了"令岑毓英暂为兼权"的建议。

其次在"选将"方面，张之洞对直接带兵的总兵将领，以经

---

① 苑书义，孙华峰，李秉新：《张之洞全集》（第一册），河北人民出版社，1998年版，第94页。

② 苑书义，孙华峰，李秉新：《张之洞全集》（第一册），河北人民出版社，1998年版，第95页。

历战事、熟练战事、熟悉部队为准，予以荐用。其推荐的总兵方
耀身经百战，沿海知名，总兵贝锦泉习于水战，且兵轮多其旧
部；而对统率某方面军队的将领，则以有权负责、不受掣肘为
准。故张之洞在举荐广西布政使徐延旭、云南布政使唐炯时，建
议给予他们事权，并杜绝滇、粤督抚从旁掣肘。

> 第八，选将。广东广韶南镇总兵方耀，身经百战，沿海
> 知名，可统越船。黄岩镇总兵贝锦泉，习于水战，兵轮多其
> 旧部，可统闽船。两将皆属使臣调遣。广西布政使徐延旭，
> 可统援军出关。云南布政使唐炯，可统滇军，临边布置。徐
> 延旭、唐炯尤宜假以事权，责成滇、粤督抚勿掣其肘。[1]

光绪九年（1883）十一月初一日，张之洞在奏折《法衅已成
敬陈战守事宜折》中，陈述有关战守事宜的十七条建议，在攻守
方面他提到了如何使用将领与有关军队。在进攻方面，张之洞因
地制宜，建议一是尽力使用刘永福，因其在越南有德望，若能授
以武职崇衔，资助精械巨饷，助其与法军对抗，则能得士气、民
心，必收奇功；一是用越南的民众骚扰法军。

> 一曰用刘团。此时，我于刘永福，因已激励而资助之
> 矣。然臣窃以为用之之道，尚未尽也。越戕其王，国内大
> 乱，国人仇法而德刘，众望属焉。敢请敕下徐延旭明谕永
> 福，若能击退法人，绥定越土，即封以越南，世守其地。永
> 福本为越之三宣提督，此事宜先授以武职崇衔，使为越南监
> 国，并资以精械巨饷，如此则民心有系，士气大振，必有奇

---

[1] 苑书义，孙华峰，李秉新：《张之洞全集》（第一册），河北人民出版社，
1998 年版，第 95 页。

功，从此受我卵翼，为我屏藩，利莫大焉。①

一曰用越民。不独刘团可用，即越之义民、海盗，亦皆可用。越俗素懦，今因其怒，可以用之。此辈攻法人则不足，扰法人则有余。法人据越之关税以给军，若扰其税务，梗其运道，法人亦必不支。宜饬岑毓英、徐延旭、张树声、彭玉麟等招其头目，厚加赏犒，奖以虚衔，令其转相要结。②

在国内防守方面，张之洞建议根据各地防务要求，在选任将领时，一看将领与当地或驻军的渊源，一看将领的志气、才识。如防守天津的是李鸿章的淮军，兵力可能不足，这就要激励淮军士气，张之洞建议用刘铭传帮办津防，一方面刘铭传为淮军将领且素有谋略；另一方面刘铭传向来羡慕文职，张之洞认为有欲望的人更好用。此外，张之洞还建议调淮军名将、乌鲁木齐提督金运昌到天津招募军队，分防一路以便与天津淮军联络，另令熟悉地理、智勇双全的天津人前提督曹克忠招募军队分防一路。

一曰防津。李鸿章威望素重，任寄素专，自必筹画详尽。特是京畿门户，责重而艰，备豫宜详，兵力宜厚。大沽、北塘以及新城、紫竹林、三岔河诸处，皆须有犄角策应之师。兵力既恐不敷，淮军士气尤须激励。李鸿章所部铭军、盛军两枝（支），皆淮军也。欲激励铭军，惟有用刘铭传。该提督战略素优，闻其羡慕文职，尽人皆知。窃谓驾驭

① 苑书义，孙华峰，李秉新：《张之洞全集》（第一册），河北人民出版社，1998年版，第185页。
② 苑书义，孙华峰，李秉新：《张之洞全集》（第一册），河北人民出版社，1998年版，第186页。

人才之道，患其无欲，苟有可欲，便有可用。朝廷用人无方，军兴以来，文武互改者不少，假如予以文职，使为帮办津防，必然感奋图报，不惟铭军能战，即盛军亦必观感激励而赴战矣。于国家毫无所损，而于津事大有裨益，振作淮军之微权，似在于此。有李鸿章之持重阅深，有该提督之勇毅勃发，庶可相需为用。应请垂询李鸿章酌度覆奏。乌鲁木齐提督金运昌，素为淮将知名。今在西陲，后路并不吃重。现因饷绌，将所部各营裁撤南归，似可速令来津，招集数营，分防一路，庶与津防旧有淮军，可期联络。前提督曹克忠，素称智勇，且系津人，地利熟悉，似可令该提督精募十营，分防一路，此皆津防实际。不然，徒添生兵，无益也。①

此类建议在该奏折中还有以下一些：

一曰防烟台。欲固天津，宜防烟台。敌人不得烟台，以资接济，断不敢深入渤海，必宜有健将拒守。提督吴长庆，素性忠赤，意量宏远，新定战功于海外，前两年屯防烟台，规划略有成算，今日我方自谋之不暇，何暇代为朝鲜戍守哉？不如调回，使守烟台，惟所部六营略少，可令募足十营，不在击贼海中，只责以不使敌船住泊，不使敌人登岸，其功即亦已不细。②

再，粤团义勇有余，而散无统纪，窃恐一旦有事，玉石不分，转难收拾。可否特命彭玉麟、吴大澂督办广东团练，

---

① 苑书义，孙华峰，李秉新：《张之洞全集》（第一册），河北人民出版社，1998年版，第186—187页。

② 苑书义，孙华峰，李秉新：《张之洞全集》（第一册），河北人民出版社，1998年版，第187页。

而择粤绅之有才望者佐之。如此，则有所系属，令出于一，有公战而无私斗矣。①

一曰防江南、闽、浙。左宗棠镇抚南洋，慷慨任战，但长江广阔，必须有相助为理之人。杨岳斌功在长江，似可召起于家，令其协筹江防，有益无损。闽省及浙之宁波，民强能战，在上海屡与洋人私斗，土人即甚可用。应请敕下沿海各省，将江海防所，险要形势，炮台法式速具图说奏上，以备运筹。并令江、浙、闽、广水陆各提镇、北洋各防所大将，条上战守方略，庶可以观其志气之强弱，材识之短长，防务是否认真，有事是否可恃，所谓知己百胜者，此也。②

针对沿海各省防务，张之洞还建议令相应将领上奏战守方略，以察其志气、考其才识，从而量才使用。

另外，张之洞还建议，朝廷应储备重臣宿将，以备不时之需。如其认为丁宝桢忠义勇武，能担当大事，建议朝廷将其从蜀中召出，视南北情况而用之；认为鲍超声威卓著，部下都是南方人，且在广东余威犹存，建议调其赴广东分防一路；认为郭宝昌、娄云庆之类都是宿将，远胜于庸才、新进之辈，建议调他们做天津的后备之师。

一曰备重臣。南北筹防需才甚广，急而求之，势将无及。重臣宿将，必宜亟储。丁宝桢忠壮性成，素能担当大事。此时蜀中无事，似宜暂时召诣阙廷，置之近地，或南或

① 苑书义，孙华峰，李秉新：《张之洞全集》（第一册），河北人民出版社，1998年版，第188页。
② 苑书义，孙华峰，李秉新：《张之洞全集》（第一册），河北人民出版社，1998年版，第188页。

北，惟所用之，以备分任艰巨，否则临时征召，道途悠远，缓不济急矣。鲍超声威最著，而所用皆系南勇，纪律少逊，用之北方，到防既难，遣散尤不易。曩在广东，剿平发逆，余威犹震。粤事方急，似宜令赴广东，分任一路，即募楚勇，亦较便捷。但营数不宜过多，以就近募广勇为便。此外宿将如郭宝昌、娄云庆之类，均可调来近地，一旦有事，使率偏师，统以大臣，为津郡以北后劲之师，胜于庸材新进多矣。以上数臣，不过隅举，伏望敕下枢臣、总署诸臣考究，体访奏请，多调数员来京备用。①

可见，张之洞在用人上，希望根据事务的需要及将领的才能和业绩进行综合考量，做到因地制宜，不想受到不当限制。如其在此奏折结尾处便希望朝廷"破格以任贤"：

伏望皇太后、皇上持以敬慎之心，守以坚强之志，破格以任贤，节用以养兵，时时存卧薪尝胆之心，汲汲为秣马厉兵之计，固边围而振国威，正在今日。②

第三节　两广总督时期张之洞的人才思想

光绪九年（1883）十一月，法军攻击黑旗军，中国驻军被迫进行抵抗，中法战争爆发。次年八月，法军攻击福建福州与台湾基隆后，张之洞力主抗战，他在给朝廷的奏折中写道：

---

① 苑书义，孙华峰，李秉新：《张之洞全集》（第一册），河北人民出版社，1998年版，第189页。

② 苑书义，孙华峰，李秉新：《张之洞全集》（第一册），河北人民出版社，1998年版，第189－190页。

敌既袭台，今又萃闽，情形危急。仰恳圣上速决战和之计，电谕沿海各省，使有遵循，得以相机制敌。不然，处处落后受制。敌已深入内河，彼倚据险开炮，疆事危矣。①

八月下旬，张之洞出任两广总督，主持抗法大计。

张之洞担任两广总督虽然只有六年，且忙于反抗法国侵略的军国大事，但两广地区与西方殖民势力接触的时间较长，中外交流非常频繁，其所面临的时务和环境与闭塞的四川和山西不可同日而语，因此对张之洞的思想产生了深刻的影响。西方势力的侵入加剧了张之洞的危机感，促使其产生了"卫国、护道、救民"的思想；而对西方强大的经济实力、先进的科学技术的更直观的感受与更深入的了解，使得西学在张之洞思想体系中的地位迅速提升。如果说张之洞在山西巡抚阶段是其"中体西用"思想的萌芽时期，那么两广总督时期则是他"中体西用"思想的加速形成期。

在两广总督任上，张之洞开启了由"时务派"官员向"洋务派"官员的转变。只是由于在粤时间较短，军事活动占据了他很大一部分时间，因此这一时期张之洞关于军事人才的思想得到了更多的展现；而在"办洋务"的具体事务方面，张之洞依然坚持"通经致用"的学官本色，以兴学为主要措施，但其兴学的举措中已经增加了很多西方科技学术的因素，这也体现了他学术思想及人才思想的转变。

一、张之洞任两广总督时期的军事人才思想

在担任两广总督之前，张之洞并没有参与实际战争的经验，

---

① 吴剑杰：《张之洞年谱长编》上册，上海交通大学出版社，2009年版，第119页。

因此他对于军事只能是"纸上谈兵"。而在中法战争期间，张之洞严督滇、桂之战，参与了战争的实际部署；又急修津广城防，负责防务工作的组织与实施；同时又向朝廷推荐了不少军事将领，也提出了一些关于军队改革的意见。

（一）举荐军事将领的标准

中法战争期间，张之洞推荐的刘永福、冯子材、王孝祺等将领在战争中都取得了不俗的战绩，这体现了他挖掘军事人才的独到眼光。

有如此的成绩，一方面在于张之洞在山西巡抚任内就一直关注两广的边防和军事人才，例如他在担任山西巡抚的第二年就看出了法国图越窥滇的阴谋，于是奏请朝廷筹兵遣使，先行防备。[1] 他还大胆举荐了黑旗军首领刘永福（见《法衅已成敬陈战守事宜折》）。另一方面，张之洞是文臣，其被任命为两广总督有临机授权的意味，故而他多选用在当地素有威望、熟悉民情且有着多年带兵经验的将领。如冯子材"老成宿将，熟悉边情，昔年剿平越匪，威望远播"，王孝祺"威重不浮，谋勇素著，曾官粤西，情形亦熟，若率军协剿，必能得力"[2]。而且这类将领能够调动当地百姓抗击外来殖民的法国军队，"冯虽老，闻未衰，旧部多，成军易，由钦往，到越速，水土习，用土人，补遣便。将才难得，节取用之"[3]。

可以看出，张之洞举荐的军事将领都有共同的特点，即"德才兼备"。所谓"德"，就是指忠于清廷，有威望，善于带兵，所

---

① 吴剑杰：《张之洞年谱长编》上册，上海交通大学出版社，2009年版，第74页。

② 吴剑杰：《张之洞年谱长编》上册，上海交通大学出版社，2009年版，第127页。

③ 吴剑杰：《张之洞年谱长编》上册，上海交通大学出版社，2009年版，第126页。

部军纪良好；所谓"才"，就是熟悉当地风土人情，有战场经验，有谋略。二者缺一不可，有德无才，则不能应付实际战争；有才无德，也不能入儒臣张之洞的法眼。

清廷在中法战争中"不败而败"，军事上并未被法国人占多大便宜，冯子材和王孝祺也取得了镇南关大捷等军事上的胜利，这也加强了张之洞用"德才兼备"标准选拔军事将领的信心。如张之洞于光绪十三年（1887）《遵保提镇各员折》举荐提镇大员人选时也同样遵循了"德才兼备"的标准。

清政府要求各地督抚保奏将才：

> 迩来军务敉平，尤应安不忘危，物色将才，用备任使，着各直省督抚于军营著绩人员内无论实缺候补，各就其人之才具，或长于陆路，或熟于水师，出具切实考语，分别保奏，其曾经引见发往各省差委之提镇各员，本欲令其练习营伍，以备缓急，并着随时留心察看，如有才识出众之员，一并奏保听候简擢。①

即各省主要官员应该是才德兼备、善于谋略之人，要能负担起安定一方的重担。因此，在官员的选拔上，应当根据候选人员自身的才干（如擅于安内或长于海防）分别进行考察，公正公道，知人善用。

张之洞认为，跟内地作战相比，海防和边防更加困难，要寻求君主所需要的人才绝非易事。

> 臣三年以来随事考核，证以公论，凡该员等谋略胆气操

---

① 苑书义，孙华峰，李秉新：《张之洞全集》（第一册），河北人民出版社，1998年版，第588页。

守纪律——确考默识，每遇成绩昭然缓急可恃者，则必优如敬礼，倾心倚任，激劝鼓舞，以备国家干城之选。[1]

张之洞根据三年以来对两广地区各将领的考察情况，举荐了王孝祺、娄云庆等十人，并认为这些人员胆识、谋略过人，品行端正，自持严苟，能够成为提镇大员的后备人选。[2] 现分述如下。

一、广东北海镇总兵王孝祺。该员忠勇老练，庄严持重，谦虚质朴，深明大体，谋略过人，骁勇善战，战绩丰富，是不可多得的将才。

二、提督娄云庆。该员忠勇果决，纪律严明，在霆军勋绩久著，处理事情缓急有序，有海防边防之能。

三、提督熊铁生。该员威武勇猛，素称霆军健将，刚直豪爽，才略优长，善于海防，当时分守沙角各台，对部下纪律严明，训练有素，可抵挡外敌。

四、提督陶定昇。该员诚实厚道，英勇强悍，在湘军中功勋显赫，体恤将士，当时分防南石头、蒲州各炮台，懂治军练炮，凡事都尽心尽力。

五、总兵刘树元。该员勇敢而果断，不畏艰险，在湘军功绩卓著。当时分防虎门外大角、蒲州炮台，驭军整严有法，爱惜物力，有大局观。

六、总兵奏补广西庆远协副将董履高。该员英勇善战，深悉兵机，曾在淮军立功，当时统带广胜军，训练勤勉，治军严谨。

七、提督广西右江镇总兵张春发。该员有勇有谋，关外战功

① 苑书义，孙华峰，李秉新：《张之洞全集》（第一册），河北人民出版社，1998 年版，第 588 页。

② 苑书义，孙华峰，李秉新：《张之洞全集》（第一册），河北人民出版社，1998 年版，第 588—590 页。

卓著，是公认的将才。

八、提督萧得龙。该员勇猛强悍，谨慎严密，在湘军战绩卓然，上年在关外立功，名位仅次于张春发。

九、提督贵州安义镇总兵蒋宗汉。该员胆识过人，能吃苦耐劳，战功斐然。

十、提督谢鸿章。该员志存高远，通晓军机，曾在黔军立功，并自请坚守海防，往年在办理琼州抚黎开山事宜时，条理清晰，是武职中不可多得的人才。

此外，光绪十三年（1887），张之洞上奏请求表扬留任总兵郑绍忠，理由也是其符合"德才兼备"的人才标准：

> 该署提督郑绍忠，功绩才望与水师提督方耀相埒，而质朴清廉，厚重谦谨，所部安勇纪律严明，秋毫无犯，士民爱敬，尤异常情……如能久于其任，俾得尽其所长，裨益营务，造福地方，实非浅鲜。①

光绪十五年（1889）十月十八日，张之洞在《密荐将才片》中推荐广西柳庆镇总兵、庆远协副将董履高，认为董履高"厚重有体，可任大事，在将领中尤为难得"②，如果能提拔并优待这位将领，边关将士会十分高兴，这将有利于边关防务。他在奏折中详细阐述了董履高的勋绩：广西柳庆镇总兵、庆远协副将董履高"智勇深沉，勋勤卓著"③，同治元年（1862）跟随李鸿章攻

---

① 苑书义，孙华峰，李秉新：《张之洞全集》（第一册），河北人民出版社，1998年版，第624页。

② 苑书义，孙华峰，李秉新：《张之洞全集》（第一册），河北人民出版社，1998年版，第738页。

③ 苑书义，孙华峰，李秉新：《张之洞全集》（第一册），河北人民出版社，1998年版，第738页。

打太平军，攻克常熟、昭文两县，率先登城，后又收复江阴、无锡、金匮等县城，最终升至总兵。光绪五年（1879），受广西巡抚张树声的调遣，剿灭思恩县的逆贼莫梦弼，"擢提督，赐号奇车伯巴图鲁"①。光绪十年（1884）奉旨出关，在屯梅与法国人大战，"以孤军血战五昼夜，粮尽援绝"②，直至董履高左腿被子弹击断，法军才攻下谷松和谅山③。

董履高伤重难愈，张之洞将其"调东医治，为之多访良医，内外兼治"，终使其痊愈，只是左脚留下残疾，行动稍有不便。后董履高被授予柳庆镇总兵，军中之务井井有条，军民皆服。

从以上张之洞所荐官员中，可以看出他重视英勇善战、功勋卓著、谋略过人、体恤下属的将才，以及通晓边防、军纪严明、治军有方的人才。他们的共同点在于除了具备卓越的军事才能外，其道德和品行均达到了张之洞所认可的标准。

张之洞在赴湖广总督之任的前夕，曾上奏朝廷，为两位去世的将领修建专祠并奏请抚恤。在这两本奏折中，他详细阐述了这两位军事将领的品质、才能及战功，实际上这两本奏折也集中体现了张之洞选拔军事人才的标准。

光绪十五年（1889）九月初十，张之洞上书建议在罗定州城修建福兴专祠。而张之洞的奏文，主要依据的是时任云南提督的冯子材的呈文。

冯子材呈文的开头交代了福兴将军已病逝的噩耗：

　　原任绥远城将军福兴，前因患病开缺回旗调理，光绪十

---

　　①　赵尔巽：《清史稿》，中华书局，1976年版。

　　②　苑书义，孙华峰，李秉新：《张之洞全集》（第一册），河北人民出版社，1998年版，第738页。

　　③　苑书义，孙华峰，李秉新：《张之洞全集》（第一册），河北人民出版社，1998年版，第738页。

三年四月初三日在京寓病故。①

朝廷知晓福兴将军从戎多年，"迭著战功"，"克勤厥职"。因此"加恩着照将军例赐恤"，"用示笃念荩臣至意"，同时赐祭坛一座，授予谥号庄悫，可见朝廷对其"褒恤有加，哀荣已极"。

冯子材认为，福兴将军志虑忠诚，谋勇兼裕，身经百战，屡受重伤，其有功于粤民，高州、罗定两地的人民对其感恩戴德，冯子材作为广东人，对福兴将军的惠政也是十分敬重，因此建议清廷为福兴将军修建一座专祠，以寄托百姓的哀思。

据查，福兴将军的佳绩如下。

第一，战绩显赫，有功于民。

福兴将军一生从戎，战功赫赫：前往高州赴任时，有"逆首凌十八系发逆洪秀全起事党魁"，福兴将军率军"卒捣其巢，贼魁首凶渠悍党奸除净尽"；后"督粤军剿平广西郁林、博白两属土匪"；又"奉命驰往湖南军营协剿"；"维时东南事亟，剧寇纵横"，福兴将军带领不满五千的战士，在军队缺粮的情况下，于大江南北奔驰，历经艰险，最终打败剧寇。

咸丰五年（1855），收复高淳县城及东坝镇；六年解镇江之围；七年解贵溪之围；八年解衢州之围。同治四年（1865）"前赴奉天会同故大学士文祥剿办马贼，督率官军于中阳堡、朝阳坡、新河口等处三获大捷，歼毙马贼无算"②。

在罗定界罗镜墟，福兴将军"摧狂寇于方张，防狡虏之四

---

① 苑书义，孙华峰，李秉新：《张之洞全集》（第一册），河北人民出版社，1998年版，第713页。

② 苑书义，孙华峰，李秉新：《张之洞全集》（第一册），河北人民出版社，1998年版，第714页。

逸，出奇制胜，聚而歼旃"①，让高州、罗定两地乡民父老免受蹂躏。

第二，忠勇有谋，管理有方。

福兴将军忠义侠胆，英勇无畏。在福兴将军奉命前往罗镜墟剿匪时，"简士卒、广间谍、设方略"，最终将匪贼歼灭；当"剧寇纵横"时，军队又缺少粮食，福兴将军"惟以忠义激励将士，摧锋陷阵，屡奏肤功"②。

冯子材评价福兴将军道："该故将军驭将治军，知人善任，拊将领如子弟，与士卒同甘苦，每能以少击众，制胜出奇。身殁之后，家无余财，奄有古名将之风。"③ 福兴将军善理军政，知人善任，与士兵同甘共苦，从不亏待下属；熟读兵法，能以少胜多，出奇制胜；一生清廉，去世后没有多少家产，俨然有古代名将的风范；带队有方，军纪严明。

第三，百姓感恩，功昭后世。

福兴将军剿灭高州、罗定两地的匪贼，使两地百姓过上安居乐业的生活，"高州、罗定两属绅民感念功德，崇报尚虚，讴思弥切"④。因此希望顺应民心，修建福兴将军专祠，供当地乡民敬拜，以示后世。

基于以上三点，冯子材提出为福兴将军请建专祠。无论是福兴将军对人民所做出的贡献，还是福兴将军自己的品德，都让人崇敬，因此这也是顺应民心的事。

---

① 苑书义，孙华峰，李秉新：《张之洞全集》（第一册），河北人民出版社，1998年版，第715页。

② 苑书义，孙华峰，李秉新：《张之洞全集》（第一册），河北人民出版社，1998年版，第714页。

③ 苑书义，孙华峰，李秉新：《张之洞全集》（第一册），河北人民出版社，1998年版，第714—715页。

④ 苑书义，孙华峰，李秉新：《张之洞全集》（第一册），河北人民出版社，1998年版，第713页。

张之洞查实后认同冯子材的建议，认为福兴将军功不可没，而且其功非仅在一方，遂奏请"可否仰恳天恩，准于高州府罗定州城内由地方捐建已故绥远城将军福兴专祠，并将该故将军生平事迹宣付国史馆以彰茂绩，出自逾格鸿慈，理合恭折上陈，伏祈圣鉴"①。

光绪十五年（1889）八月，张之洞上奏为已故原潮州镇总兵邓安邦请求抚恤并立传。

邓安邦年少时家境贫寒，但他依然勤勉奋进，有孝友之称②，后来广东闹匪患，遂应募参加团练。在剿匪过程中，他英勇无畏，谋略优长，转战多地，"克复多城，剿平土匪多起，大小三百余战未尝败衄，捕斩剧盗尤不胜数"③。他清匪徒、破匪巢无数，屡立战功，被誉为"勇将""邓勇士"，从普通士兵逐步升迁为总兵。不仅如此，他平日躬行节俭，优待下属，深得将士们拥戴。"所部弁兵团勇颇多骁悍难驯之徒，该故镇善于驾驭，能令各尽其长。该故镇与提督方耀、郑绍忠齐名，有粤东三将之称。"④

光绪十年（1884），中法战争期间，邓安邦协助张之洞构筑洋式炮台，并且自创地雷与地营，此后更一心钻研海防。张之洞在奏折中称：

所有筹款、咨商闽厂协造兵轮以及添购台炮船炮、查办

① 苑书义，孙华峰，李秉新：《张之洞全集》（第一册），河北人民出版社，1998年版，第715页。
② 苑书义，孙华峰，李秉新：《张之洞全集》（第一册），河北人民出版社，1998年版，第707页。
③ 苑书义，孙华峰，李秉新：《张之洞全集》（第一册），河北人民出版社，1998年版，第709页。
④ 苑书义，孙华峰，李秉新：《张之洞全集》（第一册），河北人民出版社，1998年版，第709页。

沙田、办理匪乡等事,该故镇赞成之力为多。临殁之际,语不及私,所具遗禀惟以绥靖地方为念,实属一时良将,未易多得。①

张之洞请求朝廷按照军营立功后病故的标准对邓安邦进行抚恤,并将其事迹交付国史馆立传,以此鼓励后人。这也反映出张之洞对忠勇良将的重视。

(二)军队改革

在与西方军队交战的过程中,清军无论从武器上来说,还是从体制、纪律上来说,都呈现出明显的落后。对此,身处前线的张之洞深有体会。他的这些认识,集中反映在他对军队改革的构想中。张之洞认为,要对军队进行改革,首先就要裁汰战斗力低下的旧军。

如光绪十三年(1887),张之洞在两广总督任上,上奏请求撤勇裁兵:

> 窃查琼郡现已肃清,省外各路匪乡办理亦渐就绪,所有各勇营自应随时酌量裁撤,归并填扎以节饷需。②

光绪年间,旧军中的绿营及巡防营已经腐败到了极点,各级长官虚报、克扣军饷,士兵另谋生路,每月的应卯,只是为了领饷,连操练也敷衍了事。一方面,张之洞认为,旧军的弊病已根深蒂固,改练是不太可能了,只有淘汰一部分,才能练出新的军

---

① 苑书义、孙华峰、李秉新:《张之洞全集》(第一册),河北人民出版社,1998年版,第709页。

② 苑书义、孙华峰、李秉新:《张之洞全集》(第一册),河北人民出版社,1998年版,第617页。

队。为安定军心，避免兵变，张之洞采取了裁散不裁整、裁兵不裁官的做法，以整顿、编练新军。另一方面，张之洞裁兵是为了节饷，减省开支。中法战争期间，由广东直接派往前线的军队既有冯子材、唐景崧、王孝祺、莫善春等粤军四十余营，也有刘永福的黑旗军三千余人和部分桂军，这些军队的军饷都要由广东协济，开销巨大。当时筹措兵饷是让张之洞最为头疼的事，于是他借着朝廷撤兵之机，开始大量裁兵。

裁汰旧军，就是为了训练新军。张之洞在赴任湖广总督前夕，曾发生过一起亲兵风波，具体情况如下。

光绪十五年（1889）十月二十二日，张之洞上呈《添募亲兵带鄂差遣片》，请求在赴任湖广总督时随带亲兵250人。这些亲兵熟悉车炮及各种新式洋枪，操作熟练。张之洞准备将其带到湖北后，再比照亲兵训练其他军队。

但张之洞的这一想法遭到了朝廷的反对，朝廷认为"近来总督赴任，辄复添带亲兵前往，既多糜费，且与定制不符"①，并要求张之洞将所带亲兵交由吴良儒带回广东，警告各升调赴任的督抚不可再有类似请求。朝廷反对是因为有人在背后挑拨，这一事件反映了朝廷中顽固派与洋务派间的斗争。

此事虽未办成，但张之洞却坚定了组建湖北新军的想法，随后张之洞以自己管辖的湖北作为"试点"，设立军事学校，接受西方军事教育，培养新的军事人才，在中国军事近代化方面做出了重要贡献。

湖北新军本是张之洞为巩固清政府统治所组建的，但最终却成为清王朝的掘墓人之一。在湖北新军组建成功后，张之洞将学生派往日本学习武备，接受新的思想，湖北新军士兵在经历清末

---

① 苑书义，孙华峰，李秉新：《张之洞全集》（第一册），河北人民出版社，1998年版，第752页。

新政后，看清了清王朝的腐朽真相，加入革命组织，成为武昌起义的重要力量，推动了中国近代社会的变革。

二、张之洞任两广总督时期的兴学活动与人才思想

从某种意义上来说，张之洞的"学官本色"是跟随他一生的思想底色。因此，张之洞在两广总督任上，除了处理军务外，还十分重视兴学育才。从他在两广总督任上的兴学成绩来看，一方面他通过建立书院、广设书局来培养通经致用的人才；另一方面着手创办以西学为主的"洋务"学堂。创办"洋务"学堂是这一时期张之洞教育思想及人才思想最重大的变化。

（一）创立广雅书院

广雅书院为清末两广地区培养人才的重要基地，由张之洞于光绪十三年（1887）创立，书院的一切章程皆由其手定。

光绪十三年（1887）六月，时任两广总督的张之洞在《创建广雅书院折》中，向朝廷表达了创建广雅书院的想法，在奏折开头，张之洞表达了他的人才观：

> 窃惟善俗之道，以士为先；致用之方，以学为本。[1]

张之洞在继承了儒家程朱理学经典理论的基础上，结合洋务运动的人才需求，提出了"以士为先""以学为本"的主张，前者建立善俗，后者经世致用。张之洞认为，培养人才是治国兴邦的重要途径。刘亚玲在《认同与超越——孙中山与张之洞教育思想之比较》一文中认为，张之洞把教育与人才上升到自强救亡的高度加以认识。特别是中法战争后，张之洞更在意"致用之学"，

---

[1] 苑书义、孙华峰、李秉新：《张之洞全集》（第一册），河北人民出版社，1998年版，第585页。

力图为国家的富强提供智力支撑和技术支持。

但由于两广的经济发展不平衡，且民风不齐，因此办学也存在一些实际困难：

> 惟是地兼山海，东省则商贾走集，华洋错居；西省则山乡硗瘠，瘴地荒远，习尚强悍，民俗不齐。①

特别是在资本主义经济的冲击下，广东沿海地区商业发展迅速，海外贸易兴盛；而广西却受到传统自然经济的束缚，经济落后，民风强悍。因此，张之洞认为，"欲端民俗，盖必自厚士始"，只有这样，才能"士风既美，人才因之"。张之洞指出，广东既有书院存在很多问题如肇庆曾设有端溪书院，但因为总督移治广州，端溪书院渐渐变得"规矩纵弛，士气不扬"，读书人也渐渐懈怠，"每逢应课，大率借名虚卷，草率塞责"。

对此，张之洞认为需要对书院进行整治。端溪书院"东邻府学宫，西邻肇庆协署，后城前市，无从展拓，且以肇庆山水峭急，游学者少，除肇庆一属外，他处诸生罕有至者，官绅士林金谓宜别有经画，设于都会于事为便"②。另有粤秀、越华、应元三个书院，"专课时文，斋舍或少，或无肄业者，不能住院，故有月试而无课程。前督臣阮元所建之学海堂，近年盐运使钟谦钧所建之菊坡精舍，用意精美，而经费无多，膏火过少，又以建在山阜，限于地势，故有课而无斋舍。窃思书院一举，必宜萃处久居，而后有师长检束，朋友观摩之益，至于稽核冒名代倩，犹在

---

① 苑书义，孙华峰，李秉新：《张之洞全集》（第一册），河北人民出版社，1998年版，第585页。

② 苑书义，孙华峰，李秉新：《张之洞全集》（第一册），河北人民出版社，1998年版，第585页。

其次"①。而且，"以上各书院多为东省而设，西省不得与焉，东省外府亦罕有应课者"②。这样一来，端溪书院因地理位置不适宜，游学者少；粤秀、越华、应元三个书院教学体系不够完备，而学海堂、菊坡精舍办学经费少，地理位置也不甚佳。更重要的是，这些书院又多在广东，难以满足广西的教育需求。

基于这一现实情况，张之洞在考察了江西白鹿洞书院和湖南岳麓书院后，认为书院在选址上应"远嚣杂"以"收摄身心"，于是在多番斟酌后，提出"于广东省城西北五里源头乡地方，择地一区，其地山川秀杰，风土清旷，建造书院一所，名曰广雅书院"③ 的建议。

在教学设施上，张之洞思虑周全，力图为书院提供完备的硬件设施和软件设施。"计斋舍一百间，分为东省十斋，西省十斋，讲堂书库一切具备。"④ "延聘品行谨严学术雅正之儒，以为主讲，常年住院，定议立案，不拘籍隶本省、外省，总以士论翕服为主，不得徇情滥荐"⑤。在生源上，"调集两省诸生才志出众者，每省百名肄业，其中讲求经义史事身心经济之学，广置书籍以备诵习"⑥。张之洞希望在书院中营建一个良好的学习氛围，处处有书籍可以阅读，让才志出众的士子汇聚于此，潜心治学。

① 苑书义，孙华峰，李秉新：《张之洞全集》（第一册），河北人民出版社，1998年版，第585页。

② 苑书义，孙华峰，李秉新：《张之洞全集》（第一册），河北人民出版社，1998年版，第585页。

③ 苑书义，孙华峰，李秉新：《张之洞全集》（第一册），河北人民出版社，1998年版，第585—586页。

④ 苑书义，孙华峰，李秉新：《张之洞全集》（第一册），河北人民出版社，1998年版，第586页。

⑤ 苑书义，孙华峰，李秉新：《张之洞全集》（第一册），河北人民出版社，1998年版，第586页。

⑥ 苑书义，孙华峰，李秉新：《张之洞全集》（第一册），河北人民出版社，1998年版，第586页。

此外，书院中还设有祠院。

> 宋儒周子曾官岭南，著有德惠，并无祠宇，于义阙如。
> 今建祠院中，并祀古今宦寓名贤、本省先正有功两粤文教
> 者，以示诸生宗仰。①

书院最主要的祭祀对象是宋儒周敦颐，但其实张之洞所重视
的，并不仅仅是周敦颐的性理学说，还有其宦寓粤中、传播文教
的政绩"。周敦颐以外，书院还奉祀流寓名贤及本省先贤。关于
学员人数，张之洞也做出了规定：广东省共 100 个名额，其中
"东省广州府三十名，肇庆、高州、惠州三府各十名，韶州、潮
州两府各六名，琼州府、嘉应直隶州各五名，廉州、雷州两府各
四名，南雄直隶州三名，连州、罗定两直隶州各二名，阳江直隶
厅一名，驻防一名，连山、赤溪、佛冈三直隶厅共一名"；广西
省共 100 个名额，其中"西省桂林府三十名，梧州、浔州两府，
郁林直隶州各十名，平乐、南宁两府各八名，柳州府七名，思
恩、庆远两府各五名，太平府三名，泗城府二名，镇安府一名，
百色直隶厅、归顺直隶州共一名"②。同时，书院"丰其膏火，
每月两课，校其等差，优给奖赏，道远各府州分别远近，加给来
往盘费，总令其负笈住院，静心读书"③。张之洞优待学生，力
图解决学生的后顾之忧，充分体现了他对人才培养的重视和对学
生的照顾。

---

① 苑书义，孙华峰，李秉新：《张之洞全集》（第一册），河北人民出版社，
1998 年版，第 586 页。

② 苑书义，孙华峰，李秉新：《张之洞全集》（第一册），河北人民出版社，
1998 年版，第 586 页。

③ 苑书义，孙华峰，李秉新：《张之洞全集》（第一册），河北人民出版社，
1998 年版，第 586 页。

在课程设置上，张之洞提出：

> 经学以能通大义为主，不取琐屑。史学以贯通古今为主，不取空论。性理之学以践履笃实为主，不取矫伪。经济之学以知今切用为主，不取泛滥。词章之学以翔实尔雅为主，不取浮靡。士习以廉谨厚重为主，不取嚣张。其大旨总以博约兼资、文行并美为要归。①

可见张之洞依然是以"通经致用"为广雅书院培养人才的指导思想。张唐生、谭惠全在《明清时期广州地区书院的发展》中说，在广雅书院进行实科教育，对改变书院"琐细""空论""矮伪""浮靡"及"嚣张"等时弊和积习也有一定的积极作用。②

广雅书院设立经学、史学、理学、经济学、文学 5 科，并对各科做了详细的要求，对经学的要求为通大义、晓大理；对史学的要求为通晓古今天下事；对理学的要求为在务实的基础上，能够经世致用；对经济学的要求为能实际操作践行；对文学的要求为翔实文雅。其后，张之洞又对课程进行了调整：

> 后又改为经学、史学、理学、文学四门必修课程，并把经济之学和地理学附在史学门下，同时开设了一定数量的自然科学课程。③

---

① 苑书义、孙华峰、李秉新：《张之洞全集》（第一册），河北人民出版社，1998 年版，第 586 页。

② 张唐生、谭惠全：《明清时期广州地区书院的发展》，《开放时代》1983 年第 1 期。

③ 黄沅玲、何君扬：《岭南书院：广雅书院、东坡书院、陈氏书院》，《中国文化遗产》2014 年第 4 期，第 47 页。

同时，张之洞树立了书院的规矩：

> 不住院者不领膏火，以便考其行检；无故不得给假，以期专一有成。严立规条，责成监院考察约束，违者即行屏黜。欲其不分门户，不染积习，上者效用国家，次者仪型乡里，以仰副圣天子作育人才之至意。①

在经费方面，"书院常年经费所需甚巨"，张之洞自己"以历年积存廉俸公费等项捐置其中，并顺德县沙田充公之款，南海绅士候选道孔广镛等捐款，发商生息岁共得息银七千一百五十两"②。另外还于"红盐变价充公项"③ 中支款。此外，"建造地价工料，经顺德青云文社、省城惠济仓各绅、爱育堂各董事，诚信堂、敬忠堂各商，闻风鼓舞，情愿捐赏修造"④。

张之洞几乎倾尽所有，只为了广雅书院的成功运作及人才的顺利培养。并且，张之洞还将洋务运动中所建造的工厂部分利润投入书院，充裕的办学经费为书院顺利开展教育活动提供良好的条件。

在学生的选择上，张之洞要求对"各属诸生，试以文字，数首出色者即行调取，并咨商两省学臣，如有才志可造之士，亦即咨送"⑤。

---

① 苑书义，孙华峰，李秉新：《张之洞全集》（第一册），河北人民出版社，1998 年版，第 586 页。
② 苑书义，孙华峰，李秉新：《张之洞全集》（第一册），河北人民出版社，1998 年版，第 586—587 页。
③ 苑书义，孙华峰，李秉新：《张之洞全集》（第一册），河北人民出版社，1998 年版，第 587 页。
④ 苑书义，孙华峰，李秉新：《张之洞全集》（第一册），河北人民出版社，1998 年版，第 587 页。
⑤ 苑书义，孙华峰，李秉新：《张之洞全集》（第一册），河北人民出版社，1998 年版，第 587 页。

最后，张之洞提出了期望：

> 《易·象》有云"君子以居贤德善俗"，言贤者会集则俗自化也。《论语》有云"君子学以致其道"，言同学讲习则道易成也。惟望从此疆臣、学臣加意修明，维持不废，庶于边海风气人才不无裨益。①

张之洞希望广雅书院能一直维持下去，不断地为国家提供优秀的人才，同时为以后的人才培养提供借鉴。

随着广雅书院的设立和开堂，光绪十五年（1889），张之洞在奏请皇帝颁发广雅书院匾额的奏折中，也表达了他的教育思想和人才观：

> 窃照广东省会创建广雅书院，合课东、西两省诸生，臣于光绪十三年六月曾经奏明在案。嗣经书院落成，选调两省士子肄业其中，严定学规，慎防流弊，分经、史、理学、经济四门，随其性之所近而习之，各立课程日记，以便考核。两省肄业生额定各百名，人数众多，添设分教四人，分门讲授。至策励品行，考察勤惰，院长实总其成。臣于公余之暇，间诣书院考业稽疑，时加训勉，先之以严辨义利，课之以博约兼资，大旨欲力救汉学、宋学之偏，痛戒有文无行之弊。两年以来，才俊辈出，造就斐然，其余亦多恪守院规，不蹈陋习，十年以后人才必大有可观。
>
> 窃惟岭海雄博，本多秀杰之才，近来华洋错处，事杂言咙，习俗所移，其志趣凡下者多存希图幸获之念，其才智颖

---

① 苑书义、孙华峰、李秉新：《张之洞全集》（第一册），河北人民出版社，1998年版，第587页。

悟者或有歧于异学之忧。臣设立书院之举，窃欲鼓舞士类，维持世风，上者阐明圣道，砥厉名节，博古通今，明习时务，期于体用兼备，储为国家桢干之材。次者亦能圭璧饬躬，恂恂乡党，不染浮嚣近利习气，足以淑身化俗。士习既善，民风因之。

伏惟我朝崇儒重道，列圣典学右文，各省会书院多蒙发帑兴修。赡给储（诸）生膏火。江苏之紫阳书院，浙江之敷文、崇文两书院，福建之鳌峰书院，均蒙圣祖仁皇帝颁给御书扁额，其江苏、福建之紫阳、鳌峰两书院，重蒙高宗纯皇帝颁赐扁额。同治年间福建创立正谊书院，江苏重建正谊、紫阳两书院，复蒙穆宗毅皇帝俯允疆臣之请，颁发御书扁额。钦列圣宸翰之昭垂，示多士训行之正轨，人文日盛，厥有由来。今粤东创建广雅书院，事同一律，且两省肄业人才尤多，相应援案仰恳天恩颁发御书扁额一方，垂范士林，以正学术，以励儒修，俾海隅边徼之士，得以瞻仰，率由奋兴鼓舞，从此贤才蔚起，经正民兴，皆涵濡圣泽于靡涯矣。①

除了创立广雅书院之外，张之洞的学官本色使得他在其他书院或学堂的课程改革方面频频提出自己的意见，这也是他坚持传统教育选拔人才思想的一种体现。

如光绪十三年（1887），张之洞对阮元创建的学海堂进行了一些变革，表现了张之洞对培养科举人才的重视：

惟向学日多而原额尚少，兹者本部堂、院推前贤之盛心，绎劝学之本旨，特再筹款，增设专课生十名，仍令各学

---

① 苑书义，孙华峰，李秉新：《张之洞全集》（第一册），河北人民出版社，1998年版，第695-696页。

长于举贡生监中，择尤举荐，禀请充补。连前专课生共二十名，其附课生原有二十名，一并增设十名，以备递补。其续增之生童十名，应拨作童生专课，所习之业，与各生一律评定甲乙，但论学业，不论科名。至会集交课之期，向按四季，为期较疏。今酌改为每月一次，除正月不会外，每年十一次，遇闰多会一次，以期课程有稽，讲习无间。新增专课生十名，每年共应给膏火银二百两，按季发给。其学长及原设、新增之专课生、附课生，每月会课饭食，比照向章核计，每一次需银二十两，均在善后局息款项下，按季拨给。惟屋宇颇少，向来每值会课，学长课生，一时咸集，山堂一所，不能兼容。今复增课生，自须增筑课舍。已勘得堂东山麓，尚有隙地，可以造屋数楹，以为课舍。亟应派员勘占兴修，并将旧屋敝漏者，量为修治。门内、外酌增棚廊，以蔽风雨。所需工料银两，即在厘务局变价充公项下拨用。[①]

张之洞根据当时的需要，进行了几项有针对性的变革。一是增设十名专课生，并相应补充十名附课生和十名童生，并且童生也设专课并评定优劣；二是张之洞认为季课安排太少，改为月课更为妥当；三是对学长、学生的生活费用进行安排；最后是新建课舍，修补旧屋，为更多的生员提供学习之所。可以看出，张之洞认可学海堂的办学成效，但是由于时代的变迁，张之洞认为其中的有些措施已不适宜，比如学生名额太少、课程考核间隔太长，不能满足对人才培养的需求。因此，对学海堂的这些改革措施，也是张之洞为两广地区兴学育才所做出的贡献之一。

光绪十五年（1889）三月十四日，张之洞在《札潮州府筹增

---

① 苑书义，孙华峰，李秉新：《张之洞全集》（第四册），河北人民出版社，1998年版，第2552—2553页。

金山书院转款》中，对金山书院的课程设置提出了自己的看法：

> 府城自同治年间设有金山书院，用意甚佳。但相沿仍只课习举业，经本部堂饬令前署府方守，延请名宿，课试经古，勉为根柢之学。①

张之洞认为潮州府在同治年间就设立了金山书院，这一做法是非常好的，但书院的课程仍然沿用教八股文的方式，太过陈腐，于是他命令当地官员延揽知名的学者，向学生传授古文经学。

（二）广设书局

张之洞认为，刊印经籍图书是振兴教育不可或缺的事情。广东作为一个人才汇聚之地，却没有像样的书局，实在不应该。道光年间两广总督阮元校刊的《皇清经解》"迄今亦已六十年"，其间通经致用之人辈出，著书立说者日出不穷，而且前贤的一些稿本也亟须收集刊印，以向世人展示经学的最新成果。

> 照得刊布经籍，乃兴学之要务，致用之本原。近年江、浙、楚、蜀诸省，各设书局，刊行甚多。广东岭海名区，人文荟萃，此举未备，殊为阙如。且自前督部堂阮文达公创立学堂，辑成《皇清经解》，迄今亦已六十年，或前贤稿本渐获流传，或后起学人继有述作，亟应搜辑续刊，以昭圣代经学之盛。又如前云贵督部堂贺藕庚先生，辑刊《皇朝经世文编》，专为讲求经济。前督部堂林文忠公，纂刊《海国图志》，专为筹备海防。所当景绍前规，兼综群籍，其可以考

---

① 苑书义，孙华峰，李秉新：《张之洞全集》（第四册），河北人民出版社，1998年版，第2577页。

核古今、有益经济者，亦并博采刊行。①

当时要为战争筹款购买粮饷和军械，财政异常窘迫，但张之洞还是克服困难，优先保障建立书局的经费。张之洞亲自为书局挑选合适的经营人才，比如请顺德李文田为总纂，南海廖廷相、番禺梁鼎芬、番禺陶福祥为总校，这都是博学之才。另外，他对书局的开设位置、经费的管理和相关的司局也做了全面的部署，力求建设好书局，为广东以及国家的未来培育人才，使士子的好学之风复兴：

> 惟是此举，经费繁重。粤省兵食艰难，不易筹画。查本衙门向有海关经费一项，本部堂到任以来，一概发交善后局，专款存储，留充公用。今即将此款提充书局经费，专刊经史有用之书。即在菊坡精舍，设立书局，委蒋署运司总理局事，委候补知府方守功惠提调局事，延请顺德李学士文田为总纂，南海廖太史廷相、番禺梁太史鼎芬、番禺陶孝廉福祥为总校，已备具书币，专往延聘其分校收掌各员，由总理提调博访通人，亲往延订。择日开局，并将详细章程，议拟详定，略仿钟前运司刊刻各书办法，参酌尽善。总期事事核实，屏除浮冗，是为至要。②

当时国家面临内忧外患，张之洞对建立书局仍如此用心，这是在为国家"计长远"。因为当时国家学风不正，而人才培养不是一朝一夕之事，需要长久打算，而建立书局、书院正是张之洞

---

① 苑书义，孙华峰，李秉新：《张之洞全集》（第四册），河北人民出版社，1998 年版，第 2505－2506 页。

② 苑书义，孙华峰，李秉新：《张之洞全集》（第四册），河北人民出版社，1998 年版，第 2506 页。

的一种策略。

光绪十三年（1887），张之洞在创立广雅书院的同时，建议朝廷设立广雅书局：

> 现经臣等公同筹度，即将省城内旧机器局量加修葺，以为书局，名曰"广雅书局"。①

张之洞创设广雅书局主要基于以下考虑：要促进两广政治、经济、文化的发展，必须以兴学育才为先。两广的文化教育虽然有一定的基础，但跟全国先进地区比，还有很大差距，要改变广西的落后面貌，进一步发展广东的商品经济，就必须把培养人才放在首要位置，尤其是要培养经世致用之才。

张之洞始终把人才作为强国固本的首要因素，重视各种人才的培养，他继承了儒家程朱理学的经典理论，承接晚清"经世"思潮的余脉，提出"以士为先""以学为本"，前者建立善俗，后者经世致用。

> 臣等海邦承乏，深惟治源亟宜殚敬教劝学之方，以收经正民兴之效。②

此外，张之洞的人才观也体现在他对地方官书局的指导思想上：

> 此外史部、子部、集部诸书，可以考鉴古今，裨益经

---

① 苑书义，孙华峰，李秉新：《张之洞全集》（第一册），河北人民出版社，1998年版，第614页。

② 苑书义，孙华峰，李秉新：《张之洞全集》（第一册），河北人民出版社，1998年版，第614页。

济，维持人心风俗者，一并搜罗刊播。……檄饬两广盐运司综理局事，博访文学之士，详审校勘，将来各书刊成，当随时刷印咨送国子监，以备在监肄业者考览之助。①

总的来说，张之洞广设书局，是其"通经致用"思想的体现。他筹款设立的广雅书局，主要刊印、发行的还是传统经、史、子、集类书籍。其目的一方面是为参加科举的士子提供应试之书，另一方面是为了传承文化、振兴文教。

（三）处理科举事务

张之洞的"学官本色"还体现在他对科举考试的重视上。光绪十四年（1888），张之洞在考察广东省贡院后，指出该建筑的诸多弊端，要求有司进行改建。

查省会地方公所，以贡院为最要。朝廷求贤巨典，士民瞻仰之区，士子三年一试，寸晷风檐，实为辛苦，即执事各官，欲责其勤慎从公，亦当先令其有所栖息，未便因陋就简，以致百弊丛生。②

同年，张之洞在对雷州府的教育和人才培养情况进行调查后，对该地人才凋零的情况感到十分遗憾，并希望能够改变这一现状。他认为，这主要是由当地教育经费缺乏造成的：

（雷阳书院）每年士子膏火，山长脩金，总共不过数百

---

① 苑书义，孙华峰，李秉新：《张之洞全集》（第一册），河北人民出版社，1998年版，第614页。

② 苑书义，孙华峰，李秉新：《张之洞全集》（第四册），河北人民出版社，1998年版，第2567页。

绌，菲薄已极，实不足以奖劝后进，延致通儒。亟应饬司筹拨经费，力图整顿，以期振兴文教，踵美前徽。[1]

光绪十五年（1889）十月二十二日，张之洞在《钦州设官分汛各事宜折》中提出，防城县岁科两试再添设文生四名、武生四名，并说明其理由。朝廷回复道，要请礼部讨论后再做具体安排。礼部在核查相关成案后，决定从钦州、灵山的学额中抽调一些作为防城县的定额，武生名额也在钦州、灵山的学额内进行调拨。

但张之洞认为"礼部所引成案，与此案情形迥异"[2]，他进一步分析道，防城是新设的边县，应该对边民加以鼓励，以团结民心。张之洞随即清晰地陈述道：礼部根据鹤山县分治后的学额成案对防城县添设学额一事进行反驳，但是礼部并不知道鹤山县是从新会、开平两县原有的土地中分出来的，因此户口、赋税、粮食并没有增加，"学额自应抽拨"。而防城县是新设立的县城，拓土四百余平方公里，新增户口过万，其所属之地，如啼鸡、松迳、豪丫等处的田赋，以及五峒的丁粮地租，每年可以征收二千五百余两，而且该县的荒地还可以继续开垦，每年赋税都有增加。因此，张之洞认为"钱粮既增，学额岂宜靳而不与"，应该按照之前的奏请，增设防城县文武两试学额各四名。

钦州原有六百平方公里的土地，现其所辖东兴、如昔等地虽已划归防城县，但又新增灵山、秋风、博羡、菩提等邻接土地，因此钦州所辖土地有增无减。而且钦州的文风一向很好，现在钦州升为直隶州，辖地扩大了，但学额减少了，"于情理未协，于

① 苑书义，孙华峰，李秉新：《张之洞全集》（第四册），河北人民出版社，1998年版，第2568页。
② 苑书义，孙华峰，李秉新：《张之洞全集》（第一册），河北人民出版社，1998年版，第747页。

体制亦非所宜"。

而灵山为人文荟萃之地，但学额只有八名，已经造成"才以额限，士多向隅"的现象。如今灵山已划拨部分土地给钦州，如果还要减少学额，"未免过于偏枯"。因此，绝不能从钦州、灵山调拨学额给防城县。

张之洞进一步指出，自从咸丰、同治以来，钦州所办团练在保卫人民、抵御灾患方面屡著勋绩，但因地处偏远，没有获得朝廷嘉奖。后来地方官奉旨"停止永广学额"，兵民十分失望。值今边地用人之际，不但不应该削减学额，反而应该"破格鼓励，多加学额，以慰边民慕义之心"。如果再从钦州、灵山的学额中进行调拨，那抽调之地的学额必然不能达到应有的标准，"防城得之不以为喜，钦、灵失之适以为忧，此又无益于防城而有损于钦、灵者也"①。

因此，张之洞认为仍应该按照原来上奏的方案进行安排，防城岁科两试，文生四名、武生四名，不在钦州、灵山的学额中进行调取，同时将廉州府的学额拨出三名给钦州。

张之洞对钦州等地学额的分配，显然经过了深思熟虑，并尽可能根据各地的具体情况对学额进行协调安排，以达到团结百姓、培养人才、安抚边地、巩固统治的目的。这体现了张之洞在学额分配上的"公平"意识，以及尽可能让每一个学额发挥出最大价值的主观意图。

（四）创办水陆师学堂与两广总督时期张之洞对西学的认识

如前所述，张之洞虽然在任山西巡抚的后期提出了要寻找并培养洋务人才的设想，但却仅停留在纸面上。张之洞创办的第一

---

① 苑书义，孙华峰，李秉新：《张之洞全集》（第一册），河北人民出版社，1998年版，第748页。

座以西学为主要教育内容的学堂是广东水陆师学堂。光绪十五年（1889）十月十八日，张之洞在《办理水陆师学堂情形折》中详细叙述了水陆师学堂"筹建堂舍、酌定课程并调熟习大员总办"等具体情况，展现了洋务派在推进中国军事教育近代化道路上的尝试。

广东水陆师学堂以广东博学馆为基础进行改造，此外又在长洲征地 47 亩，支出白银 4592 两，新建学堂、学生住房、厨房、茶坊、浴室等；在学堂及附属建筑外，又修建一座机器厂、一座附厂烟囱，还有储料所、打铁厂、工匠住房等；还修建"操厂一座，操场一区，演武厅一座，帅台一座，操场水沟三道，前后围墙一周，堂前石堤一带，洋木码头一座"①，共计支出白银 59200余两。另从英国购买"十二匹马力汽机、锅炉全座，并大小镟铁床、钻铁机、削铁床、剪铁机一十七架，暨手用器具铜铁钢料"②，大约共计开支 2500 英镑。学堂设施齐全，规模宏大，彰显了张之洞对开办军校和培养军事人才的重视。

水陆师学堂主要招收三类学生：第一类是内学生，即从原博学馆内部选拔"器识、资质、体气"有长处者；第二类是营学生，即从军营中挑选"曾充行伍胆力素优"者；第三类是外学生，即从外部招生，要求"学习英文、算学以为初基"，以便将来有一技之长，满足水陆师的需要。

张之洞认为这些不同年龄和文化层次的学生各有所长，招收此三类学生，能够实现学生能力间的优势互补，从而相互促进。

在师资上张之洞中西结合，委派经验丰富的副将刘恩荣为练船总管、陈璧光为练船副总管，招募具有西方军事知识的洋人做

---

① 苑书义，孙华峰，李秉新：《张之洞全集》（第一册），河北人民出版社，1998 年版，第 730 页。

② 苑书义，孙华峰，李秉新：《张之洞全集》（第一册），河北人民出版社，1998 年版，第 730 页。

教官。在管理上，设委员教习与学生"并屋而居"①，对学生进行约束管制。

水陆师学堂规模完备，在教学上将理论和实践相结合，分为学院教学和实操教学两方面。在学院教学中，"管轮、驾驶、陆师三项同时并举"，并为此增设一座管轮机器厂，加上厂中的物料、器械，每月支出远超原来的预算。在实操教学中，水陆师学堂"拟以三年为限，三年之中拟分六次出洋"，约需白银2600余两，煤炭、引水、华洋纸笔等杂费实报实销，约需4万两。综计各项开支，比闽厂练船6万余两的开支，能节约2万两。

张之洞对水陆师学堂的学生实行激励制。对"在事出力之委员教习暨优等学生"两年奏保一次，按照"异常劳绩"给予奖励，以此激励学生奋发图强，形成一种好学勤奋之风。

张之洞所创办的水陆师学堂，将西方先进军事教育与中国现实相结合，并在朝廷的支持下顺利开展军事教育，培养了一批批洋务人才。这批洋务人才经过系统的理论学习和实践操作，在未来的战事中起到了重要作用。不仅如此，他们还学习了西方的文化、制度等，开阔了视野，为戊戌变法提供了思想基础。

创办水陆师学堂是洋务运动的一部分，是中国军事教育近代化的重要探索举措，也为张之洞此后创办一系列讲求实用的近代军事学堂提供了示范和实践基础。

如果考察张之洞人才思想的转变脉络，那么创建水陆师学堂也是其从"通经致用"的人才思想向"中体西用"的人才思想转变的重要一步。首先，水陆师学堂在人才培养目标上以西方军事教育为主，这说明在张之洞的人才思想中，至少在军事方面西学已经占据主导地位，并非仅位于"经世致用"之学的补充地位。

---

① 苑书义，孙华峰，李秉新：《张之洞全集》（第一册），河北人民出版社，1998年版，第730页。

其次，在光绪十五年（1889）十月十八日的《增设洋务五学片》中，显示出两广总督时期的张之洞对西学的认识已经达到相当系统和深入的程度。在此奏折中，张之洞提出"矿学、化学、电学、植物学、公法学五种"应该被纳入"有益自强之务"，并给出了理由。

第一，开设矿学的理由。张之洞认为，一方面，世界市场需要大量的矿产资源，而众多西方国家亦因开矿赚取了巨额利润，从而成为世界富国，可资中国借鉴。另一方面，中国虽地广物博，矿产资源丰富，但仍然要从国外购买铜、铁、铅、煤等矿产资源，究其原因，在于国内的开矿者缺乏技术，所开之矿质量不高，最终导致亏本，因此开矿也被人"视为畏途"。张之洞指出，中国"将来铁路创兴，用铁益广，轮船日富，用煤益多"[1]，因此，即使开采的矿产难以在国外销售，在国内也有广阔的市场。由此可见，开设矿学是张之洞基于世界经济发展形势和国内开矿行业的现状及洋务运动的需求而提出的，是张之洞审时度势的结果。

第二，开设化学的理由。张之洞指出，化学的使用范围极广，"提炼五金，精造军火，制作百货，皆由化学而出"[2]。而当时国内正在开展的洋务运动，物料仍需从海外进口，如果不懂化学，则机械不能"自制自修"，物料亦受制于人，更重要的是，若"不通其理，则必不尽其用"。

第三，开设电学的理由。张之洞从现实立论，认为目前各行各业需要用电的地方很多，特别是在军政中，电线、电灯、电发雷炮等均需用电，但国内缺少电学人才，"生电之机、发电之气、

---

① 苑书义，孙华峰，李秉新：《张之洞全集》（第一册），河北人民出版社，1998年版，第732页。

② 苑书义，孙华峰，李秉新：《张之洞全集》（第一册），河北人民出版社，1998年版，第733页。

造电之药亦仰给外洋"①,因此有必要在国内开设电学,培养电学人才。

第四,开设植物学的理由。张之洞认为,自1840年以来,我国传统经济因受到外来资本主义的冲击而逐渐解体,但农民所占比例仍然很高,抵御天灾的能力也很弱,因此需要有植物学人才,"析其物类性质,辨其水土宜忌",在人力不足时,用机器进行辅助生产,以提高农业经济效率和农民抵御天灾的能力。

第五,开设公法学的理由。张之洞沉痛地指出,在当时的社会背景下,国人在面对洋人侵犯我国主权及人民利益时,因"不得以中国之法绳之",而"积久成愤,终滋事端"。因此,要解决这一问题,就必须培养通晓公法之人。特别是在通商中,"当著为通商律例,商之各国,颁示中外",无论华人洋人,都必须遵循这个法律,以维护国家主权和国人的尊严。

张之洞进一步提出,应将矿学、化学、电学、植物学、公法学作为水陆师学堂的补充课程,并聘请相应学科的外国教授进行教学。在薪酬上,矿学、公法学的教员应给予更高薪资;在学额上,每门学科收三十名学生;在培养目标上,习公法的学生必须学习希腊语、拉丁语。

尽管如此,该时期张之洞的人才思想与后来他在湖广总督任上明确提出的"中体西用"的思想仍有一定差距。首先,水陆师学堂毕竟是以培养军事人才为主,而自鸦片战争以来,西方殖民者的坚船利炮就早已深印于中国士大夫的心里,曾国藩、李鸿章等名臣所开展的以学习西方军事技术为主要内容的洋务运动也进行了许多年,张之洞的办学措施虽偏重于军事教育方面,但依然属于"师夷长技以自强"的范畴。

---

① 苑书义、孙华峰、李秉新:《张之洞全集》(第一册),河北人民出版社,1998年版,第733页。

其次，虽然这一时期张之洞对西学的了解已与其在提倡"通经致用"时不可同日而语，但仍没有完全摆脱"通经致用"的基本思路。如前所述，张之洞在两广总督任上除参与抗法战争外，还耗费了极大精力和时间来推动设立以经学教育为主的传统书院，广设刊印儒家经典的书局和主持与科举相关的事务，这就体现了他对传统教育和"通经致用"的高度重视。尤其是对科举的重视，更说明张之洞的选才用才活动也是清朝统治者出于统治的需要而展开的。而西方的学说，张之洞认为，"有实用者亦不能不旁收博采"，以备时局所需。可见他在主观上依然把西学作为"经世致用"的补充，而这也是其任两广总督时在人才思想方面最显著的特点。

三、张之洞任两广总督时期的政治人才思想

张之洞担任两广总督后，虽然品秩更高、权力更大，但"荐官"与"治吏"仍是其分内职责。而与山西巡抚不同的是，两广地区与海外交流频繁，形势更为复杂，需要做出更大的改革以适应形势的发展，而且任两广总督时，也是张之洞"办洋务"事业的开始。因此，张之洞这一时期的政治人才思想，可以分为传统吏治思想和洋务人才思想两个部分。

（一）传统吏治思想

举荐和弹劾下属官员，是地方督抚的基本职责。通常来说，某位督抚在奏折中对被举荐者政绩、人品的描述，往往可以窥见他人才思想的某些倾向；与此相应，弹劾名单也是一种"负面清单"，可以从另一个角度反映出他的人才标准。

光绪十三年（1887），张之洞奏请表扬前运司洪汝奎：

> 该革员洪汝奎原籍安徽，寄籍湖北，由举人考取教习，留京当差。师事故大学士倭仁、故侍郎吕贤基、吴廷栋，勉

为经世有用之学,考德问业,以躬行实践为主,日有纪录……地方诸务锐意振兴,未及期年百废俱举……臣等伏查该革员洪汝奎,馈军戡乱,具有前劳,善政宜民,尚留遗爱。①

张之洞在用人方面讲求实用,这份奏折的主要内容是对官员履职情况及人品的评价,非常直观地体现了他的政治人才观。

首先,他重视德才兼备之士。他多次强调被荐之人应在才与德两方面符合封建道统,要能体恤百姓,铲除强暴,扶助底层贫弱人民,造福地方。

其次,他主张举荐的人才要深明经世之学,注重躬行实践。他认为,如果朝廷能使他们各尽所长,皆可裨益时局,这也是其"通经致用"思想的反映。

第三,他主张荐才应一秉大公,不拘一格,反对求全责备,反对结党营私。他认为官员要清正廉洁,谦虚谨慎,有能力促进地方发展;要威严自持,得士民爱敬。

光绪十五年(1889),张之洞在褒奖地方官员稳定社会秩序、发展生产的治绩时,表现出他的人才观:

臣覆加查核,各员弁或临战歼擒首要,或率军攻克坚巢,已经两次奏奉恩旨,准其保奖。嗣后三年以来,筹办善后、搜山破寨、擒匪安良、开路设墟、勘山兴利,均系深入瘴乡,备尝艰苦,仰恳天恩俯准照奖,以昭激励。除伤亡瘴故员弁附请赐恤暨千把各弁咨部请奖外,理合恭折具陈,伏

---

① 苑书义,孙华峰,李秉新:《张之洞全集》(第一册),河北人民出版社,1998年版,第616-617页。

祈圣鉴。①

张之洞认为该地的官吏弁员一方面歼擒首要、攻克贼巢，以稳定社会秩序；另一方面，在基本稳定社会秩序后，又积极善后，打击盗匪，兴修水利，使得社会生产力得到了很大的发展。因此，张之洞主张对其进行褒奖。这里主要体现的人才观有两点：一是在官员任用方面，张之洞坚持才能的重要性，他认为应该任用勤于政事、保境安民的官员；二是在官员奖惩方面，张之洞重视奖励机制的作用，主张利用奖励来激发官员的积极性。

光绪十五年（1889）十月十八日，张之洞在《请录用姚觐元折》中，向皇帝申请重新录用被冤枉的姚觐元，并"将该革员发往湖北"，交给自己差遣委派，以管控湖北水灾，安抚民情。

在奏折中，张之洞援引慈禧太后曾谈到的"有事系冤枉、被革果有才力堪用者"应"在京听该衙门、在外听该督抚查明，详开缘由奏明请旨"的说法，提出重新录用姚觐元，并在奏折中说明了姚觐元的人品、才绩和被冤枉的缘由。

姚觐元曾任户部郎中，后授四川川东道官衔，其为人"操守廉谨，从不向所属府县苛索陋规"，且为众人所认同。后来姚觐元擢任广东布政使，"感激恩遇，益加奋勉"，在广东"开办沙田升科事宜，整顿通省厘务"，做事条理清晰，且均有成效。工作之余，姚觐元"以刊刻经籍、培植士类为务"，进行文化建设。

同治年间，姚觐元任户部司官时，由于在"同系部中出色，屡当要差之员"，因此受人嫉妒和非议，经阎敬铭为首的官员煽动，而致"群议沸腾，请予罢斥"②。

① 苑书义，孙华峰，李秉新：《张之洞全集》（第一册），河北人民出版社，1998年版，第694页。

② 苑书义，孙华峰，李秉新：《张之洞全集》（第一册），河北人民出版社，1998年版，第735页。

而张之洞查明，姚觐元"并无厚产巨资"，且无"病国妨民之实迹"，此外，姚觐元目前身体康健、精力强健、才干优秀、通博精明，是能为国所用的人才。

张之洞进一步指出，目前湖北遭遇水灾，民心惶动，而自己忙于铁路事宜，难以抽身，需要一名"熟悉情形之大员赞画一切"。张之洞认为姚觐元能担此重任，因此提出希望将姚觐元派至湖北，助自己一臂之力。最后，朝廷批准了张之洞的请求。

张之洞深谙传统儒学，提出"任人者治"的思想；同时又深感救国家于危机之中的紧迫，提出"经国济世"的人才观。在国家面临大变局时，他认为人才是救国的关键，且对有才干但被冤枉革职的官员也十分重视，一经查明真相，便启奏皇上重新录用。这一方面体现张之洞对人才的爱惜，另一方面体现了清朝末年人才的缺失。

光绪十五年（1889）十月十八日，张之洞根据时局需要，经多方考察后，在其上奏的《密荐人才片》中举荐广东雷琼道朱采和罗定直隶州知州曾纪渠，认为如果能"破格擢用，假以事权"，此两人"必能展其才猷，有裨大局"，并在奏折中具体阐述了推荐两人的原因。

朱采曾在山西汾州府任职，因为品行端正、清廉正直，擢授雷琼道。朱采自到任以后，剿清匪徒，使该地人民的生活重新归于宁静；其后又筹办善后事宜，"为人所不肯为、不能为者"，"苦心经营，次第毕举"，在凡阳、南丰一带开辟了新的道路，促进了当地商品经济的发展；又在当地"裁勇练兵、筹筑海口、炮堤、炮台"，以维护当地人民生命和财产安全。朱采为一方父母官时，一心为百姓服务，才干出众，受到当地百姓的爱戴，是符合传统儒家标准的"好官"。

罗定直隶州知州曾纪渠，之前在任连州知州时就因行仁政而受到光禄寺卿冯尔昌的保荐，并在军机处存档。曾纪渠甫到广东就开始办理公务，亲自在田地里耕种劳作，受到南雄、罗定两地人民的赞颂。张之洞上奏时，曾纪渠已在"号称难治"的潮州府任职，潮州匪徒萌动，械斗之事频发，强绅仗势欺人，官吏无实权可言。曾纪渠到任后提出"宽以济猛"的策略，整肃纪纲，杜绝请托，所属要案皆亲提审讯，判断解决，抑强扶弱，剔弊除奸，最终让潮州风气有所好转。光绪十五年（1889）夏，潮州发大水，嘉应一带尤为严重，曾纪渠不论区域，四处救援，尽力筹资，多方赈济，最终让境内百姓安居乐业而无流离失所之虞。

张之洞认为，曾纪渠壮年气盛，治理有方，通达有理，有应对各种事务的才干，也有刚毅果断的操守，是晚清时期潮州官场上少有的励精图治的官员。

19 世纪末期，"洋务"与"维新"是时代的主流，以经世致用、亲身实践、注重实效为信条的技术型官员，更有可能成为官绅的模范。张之洞举荐的朱采和曾纪渠，都有着经世济民的抱负，事事身先士卒，是清末难得的人才。同时，朱采和曾纪渠均为传统儒学培养出的人才，与张之洞"通经致用"的人才标准相当契合。

而在弹劾有劣迹的官员时，张之洞也毫不含糊。如光绪十四年（1888），张之洞在弹劾广东试用知府金桂馨时，一一陈述其劣迹：

> 广东试用知府金桂馨，前在署理嘉应州任内，于应办事宜毫无整顿，所具禀牍日惟孳孳为利。……该员金桂馨在任遇有词讼案件，动辄罚捐银两，交卸时仅据拨修书院及建神庙银数百两，余皆无著，开列科罚各案，请饬追交。经臣饬据惠潮嘉道德泰查明各案内有该员金桂馨妄行科罚及门丁借案勒借情事，据实禀揭。……臣查该员金桂馨去任之时，民怨沸腾，又因借案科罚被控饬追，既不将家丁交案，公然声

称送借，似非勒索，尤堪骇异，实属昏谬玩法，相应请旨将广东试用知府金桂馨暂行革职，勒令将家丁胡姓、刘姓两名交出归案，传提原被要证，澈（彻）底讯究，所有勒罚各款，是否家丁朦弊，抑系该员串罚入己，再行分别按例惩办，以儆贪扰。①

张之洞认为应对广东试用知府金桂馨革职查办，理由是广东试用知府金桂馨在任期间，不办实事，反而利用权力为自己谋私利。在任期间，一方面利用职权，贪污钱财；另一方面，行苛政，随意罚款，纵奴勒索财物，以致民怨沸腾。这里主要体现了张之洞在任用官员上的人才观：一是坚持德才兼备，以德为先的任人原则；二是官员应该向民众负责。

光绪十五年（1889）十月十八日，张之洞在《参革劣绅折》中要求严惩广东沙田县劣绅，并在奏折中描述了该县劣绅在沙田"恃势勒贿，庇匪藐法"的卑劣行为及其对当地民风民俗的破坏。其卑劣行为有以下一些。

其一，假名渔利：东莞沙田"以万顷沙一围为大宗，计田三百数十顷"，该县士绅以创立明伦堂的名号筑围收租，"其中有官筑屯田该绅等承佃缴租者，亦有官屯变价该绅等缴价承领者，又有向为民业该绅等出价买受者，甚至恃势抑价强买占耕者亦复有之，亦有民间田亩投托该绅等代为出名"②，不唯佃户不敢与之争抗，就连其他人也不敢与之相争。鱼肉乡里的劣绅总是假借学校的名号，以此要挟官员，在乡里呼风唤雨，牟取利益，严重破坏了士绅的形象。

---

① 苑书义，孙华峰，李秉新：《张之洞全集》（第一册），河北人民出版社，1998年版，第656页。

② 苑书义，孙华峰，李秉新：《张之洞全集》（第一册），河北人民出版社，1998年版，第739页。

其二，拖欠舞弊，蒙混租金：东莞明伦堂绅局承包开垦的万顷沙围共有 300 余顷，其中有 130 余顷由官员变价，由该地士绅承包 30 多年，而应缴纳的屯田花销利息共计 18 万余两。但该地士绅只缴纳了 3 万两，"其余所欠甚巨"，而该地士绅置若罔闻，延迟或拖欠已成其"本分"。因此，张之洞提出将该地士绅的土地并入广雅书院，其所欠 14 万多的尾款则由广雅书院代交。这样做的依据是该田为官田，当民间租赁者长期不缴纳租金时，田主有权"收回另售他主"。

其三，视官田为己物，拒绝归还：张之洞核查了沙田局给出的土地丈量数据并依此进行土地开垦及其税收的核算，并奉旨进行催科。这项屯田本是官物，与民业有很大的不同。张之洞委派广西知府石承霖和东莞县知县张璿一同去劝解开导，但该地士绅不把地方官放在眼里，拒绝见面。在发放佃契时，该地士绅教唆佃户一律逃匿，又捏造长红标贴，并伪称为"一邑之义举"。后该地士绅来到省城，张之洞又派南海县知县王存善和张璿继续进行劝谕，但该地士绅继续违抗藏匿，转托其他士绅前来见面。官方令士绅交出 130 余顷土地，但该地士绅以筑围工程所花费的十万两白银进行反驳。但各地已签署章程，"议定或五年或十年承耕而不收租项谓之荒头，其田应筑之围，即由佃户出资，如需费过巨，亦系按年扣租，田主无须费本"[1]，而该地士绅承领土地三十余年，现在已经是成熟的好田，早已超过荒头之限，更没有筑围工本费用，劣绅不过以此为借口，施拖欠刁难之实。

其四，投机贪图官租之款：对此，张之洞实行"软政策"，以宽容和补贴的方式让该地士绅缴纳欠款和土地。张之洞命令东莞县知县发文告诫劣绅，该县只要求收回没有缴纳租金的八十余

---

① 苑书义，孙华峰，李秉新：《张之洞全集》（第一册），河北人民出版社，1998 年版，第 740 页。

顷土地，其他在限外应缴纳的四万两银本应该发还，但也可以姑且从宽处理；限内所交，不再命令缴纳屯田，还可酌情给筑围工本费四万两银作为体恤，并令明伦堂绅局控制土地，这样除了缴租所得的金额，士绅还可得一些余利。

这让该地士绅有些犹豫，一方面他们假意按要求照办，另一方面又要求增加筑围工本费并不得扣除屯田租金和承领博学馆的利息。但张之洞"查积年所欠屯本，系应完之项，除扣博学馆之项，更可免交息银"①，这是劣绅有意玩弄诡计，不愿缴纳欠款。

这样一直拖欠租金又占耕官田已是大忌，"且该县区区一绅局，已坐享膏腴二百余顷之厚利，而此八十余顷尚欲全数霸吞而不肯拨归书院，使两省士林稍为沾溉，不惟国宪难容，且亦非人情所有"②。并且该地劣绅还对秉公执事的南海县知县王存善的劝谕反应激烈，当众发表猖狂之语并设法入京找人弹劾，意图报复，又托人告至臬司，寻仇泄愤，意在要挟。劣绅的行为已严重危害当地政府的利益，无视朝廷纲纪法令，实在狂妄至极。

据东莞县知县张璿和沙田局委员的禀告，张之洞查出了劣绅头目的具体名单：直隶州知州黎家嵩、捐纳户部郎中何庆修，"均属揽权抗官，营私专利"；大挑教谕郭康吉、职员钱万选和黎家嵩等人"朋比为奸，伙分私利，遇事把持"，尤其是黎家嵩劣迹斑斑，平日经常干预公务。因此张之洞请旨"将黎家嵩、何广修、郭康吉、钱万选等四员一并斥革，永不开复"；礼部祠祭司主事邓佐槐，在局中管事，平日小心谨慎，虽然不是主谋，但仍应"暂行斥革，俟查办完竣，察看能否改过，有无阻挠情事，再行奏请开复"；欠租的 82 顷沙田，由东莞县知县张璿查封，并

---

① 苑书义，孙华峰，李秉新：《张之洞全集》（第一册），河北人民出版社，1998 年版，第 741 页。

② 苑书义，孙华峰，李秉新：《张之洞全集》（第一册），河北人民出版社，1998 年版，第 741 页。

"勒令收回，拨作广雅书院常产，另行招佃承租"，并批准东莞在籍主事黄嵋租赁该项沙田，其愿意每年缴纳租金给县衙，由县衙转给广雅书院作为常年经费。其中应该缴纳的变价、利息 10.08 万两银，由广雅书院按额拨给沙田局充饷，以结清款项。其中东莞明伦堂绅局欠下的屯田租金 1.9 万余两，仍然勒令追回。如果还有拖延违抗或者霸占田地不交纳欠款者，一律严惩重办。

张之洞提出要对该地士绅严加惩办，以维护当地的官风和民俗，保护官租民用的土地制度顺利实施。而在实际操作当中，张之洞注重协调各方权益，保障社会稳定，提出将劣绅所占土地转给广雅书院，这一方面能解决劣绅占地欠款的问题，另一方面能支持广雅书院扩大发展。把土地归于书院旗下，可避免其再次被劣绅霸占。这体现了张之洞在处理政务中的创造性和实用性。

值得注意的是，在传统儒家的政治文化中，生前勤政爱民，死后入祠永享香火，是传统官员的理想，也是士大夫奋斗的目标。张之洞在任两广总督时曾为一些卓有政绩的官员建立祠堂，这体现了传统政治文化对他的政治人才思想的影响。

如在光绪十五年（1889）九月二十日，张之洞再次上奏建议募款修建琼州昭忠祠。其上书的依据是云南提督冯子材的函奏和雷琼道朱采等人的禀告。张之洞称，在"琼州黎、客各匪，踞巢负固，纠众杀掠，蘖芽蔓衍三十余年，残害地方为患日亟"[1] 的背景下，当地文武员弁不遗余力，彻办各匪，其后又投入到解决"琼州黎峒寒暖不时，瘴疠尤毒"的问题中。而"各该员弁等捣穴擒渠，驯生辟土，通道安电，建学设墟，以及招商伐木，垦田开矿等务"[2]，多有以身殉国者，但他们在生前却未受到应有的

---

① 苑书义、孙华峰、李秉新：《张之洞全集》（第一册），河北人民出版社，1998 年版，第 721 页。

② 苑书义、孙华峰、李秉新：《张之洞全集》（第一册），河北人民出版社，1998 年版，第 721 页。

褒奖。即便如此，地方官员们仍前赴后继，"及前者僵踣，后者继进，奋发不悔，退避毫无，迹其矢志报国，致命捐躯，瘴海忠魂，实堪矜悯"①。冯子材和朱采等认为，这些官员有功于百姓，"军民感戴，将吏同钦"，希望朝廷"筹捐集款，于琼州府城购地创建昭忠祠，合祀此次剿抚黎客瘴故赐恤之三品衔山西候补道杨玉书，及一应在事阵亡瘴故曾经奏恤之员弁、兵勇、绅团"②。张之洞对此亦表示认同，并"恳请具奏前来，合无仰恳天恩，俯准列入祀典，饬地方官春秋致祭，以慰群情而励效命"③。

为已故官员修祠祭祀的目的，一是表彰官员的人品政绩，二是为天下树立做人为官的楷模。张之洞为杨玉书和一应亡故员弁请祠，也正是基于他们的人品和政绩能为后世树立楷模而决定的。

清廷历来重视对名宦的表彰。顺治帝、康熙帝、雍正帝和乾隆帝曾多次发诏，强调祭祀名宦的重要性，并不时下诏要求地方规范对名宦的祭祀行为。光绪皇帝同意了张之洞的请祠行为，这除了因为杨玉书等人矢志报国的行为本身就值得被后世崇拜，还因为光绪皇帝是一位试图有所作为的皇帝，他希望将名宦祠作为其思想引导和社会管理的工具。朝廷通过对已故优秀官员的祭祀，既对官员崇德、报功，又可对百姓劝忠、尚义，从而实现以精神教化的形式达到文化控制的目的。④

张之洞请祠和光绪皇帝的允准，其本质目的是"维护名教"，

---

① 苑书义，孙华峰，李秉新：《张之洞全集》（第一册），河北人民出版社，1998 年版，第 721 页。

② 苑书义，孙华峰，李秉新：《张之洞全集》（第一册），河北人民出版社，1998 年版，第 721 页。

③ 苑书义，孙华峰，李秉新：《张之洞全集》（第一册），河北人民出版社，1998 年版，第 721 页。

④ 陈明亮：《礼制乱象：杨昌浚请修琦善专祠事件考述》，《红河学院学报》2018 年第 1 期。

教导官员尽忠与尚德，劝导百姓守义与行善，并以此引导民风、砥砺士气。正如辜鸿铭所说："当同、光间，清流党之所以不满意李文忠者……一切行政用人，但论功利而不论气节，但论材能而不论人品。此清流党所以愤懑不平，大声疾呼，亟欲改弦更张，以挽回天下之风化也。……盖当时济济清流，犹似汉之贾长沙、董江都一流人，尚知六经大旨，以维持名教为己任。"① 对"清流"出身、以儒臣自居的张之洞而言，维持名教，坚持传统价值观自然是其政治人才思想中的核心要义。

（二）洋务人才思想

如前所述，张之洞真正"办洋务"是从两广总督任上开始的。当好封疆大吏，重点在于"用人"，用对人、用好人，选拔洋务官员、奖励洋务人才，是张之洞这一时期的主要作为。

例如，光绪十四年（1888）张之洞在请旨保奖添设电线的有关人员时说：

> 若一律照寻常劳绩给奖，似不足以励勤劳而昭激劝。应请仍照上届成案，择其尤为出力各员，照异常劳绩保奖；其出力稍次者，仍照寻常拟奖，以示区别。②

张之洞认为，在添设电线一事上，如果一律按照常规给予奖励，不足以彰显相关人员的功绩。此外，张之洞还认为对相关人员的奖励应该有所区别：对功绩突出者应该予以特别奖励，对一般的人员应该给予一般奖励。这体现了张之洞三点重要的人才观：一是在官员的任用上，重视干实事、勤奋进取的官员；二是

---

① 辜鸿铭：《张文襄幕府纪闻》，山西古籍出版社，1995 年版，第 17 页。
② 苑书义、孙华峰、李秉新：《张之洞全集》（第一册），河北人民出版社，1998 年版，第 650 页。

在官员的奖惩上,坚持"论功行赏"的原则;三是在用人方面,重视社会当前需要的人才,即在西学东渐的时代背景下,重视有西学知识的人才。

除了兴办洋务学堂外,张之洞在两广总督任上重要的洋务活动还体现在外交方面。如在光绪十三年(1887),张之洞上奏建议在南洋各地派驻领事、保护华侨即为一例。

张之洞督粤时期十分重视华侨问题。光绪十二年(1886)张之洞在向清政府上奏的《会筹保护侨商事宜折》中指出,对数百万身居海外的华民进行保护是十分必要的,优待侨眷亦有益于国家,并对清廷在南洋各岛设领事官的提议持赞赏态度。同年,张之洞与新任驻美国、秘鲁、西班牙三国公使张荫桓共同奏准,选派王荣和、余瓗等率调查团先赴南洋诸岛调查,视当地情况而设领事官。调查团共访问了菲律宾、新加坡、缅甸、印尼等国的20多个城市、港口,详细调查了这些地方华工遭受虐待的情形,就有关华侨问题与当地政府谈判,遏制了这些地区的排华势头。

王荣和等人在考察新加坡后指出,"该处华民十五万人,富甲各处,除衙舍公产外,所有实业华人居其八,洋人仅得其二"①,认为华侨在该地区占有举足轻重的地位。

在马六甲、槟榔屿、吉隆坡等地考察时,调查团发现在这些地区开采锡矿的华侨有十余万人,地方当局都有保护华工的政策,华人也比较富足,他们依然保持着祖国的风俗习惯。

此外,使团在缅甸仰光、爪哇岛的雅加达、三宝垄以及澳大利亚的悉尼等地查看华民情况,宣慰侨胞,并就保护华侨权益的问题与当地政府进行了交涉。

王荣和等人的调查,也进一步证实了海外华人急需保护这一

---

① 苑书义,孙华峰,李秉新:《张之洞全集》(第一册),河北人民出版社,1998年版,第608页。

事实：

> 其抵小吕宋也，华民分诉日人虐害情形，恳请派官保
> 护，自筹经费。①

> 臣查委员王荣和等于役南洋，海程五万余里，各埠商民
> 睹汉官之威仪，仰尧天之覆帱，莫不欢呼迎谒，感颂皇仁，
> 其恳求保护之情，极为迫切。②

面对华侨的遭遇，张之洞除表示同情和关心外，还采取了一系列保护华侨的政策和措施。一是通过外交途径与侨居国政府进行交涉，促使其制止迫害华侨的事情。二是设立领事馆，派官员保护华侨利益。这一方面是出于华侨的要求，另一方面也是为了维持国内的安定。张之洞指出，海外百万华侨若在受到虐待和驱赶时得不到保护，"不安其居，即归内地，沿海骤增此无数游民，何以处之？"③ 因此必须设立领事馆，由清政府选派官员驻馆，以保护华侨的生命财产安全。他在奏折中提议，先在小吕宋（马尼拉）设立一个总领事馆，"查小吕宋距中国最近，华民望切倒悬，必须先设总领事驻扎其地，以收远近之心，以伸华商之气"④。在举荐领事官时，张之洞也具体考察了适于开展侨务的人选。他举荐王荣和为马尼拉首任总领事官：

---

① 苑书义，孙华峰，李秉新：《张之洞全集》（第一册），河北人民出版社，1998 年版，第 608 页。

② 苑书义，孙华峰，李秉新：《张之洞全集》（第一册），河北人民出版社，1998 年版，第 610 页。

③ 苑书义，孙华峰，李秉新：《张之洞全集》（第一册），河北人民出版社，1998 年版，第 610 页。

④ 苑书义，孙华峰，李秉新：《张之洞全集》（第一册），河北人民出版社，1998 年版，第 610 页。

> 经臣电商张荫桓，拟派总兵衔两江尽先补用副将王荣和为驻扎小吕宋总领事，缘该处闽人最多，王荣和籍隶福建，稳练精详，究心洋务，素为闽人所信服。[①]

经过张之洞的举荐和清政府的综合考量，清政府最终同意了这项请求。

张之洞表示，设立马尼拉总领事馆后，下一步应再在马尼拉附近地区设立副领事馆，然后再推广到东南亚和大洋洲的英属、荷属殖民地。

此外，他提请在华侨聚居的小吕宋设立领事馆的同时，还应在该地设立书院，为华人子弟讲授中华文化。张之洞是第一个关心海外华人社会教育问题的清朝大员，设立书院是张之洞重视海外华侨教育、弘扬中华文化的具体表现。张之洞在奏折中对关于开办华侨教育的经费、老师的聘请、教学内容的拟定以及开办华侨教育的意义等问题都有述及。张之洞认为，应将领事馆所筹经费的余款用于办学：

> 一年后禀报核定数目，其设领事之处，就其余款酌拨若干，量设书院一所，亦先从小吕宋办起，由臣捐资倡助，并购置经书发给存储，令各该领事绅董选择流寓儒士，以为之师，随时为华人子弟讲授，使其习闻圣人之教，中国礼义彝伦之正，则聪明志气之用得以扩充，而愈开水源木本之思，益将深固而不解，从此辗转传播，凡有血气未必无观感之思。[②]

---

① 苑书义，孙华峰，李秉新：《张之洞全集》（第一册），河北人民出版社，1998年版，第610页。

② 苑书义，孙华峰，李秉新：《张之洞全集》（第一册），河北人民出版社，1998年版，第611页。

张之洞把华侨教育与弘扬中华文化结合起来，视华侨教育为华侨与祖国长久联系的重要措施。

他意识到，要使华侨能真正关心祖国、支持国内经济发展，培养并保持其民族认同感尤为重要。对于华侨而言，只有文化的联系才是久远的、可以世代相传的。而只有大力发展华侨教育才能实现其对文化的延续与依赖，增强华侨的民族认同，并进一步世代在华侨中弘扬爱国主义精神和传承中华民族的传统文化，保持华侨与祖国之间的共振关系。

因此，张之洞的这些做法不仅体现了清政府对海外侨胞的关怀，限制了各国对华侨的歧视和迫害，遏制了各国的排华浪潮，而且通过派员到华侨聚居地宣慰侨胞，巩固了华侨与祖国的纽带，对于传播中华文化、加强中西方文化交流均做出了重要贡献。

光绪十五年（1889）十月二十二日，张之洞奉命督办铁路，该事责任重大，需要群策群力、集思广益。其时湖北汉口"洋商纷集"，与洋人交涉的事情繁重，只有"精于综核勇于任事之员"，才能保证诸事顺利进行。因此，张之洞上《调蔡锡勇等赴鄂差委片》一疏，并在奏折中阐明了商调蔡锡勇、陈占鳌、沈嵩龄、凌兆熊、赵凤昌、薛培榕等六人的理由。

蔡锡勇为人大气，见识鸿远，熟悉海外的情况，曾经做过美、日等国的参赞，其后又在广东办理洋务多年，对"粤防、交涉、创造"等事务十分清楚。此外，蔡锡勇还具有主持大局的能力，处理问题时运筹帷幄、十分妥当，值得倚重。

陈占鳌条理清晰、做事精密、任劳任怨，肇庆黄江税厂经其改革后，每年增收白银六万有余。张之洞希望派遣陈占鳌前往泽州、潞安两府"查勘铁矿，筹度转运道路及该厂安炉之处"。

沈嵩龄在"总办两广电局，创设东、西两省各路电线"中不惧艰险，竭力节省，杜绝奢靡。

凌兆熊操守高洁、谨小慎微，"才识俱优，博学多通"，并且精通西法。凌氏本是广西官员，之前因办理洋务而调至广东，张之洞希望能将其留在广东，办理交涉事宜。

赵凤昌"志洁才敏，办事诚实，心精力果，通达时务"，在铺设电线方面十分在行，对西洋军械亦十分精通。

薛培榕"才长心细，操守端廉"，曾在广东枪弹厂和钱局工程处办事，思虑全面、勤劳能干，长于"安置机器、抚驭洋匠"，是主持工程的出色人才。

张之洞还查明以上六位官员"在东并无经手未完事件"，将其调往湖北"以赴事机而资得力"，实为上策。

通过张之洞举荐的这六位官员，可以看出张之洞对人才的要求是品行端正、办事踏实、博学多才，而且要有办理洋务的经验，了解西法，能与洋人沟通。在世界格局飞速变化的形势下，张之洞急需能直接上任的人才，以在洋务运动中协调与洋人之间的关系、处理铁路、工厂等事宜，这也说明其洋务人才思想依然在"通经致用"的大框架之下。

第三章 从"经世派"官员到"洋务派"巨擘：湖广总督时期张之洞人才思想的变化（1889—1906）

光绪十五年（1889），张之洞上奏朝廷，建议缓建津通铁路，而改修自卢沟桥至汉口、贯通南北的卢汉铁路。他认为铁路之利，以通土货、厚民生为最大，征兵、转饷次之。他指出，卢汉铁路是"铁路之枢纽，干路之始基，而中国大利之萃也"①。在此背景下，清廷遂调张之洞负责卢汉铁路南段的修筑。是年八月，张之洞调署湖广总督，此后近二十年他在湖广总督任上苦心经营，使得湖北成为 19 世纪与 20 世纪之交中国洋务运动的中心，张之洞也成为继李鸿章之后"洋务派"的巨擘。

在张之洞担任湖广总督的近二十年里，列强对中国的压迫日益深重，西方思想和科学在中国的传播愈发广泛而深入，尤其是甲午战争的爆发和清廷的一败涂地，成为张之洞人才思想转变的"催化剂"。虽然张之洞一如既往地提倡"中体西用"的思想原则，但他对政治人才、军事人才和西学科技人才的评判标准以及培养方法在甲午战争后呈现出明显的转变，可以说，"中体西用"

---

① 吴剑杰：《张之洞年谱长编》上册，上海交通大学出版社，2009 年版，第232 页。

的原则与内涵正是在甲午战争结束后成熟的。

第一节　两广总督时期人才思想
的延续与发展

在湖广总督任上的前五年，张之洞无论在军事、内政、办学上还是在洋务上，与其任两广总督时的施政风格相比，均呈现出明显的延续性。当然，在具体的洋务事业上，例如对卢汉铁路、汉阳铁厂和湖北织布局等近代交通与实业的推动上，与他任两广总督时相比，自是大不相同。然而该时期张之洞在办洋务上的这些大举措，并非一朝一夕之事，而是有其长时段的思想脉络可循。以汉阳铁厂为例，张之洞主张自建铁厂的设想由来已久，早在1883年山西巡抚任上，他就提出"购洋铁非计，宜于晋省炼铁成条，供洋局之用"的主张，并于第二年开始筹备具体事宜，但因1884年调离山西而中辍。1885年，时任两广总督的张之洞向朝廷建议用新法开采广东惠州等地的铁矿以制造枪炮。1886年，他再次提出在广州城外珠江南岸凤凰岗建炼铁厂的计划，将"开辟利源"作为"自强之端"。

详细探究，湖广总督时期的张之洞，其军事人才、政治人才和兴学育才思想既有延续性，又在新的时代背景中有所发展。

一、"德才兼备"式传统军事人才思想的延续

清廷在中法战争中"不败而败"，军事上并未被法国人占多大便宜。尽管如此，这并不意味着经历过对西方国家战争的张之洞已经形成了对成熟的近代军事人才的判断标准。而从1889年起到甲午战争爆发之前，我们从张之洞对军队的治理和对军事将领的褒贬中，可以清楚地看到张之洞在很大程度上依然延续了"德才兼备"的军事人才思想。

149

具体说来，张之洞认为军事将领"德才兼备"的品质是由"勇""谋"和"治军严明"等作风体现出来的。如张之洞的亲兵管带官吴良儒从山西跟随张之洞至广东再至湖北，就是因其"纪律严明，任事勇往，甚为得力"①，所以张之洞才极力要求朝廷让其跟随自己左右。张之洞于光绪十六年（1890）奏请将记名提督陶定昇、熊铁生两员调赴湖北差委，其原因也是这两位提督符合他"德才兼备"的军事将领标准：记名提督广东琼州镇总兵陶定昇"勇敢笃实，谋定后战，横厉无前，善度地势，知进退，灵机应变，虽仓猝众寡不敌，未尝退却"②，记名提督熊铁生"谋勇兼优，威望素著"③。

张之洞担任湖广总督的前期，正处于中法战争结束和中日甲午战争爆发之间的和平时期，张之洞因其辖区在这段时间内没有防备外患之责，只有内部镇压安抚之责，故而相较于军队的战斗能力，他更看重军事将领的素质："提督职任最为吃重，非实任人员，认真讲求，难资镇摄。"④

甲午战败，张之洞开始考虑并着手训练新军，治军能力这一军事人才标准贯穿了他担任湖广总督的整个时期。如光绪二十六年（1900）五月二十八日，张之洞在《派员代理湖北提督折》中写道："郧阳镇总兵之提督邓正峰，老练深稳，纪律严明，久历戎行，娴于兵事。"⑤光绪二十一年（1895）十二月二十九日，

---

① 苑书义，孙华峰，李秉新：《张之洞全集》（第二册），河北人民出版社，1998年版，第756页。
② 苑书义，孙华峰，李秉新：《张之洞全集》（第二册），河北人民出版社，1998年版，第805页。
③ 苑书义，孙华峰，李秉新：《张之洞全集》（第二册），河北人民出版社，1998年版，第807-808页。
④ 苑书义，孙华峰，李秉新：《张之洞全集》（第二册），河北人民出版社，1998年版，第799页。
⑤ 苑书义，孙华峰，李秉新：《张之洞全集》（第二册），河北人民出版社，1998年版，第1369页。

张之洞递奏《冯子材撤防回粤片》，对抗法名将冯子材的治军特色赞誉有加。此时冯子材虽然年逾七旬，但"晤谈时矍铄犹昔，慨念时艰，忠勇奋发，毫无畏阻，与他军统将迥然不同"。而且冯子材在驻地深受官兵、士民的欢迎：

> 其时因海州戒严，商令暂扎镇江，以备闻警驰赴，并先行轻骑驰往海州察看诸军情形，均经会衔奏明在案。镇江系该提督咸丰、同治年间立功之地，士民闻其再到，欢慰非常，他将领所部粤勇十数营及别省勇营闻该提督到江，士气皆形振奋。①

冯子材受到官兵及士民拥戴的根本原因是他治军有方，"驻镇将及一年，纪律严明，操练认真，官民悦服"。军纪严明是与将领个人的品格和带兵的风格分不开的：

> 该提督素性廉介淡泊，待其部下将士一秉至公，故法令虽严，而军心极为帖服固结，且于防务大定后，派所部将弁勇丁帮同修理镇江府城工，极为勤劳。②

参劾腐败无能的将领，整顿军队积弊，也是封疆大吏的分内职责。张之洞延续了此前军事人才标准的"负面清单"，时常对所属不合格的将领进行弹劾。

"吃空饷"是绿营长期以来的恶习，张之洞对此深恶痛绝，一经发现就立即向朝廷上疏弹劾。光绪十七年（1891），张之洞

---

① 苑书义，孙华峰，李秉新：《张之洞全集》（第二册），河北人民出版社，1998年版，第1120页。

② 苑书义，孙华峰，李秉新：《张之洞全集》（第二册），河北人民出版社，1998年版，第1120-1121页。

弹劾岭东营守备谢上元"冒饷卖粮，种种妄为，虚旷营伍，废弛操防，实属贪劣异常，罔识法纪，情节甚重，若不严行惩办，力挽颓风，必致各处绿营皆成虚设"①。

同年，张之洞在《查明总兵劣迹据实奏参折》中参劾湖北郧阳镇总兵綦高会，称其"于营务一切多所更张，处事多未公允……营私妄为，空缺兵马"②。

除了"吃空饷"，对于身历战火的张之洞来说，"废弛军务"也是不能姑息的。光绪十八年（1892），张之洞在《会奏请旨革职降补折》中参劾荆州营副将王清和"刚愎自用，不洽舆评"，"擅改营制，久旷额兵，吞蚀兵饷"③，且"均经查有确据，实属贪劣营私，废坏营制，未便稍事姑容，相应请旨将调署荆州营副将、本任海门营副将记名总兵王清和，即行革职，以肃军纪而儆效尤，并由臣成谋查明王清和擅动空旷有作为应酬私用之项，勒令赔缴，以重公款"④。

在光绪二十一年（1895）的《查覆谭碧理参款折》中，张之洞参奏江南提督谭碧理尸位素餐：

> 乃该提督在任十年，于营务毫无振作，节次来宁，臣接见之余，惟以忧贫为言，求兼统太湖水师，绝未及整军经武之大计。本年部议裁兵节饷，凡属大员当如何共体时艰，力筹裁节之法，即有为难情形，亦应密函商办，乃该提督徒思

① 苑书义，孙华峰，李秉新：《张之洞全集》（第二册），河北人民出版社，1998年版，第829页。

② 苑书义，孙华峰，李秉新：《张之洞全集》（第二册），河北人民出版社，1998年版，第829—831页。

③ 苑书义，孙华峰，李秉新：《张之洞全集》（第二册），河北人民出版社，1998年版，第867页。

④ 苑书义，孙华峰，李秉新：《张之洞全集》（第二册），河北人民出版社，1998年版，第870页。

见好众兵，首先咨臣请免裁减，径请具奏，致各营纷纷续
禀，俱以兵额难减为词，是该提督即不逢迎，已难免于素
餐；虽未阻挠，究属不知大体。[1]

在同年的《特参水师统领折》中，张之洞参劾记名提督前浙
江海门镇总兵李新燕：

> （李新燕）坐拥多营，一味养尊处优，并不认真督捕，
> 岁糜巨饷将安用之？且臣访闻其所带水师、盐捕各营俱多缺
> 额，夫统领既系虚伍营私，赏罚安能严明？士卒安能用命？
> 以致养痈贻患，扰害闾阎，若不严行惩儆，何以肃军律而安
> 民生？相应请旨将记名提督前浙江海门镇总兵李新燕即行革
> 职，以示惩儆。[2]

二、"通经致用"政治人才思想的延续

在任用下属官员的标准方面，张之洞依然延续了任两广总督
时的风格：能"办事"而不"贪墨"。当时他自认为在用人方面
"量才委用，卓著成效"，南海县知县王存善办理洋务"以劳见
叙"，广东候补知府王秉恩"尤属为守兼优，长于综核……坐办
善后局，裁节浮糜，力任劳怨，款项日臻宽裕"[3]。又如，他在
举荐宋熙曾时称：

---

[1]　苑书义，孙华峰，李秉新：《张之洞全集》（第二册），河北人民出版社，
1998年版，第1059-1060页。

[2]　苑书义，孙华峰，李秉新：《张之洞全集》（第二册），河北人民出版社，
1998年版，第1045页。

[3]　苑书义，孙华峰，李秉新：《张之洞全集》（第二册），河北人民出版社，
1998年版，第762页。

查有本任兴国州知州宋熙曾老成干练，强毅有为，长于诘奸惩暴，熟悉沿边情形，堪以派委总办北路襄阳、光化、随州、枣阳、应山五属缉匪事务，择要于樊城、随州两处轮流驻扎，仍不时往来巡查边境，相机遏截，与豫省文武互相联络协助。①

张之洞对官员贪污最为痛恨：

用人系疆吏专责，臣渥荷厚恩，历典封圻，竭力整饬吏治，最恶贪风。②

在湖广总督任内，张之洞在举荐官员时一以干才为重，如江陵县"为荆州府附郭首邑，水陆衔衢，政繁赋重，且有经管堤工修防，尤关紧要，非精明干练、才识兼优之员，弗克胜任"，"该员刘秉彝才具明敏，办事慎勤，核计试俸、历俸早已届满，本任署任均无积案及承缉盗犯、欠解钱粮已起、降调革职参限，以之调补江陵县知县要缺，实堪胜任，与例亦属相符"③。东湖县"为宜昌府附郭首邑，川楚咽喉，水陆冲要，自开设通商口岸以来，华洋互市，民教杂处，中外交涉政务殷繁，现经改为题补要缺，自应遴选精干之员，以资治理"④。知县周瑞銮"在任时，于时方公事尚无贻误，惟谨饬有余，应变不足，于斯缺不甚相

① 苑书义，孙华峰，李秉新：《张之洞全集》（第二册），河北人民出版社，1998年版，第866页。
② 苑书义，孙华峰，李秉新：《张之洞全集》（第二册），河北人民出版社，1998年版，第762页。
③ 苑书义，孙华峰，李秉新：《张之洞全集》（第二册），河北人民出版社，1998年版，第928页。
④ 苑书义，孙华峰，李秉新：《张之洞全集》（第二册），河北人民出版社，1998年版，第1277页。

宜,应即酌量改调,以重地方"①。张之洞认为竹溪县知县夏时泰"明练果断,勤奋有为,前在本任暨两署崇阳县篆政声卓著,措置咸宜,以之调补东湖县知县实堪胜任"②。

值得注意的是,虽然在张之洞所处理的政务中,"办洋务"的比重越来越高,但并不意味着他抛弃了"通经致用"的政治人才思想。事实上张之洞依然推崇"通经致用"的人才思想,且其麾下亦多政绩卓著的能官干吏,并想方设法为这些官员争取朝廷嘉奖,建立祠堂、树碑立传,以此为官场树立"通经致用""忠君爱民"的楷模和榜样。如江苏巡抚崧骏"亮节清风,于各属地方利弊无不实力讲求,郑工黄水下趋,则力筹堵泄;镇江旱灾告警,则广谋赈济,余如严缉枭匪,以靖闾阎,整顿书院,以育人才。凡关系国计民生知无不为,为无不力,嘉谟善政,声施烂然,故士民感戴之忱,至今未泯"③。

而在这类"通经致用"的官员身上,亦能看到张之洞自身的影子。典型者如他在光绪十八年(1892)递奏的《胪陈黄彭年黄国瑾事实请宣付史馆立传折》中,要求朝廷将藩司黄彭年、编修黄国瑾父子的事迹载入史册,原因在于"藩司黄彭年,历官湖北、陕西、江苏三省,均有政绩可纪。其在湖北、江苏,清操善政,学道爱人,遗爱流风,尤为最久且著"④。

首先,黄彭年"通经",而这与张之洞坚持的儒家价值观非常契合。黄彭年"幼承其父前陕西凤邠盐法道黄辅辰家学,砥砺

---

① 苑书义,孙华峰,李秉新:《张之洞全集》(第二册),河北人民出版社,1998年版,第1277页。

② 苑书义,孙华峰,李秉新:《张之洞全集》(第二册),河北人民出版社,1998年版,第1277页。

③ 苑书义,孙华峰,李秉新:《张之洞全集》(第二册),河北人民出版社,1998年版,第951页。

④ 苑书义,孙华峰,李秉新:《张之洞全集》(第二册),河北人民出版社,1998年版,第852-853页。

名节，博极群书，尤究心经世之学，天性笃孝，自入翰林授职未久，即请假归里，专意养亲。咸丰间屡奉诏特起，皆以亲老，不克赴"①。

其次，无论是办理团练，还是充任川督骆秉章幕府，黄彭年都著有功绩："在籍随其父办理贵州团练，以苗汉积不相能，亲入苗寨劝谕苗民，翕然信从，积憾尽释，地方赖以绥靖。……同治初元，前四川督臣骆秉章延之幕中，赞画戎机，剧寇石达开荡平，力辞保荐。"②

再次，黄彭年担任湖北按察使时，"奖廉惩贪，抑强扶弱，僚属敬畏，通省肃然，官场风气为之一变。……适有裁兵节饷之议，兵心摇惑，官民咸有戒心，该故员独开诚告诫，营伍咸奉约束。矜慎庶狱，平反巨案十余起"③。在张之洞的政治人才思想中，好的官员，不仅要廉洁能干，更要能移风易俗，而黄彭年正是这样的官员："其护理江苏巡抚也，惩戒贪墨，敦尚俭朴，苏省浮靡之习颇为改观。"④

注重官员在文教方面的政绩，既是张之洞这位儒臣念兹在兹的事业，也是他评价官员的重要标准。黄彭年无疑是这方面的典范：

> （黄彭年）又与前陕西巡抚臣刘蓉友善，以道学相切劘，刘蓉延主讲关中书院，阐明关学，士气奋兴。嗣经臣鸿章聘

---

① 苑书义，孙华峰，李秉新：《张之洞全集》（第二册），河北人民出版社，1998 年版，第 853 页。

② 苑书义，孙华峰，李秉新：《张之洞全集》（第二册），河北人民出版社，1998 年版，第 853 页。

③ 苑书义，孙华峰，李秉新：《张之洞全集》（第二册），河北人民出版社，1998 年版，第 853 页。

④ 苑书义，孙华峰，李秉新：《张之洞全集》（第二册），河北人民出版社，1998 年版，第 853 页。

修《畿辅通志》,采辑勤慎,义例精详;主讲莲池书院,购书三万三千余卷,储之院中,课士有程,度人给以札,使为日记,月考其得失而高下之,选刊莲池肄业生日记三十二卷,院中经明行修之士,接踵而起,人文炳蔚,一时称盛。光绪八年,蒙恩简放湖北安襄郧荆道……又购书数万卷,储之鹿门书院,公余之暇,与诸生讨论讲习,一如在莲池时。……在苏州省城创设学古堂,以课诸生,成就人才极多。①

三、书院兴学思想的延续

张之洞在日益重视西学教育和近代学堂的同时,仍坚持兴办传统书院,这反映出他对围绕科举取才的传统儒家教育方式的认可,同时也是他"通经致用"人才培育思想的延续。

首先,张之洞在任湖广总督的初期,依然关注自己在广东设立的广雅书院。例如光绪十五年(1889)十月,张之洞刚刚在武汉走马上任,立刻就广雅书院设立分校的问题向广东方面写信,指出"尚有应增、应改之处,必须斟酌咸宜,以收实效"②。他综合原广雅书院仅设院长,而阮元设立的学海堂不设院长、只设学长的各种利弊,积极为广雅书院擘画新的管理体制:

应于院长之下,另设分校四人,襄助院长阅卷讲授,虽

---

① 苑书义,孙华峰,李秉新:《张之洞全集》(第二册),河北人民出版社,1998年版,第853—854页。

② 苑书义,孙华峰,李秉新:《张之洞全集》(第四册),河北人民出版社,1998年版,第2606页。

稍与院长逊其体制，实可为院长分其勤劳。[①]

鉴于"经济"科师资紧张，张之洞建议改革课程：

> 原定章程，经济专立一门，词章归于兼习，此教人之法，理应崇实黜华。至设立分校，则史学可包经济，而词章实有专门，必须专于此道者，方能究极源流，指摘利病，且专以经济名家者，世罕其人，亦难专立一师，今定为经学、史学、理学、文学四门，分设四馆，经济学附于史学馆内。[②]

张之洞还主动承担为广雅书院学子阅卷的任务：

> 以光绪十六年为始，每逢四季，由本部堂命题封寄。粤省诸生课卷，交监院汇收，转送提调，递送湖广，本部堂亲加评阅，定榜寄回，借觇在院诸生学业进退，以无负本部堂创设书院之本意等因，檄饬遵照在案。[③]

就湖广总督的职责来说，批阅书院学子的试卷，并非其分内的工作，更何况试卷是从千里以外的广东转送过来的。张之洞不惜如此大费周章，可见其对广雅书院的重视。若不是对书院的教育功能深信不疑，若不是儒臣的"使命感"和"责任感"，相信日理万机的湖广总督是绝不会做此决定的。而湖广总督负责广雅

---

① 苑书义，孙华峰，李秉新：《张之洞全集》（第四册），河北人民出版社，1998年版，第2607页。

② 苑书义，孙华峰，李秉新：《张之洞全集》（第四册），河北人民出版社，1998年版，第2607页。

③ 苑书义，孙华峰，李秉新：《张之洞全集》（第四册），河北人民出版社，1998年版，第2665页。

书院的事务，正是张之洞书院兴学思想延续的最好证明。

另一个证明，则是张之洞积极推动创立两湖书院。对于"学官本色"的张之洞而言，为官一方，无论是否是分内职责，他都要兴办书院，如在湖北兴办经心书院，在四川创办尊经书院，在山西创办令德书院，在广东创办广雅书院。如今他又回到湖北，很快就萌发了扩大和改建经心书院而成立两湖书院的想法。光绪十六年（1890）八月初二日，张之洞指派候补知府史悠庆负责筹建两湖书院。筹建经费由"汉口绅商候选道蔡元吉捐银二万两、分发试用道万航捐银六千两……又汉口江工捐款，自本年二月起至年底止，约可收钱四万串，前经檄饬牙厘总局，按季提存，通年共提存三万串，以备书院营建之费。又汉镇土药捐缴善后经费项下，约可提拨钱数千串"①。次年春，两湖书院建成开办。

之所以说书院兴学是张之洞一贯的思想，是因为两湖书院无论在学制上、课程设置上，还是在教学目的上，都与广雅书院类似，两者前后的承接性非常明显。

张之洞指出，创办两湖书院的目的是"为照维持世道，首赖人材，人材之成，必由学术。即论地方官化民成俗之道，亦必以教士为先。故书院之设，所以作养贤才，贵得明体达用之士，以备国家任使，庶可以羽翼圣道，匡济时艰，然必须有群萃州处之区，始先收师友讲习之益"②。可见"维持名教""教化人心"这类儒家价值观是张之洞培养人才的宗旨。

两湖书院的课程和教学方式与广雅书院相近：

课士之法，分经学、史学、理学、文学、算学、经济学

---

① 苑书义，孙华峰，李秉新：《张之洞全集》（第四册），河北人民出版社，1998年版，第2644页。

② 苑书义，孙华峰，李秉新：《张之洞全集》（第四册），河北人民出版社，1998年版，第2755页。

六门，延请分教六人，专门训课诸生。愿执何业，各随才性所近，能兼者听。①

无论是广雅书院，还是两湖书院，都是在"博通"的基础上进行分科。此外，在学风培养方面：

广置书籍，以供博览。严立学规，以端趋向。勤考日记，以验功修。博约兼资，言行并励，期于他日成就，出为名臣，处为名儒。②

在书院纪律方面：

其有干预外事、荒嬉废学、侮慢师儒、不敬官长、诋毁先贤、妄谈时政者，皆为干犯学规，随时查明，屏逐出院。③

两湖书院处处可以看到广雅书院的影子，这其实是张之洞的书院兴学思想的一贯体现。

四、"洋务"人才思想的延续和发展

一直以来，人们都认为张之洞"办洋务"的成绩是在湖广总督任上取得的。事实上，张之洞调任湖广总督的最直接原因，就是负责筹建卢汉铁路。张之洞在湖北创建的这些近代实业中，影

① 苑书义，孙华峰，李秉新：《张之洞全集》（第四册），河北人民出版社，1998年版，第2755页。
② 苑书义，孙华峰，李秉新：《张之洞全集》（第四册），河北人民出版社，1998年版，第2756页。
③ 苑书义，孙华峰，李秉新：《张之洞全集》（第四册），河北人民出版社，1998年版，第2756页。

响最大、意义最为深远的,当属汉阳铁厂:"湖北炼铁厂为制造轨械、兵船之根本,关系军实要需。"而这项实业的筹备和建设时间也最久,困难也最多:"当日创造伊始,一切经营厂工、煤井工、铁路运道、马头二十余处,全赖在事各员奔走往来,尽心筹画,艰险备尝,阅时四年之久,始克告厥成功。"① 这自然会对张之洞的人才思想产生影响。

如前所述,包括建铁厂在内的很多洋务思想,大部分都是张之洞在山西、广东为官时逐渐形成的。而出任湖广总督时,则是其洋务思想落地的阶段。这一阶段,张之洞在洋务实践中所遭遇到的问题,很多是其在设想中和在纯理论探讨中所没预料到的,故而这一时期是张之洞"洋务"人才思想的更新期。

张之洞任两广总督时一手提拔的"洋务"人才,成为其兴办汉阳铁厂的得力助手。当时汉阳铁厂的主要督办官员为蔡锡勇。蔡锡勇肄业于京师同文馆,可以说是由朝廷培养的"洋务"人才。最初蔡锡勇以翻译官的身份被派往广东,随后驻外,后来又回粤在实学馆任教,可谓具有非常完美的履历:

> 光绪元年,由总理各国事务衙门咨送粤东差委。嗣经出使大臣陈兰彬奏带出洋,派充驻美翻译官。三年期满,又经出使大臣郑藻如奏充驻日参赞。……近年粤东办理防务,经前督抚臣派充实学馆教习及文报局差使,深资得力。②

一直以来,张之洞坚持"德才兼备"和"以德为先"的人才思想,而蔡锡勇良好的品行正是其被张之洞委以重任的前提。张

---

① 苑书义,孙华峰,李秉新:《张之洞全集》(第二册),河北人民出版社,1998年版,第1165页。

② 苑书义,孙华峰,李秉新:《张之洞全集》(第一册),河北人民出版社,1998年版,第270页。

之洞认为蔡氏"志向端谨，才识精详，因专派充当洋务局委员，承办各事，均能深明大体，动协机宜，实为办理洋务不可多得之员"①。而且蔡锡勇在为张之洞办差期间，"器识闳远，熟悉洋情……近来粤防、交涉、创造一切事务，悉以谘之"，故张之洞毫不吝惜地称赞道："该员力持大体，动中机宜，深资倚任。"②在督办汉阳铁厂时，蔡锡勇果然不负所望：

> 到鄂以来，派委（蔡锡勇）总办铁政局，设立化学堂，定汉阳铁厂之基，枪炮厂即附其中，督饬矿师、洋匠建厂安机，开办铁山运道、铁矿灰石、水陆马头、兴国锰铁、江夏大冶煤井煤矿及采运湘煤诸务，自经始以至工竣开炼，千端万绪，布置井井，罔有遗漏。③

蔡锡勇不仅参与了汉阳铁厂的筹建，而且还负责织布局、枪炮厂的筹建。"臣以督工筹款，艰巨烦难，叠经奏明就湖北铁、布、枪炮三厂通筹互济，先后加委该员总办织布、枪炮两局。"④

这一方面反映了蔡锡勇的办事能力，"三厂分局二十余所，委员、学生林立，群莫敢干以私，各洋匠、矿师亦服其公正，无不尽心效力，办理悉臻周妥，布局先成，铁厂、枪炮厂以次告竣，历著成效"⑤。尤其是其品行也受到张之洞的认可，"任事诚

---

① 苑书义，孙华峰，李秉新：《张之洞全集》（第一册），河北人民出版社，1998 年版，第 270—271 页。
② 苑书义，孙华峰，李秉新：《张之洞全集》（第一册），河北人民出版社，1998 年版，第 751 页。
③ 苑书义，孙华峰，李秉新：《张之洞全集》（第二册），河北人民出版社，1998 年版，第 946 页。
④ 苑书义，孙华峰，李秉新：《张之洞全集》（第二册），河北人民出版社，1998 年版，第 946 页。
⑤ 苑书义，孙华峰，李秉新：《张之洞全集》（第二册），河北人民出版社，1998 年版，第 946 页。

恳,殚竭心力,条分缕晰,事事力求撙节核实,不避劳怨,而端谨廉退,丝毫不苟,和平默讷,不与人争"①。甚至对其赞誉有加:"臣所见办理洋务之员,其才品兼优,事事著实,实无有能出蔡锡勇之右者。"②

另一方面,蔡锡勇得到重用也体现了湖北极其缺乏"洋务"人才,使得张之洞无人可用。如在筹办汉阳铁厂期间,张之洞就发现"人才难得,通达洋务、谙习机器者尤不易,靓鄂省铁、布、枪炮三厂并开,断无如许之多精通得力委员分投经理,至西洋工师绘算各生,尤不敷用"③。光绪十七年(1891),张之洞筹办采用西方技术绘制地图的舆图局,也不得不任命蔡锡勇"会同总办舆图局务","月支夫马银五十两,以资办公"④。其原因则在于"州县谙悉舆地之学者甚少,又无测绘仪器,以故茫然无从下手。……舆图一门关系重要,为用宏多,吏事、军事皆所取资,而军事尤为切于实用"⑤。蔡锡勇积劳成疾,于光绪二十四年(1898)病故。张之洞在《为蔡锡勇请恤折》中更是对其大加褒扬:

> (蔡锡勇)志操廉正,器识阅深,博通泰西语言文字,精究天文、格致、测算等学,于各国外政畅悉利病源流,而天怀淡泊,任事肫诚,凡各国领事、江海税司以及矿师洋

---

① 苑书义,孙华峰,李秉新:《张之洞全集》(第二册),河北人民出版社,1998年版,第946页。

② 苑书义,孙华峰,李秉新:《张之洞全集》(第二册),河北人民出版社,1998年版,第946页。

③ 苑书义,孙华峰,李秉新:《张之洞全集》(第二册),河北人民出版社,1998年版,第774页。

④ 苑书义,孙华峰,李秉新:《张之洞全集》(第四册),河北人民出版社,1998年版,第2780页。

⑤ 苑书义,孙华峰,李秉新:《张之洞全集》(第二册),河北人民出版社,1998年版,第817页。

匠、中西商贾，莫不钦其耿介，服其明达。遇交涉重要繁难之事，他人棘手莫办者，该故道靡不迎刃而解。所办铁、布、枪炮各局厂，经手款项多至数百万两，力杜虚糜，丝毫不苟①。

张之洞对失去蔡锡勇这一办洋务的得力助手哀痛不已："微臣失此臂助，极目时艰，人才罕觏，尤不能不为国家惜此人矣。"②引文一方面反映了张之洞为国家失去这样"德才兼备"的洋务人才而嗟叹，另一方面也反映了在湖北办洋务近十年的时间里，真正能入张之洞"法眼"的洋务人才依然是"罕觏"的。

如果说对蔡锡勇的倚重，是张之洞洋务人才思想的延续；那么对工匠人才的渴求，则是张之洞洋务人才思想的进一步发展。尤其是在创办汉阳铁厂的过程中，张之洞展现出来的再也不是传统儒家士大夫对工匠的鄙视，而是开明士大夫对近代工人的赞赏：

> 伏查炼铁一事，事理精深，端绪繁难，工作极为艰苦，而机势又极为危险。微特炼铁、炼钢之匠首各有专门之学，即审火候、司气门、流灰、出铁、烘钢、拉轨诸人，周旋于烘炉烈火之间，手足稍涉迟钝，即有轰炸损坏之虞。③

在《吁请修备储才折》中，张之洞首次提出"求工政"的要

① 苑书义，孙华峰，李秉新：《张之洞全集》（第二册），河北人民出版社，1998年版，第1300页。
② 苑书义，孙华峰，李秉新：《张之洞全集》（第二册），河北人民出版社，1998年版，第1301页。
③ 苑书义，孙华峰，李秉新：《张之洞全集》（第二册），河北人民出版社，1998年版，第920页。

求，进一步论证工匠尤其是具备近代工业能力的工人的重要性，"外洋富民强国之本，实在于工。讲格致、通化学、用机器、精制造，化粗为精，化贱为贵"①。此外，他以"儒臣特色"引经据典地纠正和批评儒生们歧视工匠的风气：

> 《周官·考工记》以"百工"列六职之一。舜命九官责以时亮天工之事，而共工之官居其一。孔子论为天下之九经以来，百工为足财用之本。可见唐虞三代之圣人，其开物前民，未有不加意于此者。②

在兴办汉阳铁厂的过程中，不仅工匠短缺一直困扰着张之洞，而且频频出现的意外事故也让张之洞"艰险备尝"。其中最大的一次意外，是湖北差委二品衔直隶候补道徐建寅在配制炸药时意外被炸身亡。

徐建寅是晚清著名科学家徐寿之子。徐寿（1818—1884），字生元，号雪村，江苏无锡人，清末著名科学家，是中国近代化学的启蒙者，中国近代造船工业的先驱。他和华蘅芳于1862年7月制成中国第一台蒸汽机，这是中国近代工业的开端。蒸汽机试制成功后，他们又着手试制蒸汽船。1863年，年仅17岁的徐建寅与父亲一起在安庆内军械所开始试制蒸汽动力舰船的工作。1864年，安庆内军械所迁到南京，他们继续从事研究工作。1866年4月，在徐寿、华蘅芳的主持下，南京金陵机器制造局制造出中国海军的第一艘蒸汽动力船——"黄鹄"号，徐建寅也参与了设计、制造工作。1875年徐建寅在山东机器局任总办。

---

① 苑书义，孙华峰，李秉新：《张之洞全集》（第二册），河北人民出版社，1998年版，第998页。

② 苑书义，孙华峰，李秉新：《张之洞全集》（第二册），河北人民出版社，1998年版，第998页。

1879 年，徐建寅出使德、英、法等国进行技术考察。1886 年，在会办金陵机器局时，徐建寅采用西法制成新式后膛招枪和铸钢。其后，任福建船政局马尾造船厂提调。

光绪二十六年（1900）五月，徐建寅被委派至湖北营务处暨教吏馆任武备总教习。在任期间，徐氏的主要任务就是研制黑火药：

> （徐建寅）于营务利病，悉心体察，勇于任事，不避嫌怨。旋委办省城保安所仿造黑色洋火药事务，该道自造机器，精思仿制，历时三个月，造成洋黑药，试验击力几与英、德各国所造无异。……无烟药较之黑药需用尤切，造法尤难，特委该道总办钢药厂，设法仿造。该道以大局未定，时事日紧，军火尤为要图，毅然以设法造成为己任，极意研求化学，将强水、酒精、棉花等物，自行配制。[1]

研制过程最初相当顺利，"本年正月造成无烟药数磅，试验药力颇称充足，惟烧后稍有渣滓。该道复殚精竭思，穷加研炼，于二月初六日手自造成数磅，试验竟无渣滓，即拟开机多造"[2]。然而就在准备进入批量化生产的前夕，意外发生了："是月十二日该道在厂监工，亲至拌药房，督同委员工匠人等拌和药料，不意机器炸裂，该道徐建寅及委员五品衔候选知县戴振麟、五品顶戴监生杨荫桓，蓝翎把总储仁发暨工匠等共十四人，同时轰毙，

---

① 苑书义，孙华峰，李秉新：《张之洞全集》（第二册），河北人民出版社，1998 年版，第 1390 页。

② 苑书义，孙华峰，李秉新：《张之洞全集》（第二册），河北人民出版社，1998 年版，第 1390 页。

尸骸焦烂碎裂，收检不全，惨不忍睹，轰去西边拌药房一间。"①

张之洞认为，徐建寅的殉职不仅影响了汉阳铁厂的建设和开工，更是自主制造军备的一大挫折：

> 现值各国议禁军火进口之际，全赖我自能扩充制造，庶期克应要需。该道凤具血诚，精通化学，综其才艺，实为近今不可多得之员。倘能始终其事，则鄂省钢药两厂必能精求制炼，日起有功，渐可不借外人之助。何期有用之才，顿罹惨害，既痛微臣失此臂助，更惜中国少此人材，追念之余，尤深悯恻。②

另外，张之洞在筹建汉阳铁厂中所遭遇到的困难，也让其深刻意识到国内工匠在技术乃至作风上是达不到开办铁厂之要求的："员司虚浮，匠役懒惰，为中国向有之积习"，"将来工料员役百弊丛生，必致货不精而价不廉"。所以他坚持将铁厂设在汉阳，"此等要工巨款，若非近在省城之外，臣及总办大员不能亲往督察，则经费必难核实，竣工更恐无期，是以酌设汉阳"③。

为了保证铁厂生产出合格的产品，张之洞对外国工业人才敞开大门：

> 鄂省开炼大炉，自不得不多用洋匠，加意慎重。除原有洋教习、矿师、工师各匠不计外，续募各厂洋匠，择其必不可少者招募二十八人，系托欧洲著名之郭格里大铁厂代雇，

---

① 苑书义，孙华峰，李秉新：《张之洞全集》（第二册），河北人民出版社，1998年版，第1390—1391页。

② 苑书义，孙华峰，李秉新：《张之洞全集》（第二册），河北人民出版社，1998年版，第1391页。

③ 王奎：《张之洞与汉阳铁厂》，《襄樊学院学报》，2003年第1期。

本年四月始一律到齐，以上年选派出洋学习之华匠二十人副之，分派各厂，领首作工。①

而为了提升本土工匠的水平，张之洞建议道：

总以每省必办成数件为主，即以此为各省督抚藩司之殿最，并分遣多员，率领工匠赴西洋各大厂学习，一切种植、制器、纺织、炼冶、造船、造炮、修路、开矿、化学等事皆肄习之，回华日即以充办理工政之官，委员以求其法、通其精者，工匠以习其艺、得其粗者。②

第二节　"中体西用"：甲午战争后
张之洞的人才思想

甲午战争，号称"天朝上国"的中国被"蕞尔小邦"日本击败，北洋水师全军覆没，二十余年的洋务运动成果毁于一旦，此战极大震撼了包括张之洞在内的清朝士大夫和知识分子。

1895 年，在丧权辱国的《马关条约》签订后，张之洞认为：

此次和约，其割地、驻兵之害，如猛虎在门，动思吞噬；赔款之害，如人受重伤，气血大损；通商之害，如鸩酒

---

① 苑书义，孙华峰，李秉新：《张之洞全集》（第二册），河北人民出版社，1998 年版，第 920—921 页。
② 苑书义，孙华峰，李秉新：《张之洞全集》（第二册），河北人民出版社，1998 年版，第 999 页。

168

止渴，毒在脏腑。①

　　和约不但不是战争的结束，而是深重国难的开始，而且"不久即将有眉睫之患"②。有鉴于此，张之洞向朝廷递奏《吁请修备储才折》，这份奏折既可以看作甲午战败后张之洞"洋务"思想的改弦更张，亦可看成是张之洞"中体西用"人才思想中培养"西用"人才的纲领性文件。

一、《吁请修备储才折》：甲午战败后张之洞的人才思想提纲

　　张之洞在《吁请修备储才折》中提出了九条对策："练陆军""治海军""造铁路""分设枪炮厂""广开学堂""速讲商务""讲求工政""多派游历人员""豫备巡幸之所"。③ 这九条除了"豫备巡幸之所"外，其余各条都从不同领域或多或少地展示了张之洞人才思想的变化，这种变化的结果是"中体西用"人才思想的基本成型。

　　其一，"练陆军"。这次张之洞没有再提他一直坚持的"德才兼备"的军事人才思想，而是直截了当地指出采用西方军事训练方法才是训练近代陆军的关键。其立论依据是"日本用兵皆效西法，简练有素，饷厚械精，攻取皆有成算，弁兵皆有地图以及登山涉水之具、糇粮御寒之物，无不周备"④。清军刚在与日本的

---

　　① 苑书义，孙华峰，李秉新：《张之洞全集》（第二册），河北人民出版社，1998年版，第989页。

　　② 苑书义，孙华峰，李秉新：《张之洞全集》（第二册），河北人民出版社，1998年版，第990页。

　　③ 苑书义，孙华峰，李秉新：《张之洞全集》（第二册），河北人民出版社，1998年版，第990-1000页。

　　④ 苑书义，孙华峰，李秉新：《张之洞全集》（第二册），河北人民出版社，1998年版，第990页。

交战中蒙受奇耻大辱，张之洞却提出要以敌国为榜样向西方学习，这一方面反映了张之洞诤臣的性格，另一方面也反映出他已经深信"西法"是训练具有战斗力军队的不二法门。

张之洞提出的具体做法是首先招募外国军事人才。当时德国陆军最强，故张之洞建议招募"德国将弁为统领、营官，令其悉照洋法操练，并其行军、应用军火器具、营垒、工程、转运、医药之法，亦俱仿之。中华员弁，仅令充哨官以下职事，而洋将上则统属于该省督抚将帅，次则所立合同约定会商该省营务处、司道，下则弁勇皆系华人"①。张之洞指出，聘请德国将领并非仅为了用西洋操法练兵，更重要的是中国将领能够学习和掌握西洋军事训练的方法："且于洋弁操练之时，使中国将弁从旁观看，令其习见习闻，自能捐弃故技，如有杰出之才，更可触类引伸，本其精熟之法，参以运用之妙，是数年之后，华将多解洋操，即可择其廉洁切实者，以接统此洋操之军矣。"② 其次需要派遣人才出国学习军事。张之洞建议，"无论文武、官阶大小，遴选年力精壮、明敏有志者百余人，令赴外洋，附入学堂营局，将武备、营垒、炮台等事分途肄习，观摩既便，领悟必速，较之在中国学堂所练，必更切实"③。最后是设立陆军学堂培养军事人才。"各直省各设陆军学堂，延西人为师，择强壮朴实之少年子弟入学，学成亦发各营，量加委用。"④

其二，"治海军"。甲午战争北洋水师全军覆没，数十年间培

---

① 苑书义，孙华峰，李秉新：《张之洞全集》（第二册），河北人民出版社，1998 年版，第 991 页。

② 苑书义，孙华峰，李秉新：《张之洞全集》（第二册），河北人民出版社，1998 年版，第 991 页。

③ 苑书义，孙华峰，李秉新：《张之洞全集》（第二册），河北人民出版社，1998 年版，第 991 页。

④ 苑书义，孙华峰，李秉新：《张之洞全集》（第二册），河北人民出版社，1998 年版，第 992 页。

养的海军人才也损失殆尽。张之洞认为,要重建海军就必须引进外国将领:"至水师尤难于陆路,将领必用洋将为之,中国未经战阵之学生、粗疏不谙之武弁,断不能用,且非用洋将则积弊必不能除、操练必不能精、考核拔擢必不能公。"① 不但要用洋将,就是海军士兵也需要留学英国:"至于船上所用弁勇,则仍须多派精壮员弁及有志子弟赴英国学之,此举尤宜从速。"②

其三,"速讲商务"。所谓"速讲商务",就是要求出使大臣、驻外官员具备搜集商务信息、为中国商人提供保护的能力。张之洞建议朝廷"尤须令出使大臣将各国商务情形随时考究,知照总署及各省督抚,以便随时悉心筹画。查各国公使,皆以觇国为密谋、护商为专责,而中国使臣事简心闲,此似亦使职之最要者也"③。这说明张之洞已经完全接受"商战"的思想,认为"商战"不亚于"兵战",是关系到国家生死存亡的大事了。

其四,"多派游历人员"。首先,张之洞对清朝官员昧于外国形势的现状大加批判:

> 夫洋务之兴已数十年,而中外文武臣工罕有洞悉中外形势、刻意讲求者,不知与不见之故也。不知外洋各国之所长,遂不知外洋各国之可患,拘执者狃于成见,昏庸者乐于因循,以致国事阽危,几难补救,延误至此,实可痛心。④

---

① 苑书义,孙华峰,李秉新:《张之洞全集》(第二册),河北人民出版社,1998年版,第993页。

② 苑书义,孙华峰,李秉新:《张之洞全集》(第二册),河北人民出版社,1998年版,第993页。

③ 苑书义,孙华峰,李秉新:《张之洞全集》(第二册),河北人民出版社,1998年版,第998页。

④ 苑书义,孙华峰,李秉新:《张之洞全集》(第二册),河北人民出版社,1998年版,第999页。

其次，张之洞提出了派遣游历人员的具体措施和他们需要学习的内容。"今宜多选才俊之士，分派游历各国，丰其经费，宽其岁月，随带翻译，纵令深加考究，举凡工作、商务、水陆兵事、炮台、战舰、学校、律例，随其性之所近，用心考求。"①游历人员回国后还必须接受考察，合格者才能委以官职：

> 归国之日，由总理衙门课其能否，察其优劣，将此项人员发交有洋务交涉省分分别委用，或派往各省商务、工政等局差委，或令先补总理衙门章京，或再派充出使参赞、随员等官之选，劳绩期满，即行迁擢，内外互用，必广其出身之途，方能鼓舞，则不惟使才即出其中，而中外文武人才之出，正未有艾。②

值得注意的是，张之洞是第一个提出要选派贵族子弟出国游历的大臣，他认为只有如此，才能打开学习外国的风气。"至于亲贵大臣及满汉世家子弟，尤宜选其贤者，遣出游历，优予褒奖，风气自上开之，视在下者事半功倍。"③张之洞这一建议是受日本在明治维新中派遣大量贵族出国游学的政策所影响而提出的。从某种意义上来说，张之洞认为清朝官员"拘执者狃于成见，昏庸者乐于因循"的现状，乃至此前洋务运动的失败，皆可归结于满族上层贵族的封闭保守。如此说来，其实在张之洞的《吁请修备储才折》中，已多多少少涉及政治改革。

---

① 苑书义，孙华峰，李秉新：《张之洞全集》（第二册），河北人民出版社，1998 年版，第 999 页。

② 苑书义，孙华峰，李秉新：《张之洞全集》（第二册），河北人民出版社，1998 年版，第 999 页。

③ 苑书义，孙华峰，李秉新：《张之洞全集》（第二册），河北人民出版社，1998 年版，第 1000 页。

但以人才思想的角度考察《吁请修备储才折》，我们可以发现，更广泛、更深层次地"学习西方"已成为这一时期张之洞人才思想的中心了。他的改革思路，都是围绕培养"西用"人才而展开的。这是因为在甲午战败和《马关条约》签订的背景下，"国难深重"的危机感进一步激起了张之洞"救国保民"的爱国心。但时代大潮开始向激进的方向转变，当维新变法的思潮汹涌而来、反封建君主专制的革命思潮也方兴未艾时，受儒家思想塑造而成的儒臣张之洞，也不得不反过来高举"中体"的核心价值观以维护飘摇欲坠的清王朝。

二、军队改革与近代军事人才思想

在甲午战争中，清军腐败无能，战斗力低下，不少将领不战而逃，很多部队一触即溃，这都促使以张之洞为代表的有为官员为提升军队战斗力而展开大刀阔斧的改革。而其中最重要的改革，就是采用西式军事训练方法练新军。由此还可以引申出张之洞近代军事人才的另一个标准——能用"洋操"练兵带兵的将领，即为有裨于国家的人才——虽然他并未以文字的形式直接阐述。

张之洞认为，采用西式军事训练方法不仅是提升军队战斗力的不二法门，更是扫除旧军队"无纪律""吃空饷"等积弊的有力措施：

> 查今日练兵必须改用洋操者，其故有七：承平之时，绿营有积习，军兴以后，勇营亦有积习，人皆乌合，来去无恒，不练固无用，练成亦不能禁其四散。徒劳无功，一也。里居不确，良莠难分，二也。无论征军、防军，从无不缺额之事，即其实有之勇，亦多系安置闲人，令当杂差，则虽不缺额亦与缺额同，三也。层层克扣，种种摊派，长夫视为津

贴，营官皆有例献，将拥厚资，士不宿饱，四也。外洋新式快枪快炮，精巧非常，旧日将领大率不解，亦不爱惜，粗疏者任意抛掷，动致损坏，谨慎者收藏不用，听其锈涩，其于擦拭、拆卸、装配、修理、测准诸事，全不讲求，将弁不知，何论兵勇？操练不能，何论临阵？五也。营垒器用，但守旧法，绘图、测量、行军、水陆工程诸事，尤所不习，讨内匪则可，御外侮则不能，六也。营官、统领，专讲应酬，奢华佚惰，用费繁多，营谋请托，无所不有，既视为营私谋利之路，岂尚有练兵报国之心？七也。惟有改以洋将带之。无论将来临敌之效如何，总之，额必足，人必壮，饷必裕，军火必多，技艺必娴熟，勇丁必不当杂差，将领必不能滥充，此七者，军之体也。①

怎样采用西方军事训练方法来练兵呢？张之洞认为，唯有改以洋将带之，则诸弊悉除，否则"各将领狃于积习，虽剀切告戒，终难悉心体会，尽捐故习"②。为了防止因中外文化差异引起官兵矛盾，张之洞亲自督促新军的训练：

> 惟有在臣署左近亲加督饬训练，以为诸军准式。现经募到洋弁威体、锡乐巴两员，兹特专募洋操步队二百名，马队一百名，即令署中军副将俞厚安督同都司张彪等每日会同两洋弁认真操练，讲求地营、散队、枪炮取准之法，拟俟练成后分发各营教练，借资观摩兴起。所有吴友贵、蒋声耀、张彪三员相应奏明，仰恳天恩，准将该三员调来江南差委，实

① 苑书义、孙华峰、李秉新：《张之洞全集》（第二册），河北人民出版社，1998年版，第1052—1053页。
② 苑书义、孙华峰、李秉新：《张之洞全集》（第二册），河北人民出版社，1998年版，第966页。

于防务营务有裨。①

这也显示出张之洞虽然已经形成了近代军事人才思想，但在现实中这种思想的落地却不得不从通过聘请洋将来实现。

除了招募外国将领练兵外，在招募新军士兵方面，张之洞亦深受曾国藩组建湘军的影响，即宁可选农村淳朴的乡民，也不得滥用城市中的游民：

> 各营皆选择土著乡民，年在十六岁以上二十岁以下，体气精壮，向不为非者，取具族邻团董甘结，声明情愿效力十年，只准开革，不准辞退，凡城市油滑向充营勇者一概不收，更用西医验其身躯，壮健并无隐疾、目光及远者，厚给饷糈，编为新军。……江北人较强健，练为马步各队，江南人较聪颖，练为炮法、工程各队。②

张之洞的军队改革不仅在于练兵，更在于军队的整顿和军务的管理。事实上，清军在军械及后勤管理方面人才匮乏，腐败丛生，严重影响了军队的战斗力。如张之洞在光绪二十一年（1895）九月初九日上奏的《查讯张士珩参款拟议惩办折》中透露了相关丑闻：天津军械所委员张士珩"盗卖军火，得银数十万两……该员到差，适在停办军火限内，承购小口径毛瑟及云者士得马枪，不过零星数批，其购价皆系详院行海防支应局径发洋商收领，该所各员并不经手，有卷可查。又如各营枪枝损坏，或禀

---

① 苑书义，孙华峰，李秉新：《张之洞全集》（第二册），河北人民出版社，1998年版，第966页。

② 苑书义，孙华峰，李秉新：《张之洞全集》（第二册），河北人民出版社，1998年版，第1054页。

院，或咨局，奉批照换。缴回旧枪及海关缉拿私械，不能供战"①。张之洞对近代军械管理的认识也逐渐加深：

> 藏储摆列，均须有法，方免堆压之损坏，且免查点取用之费手。平日收放、查验、擦拭、上油，事事均不可忽。②

他对清军的陋习和管理人员的落后非常头痛，"大率军械事体极重大而极繁琐，尤须有专司之人，方免倏忽误事。惟文武员弁中精谙军火者固不多，且积习相沿，求其精细耐烦、有恒不懈者，尤不易觏"③。因此聘请外国军械人才以提升军队库房的管理水平，是非常有必要的：

> 现除循章选派熟悉军械之道员总办所务外，专派洋弁二人，一人常川驻所，一人按期稽察，由该道督率该洋弁并饬该局员弁时时随同考究查看检点，以重军储。④

聘请外国将领、采用西方军事训练方式的成效很快就体现出来。张之洞在奏折中称"江南现已选募新军十二营，皆用洋弁管带，操练诸事，自觉裕如。兹拟将练成千人分半留江，并为护军右营，接续训练，即以前营五百人调赴湖北，令其转相教习，以开风气。其到鄂之后应给饷项，由鄂裁省原有之营抵支，已与兼

---

① 苑书义，孙华峰，李秉新：《张之洞全集》（第二册），河北人民出版社，1998年版，第1046—1048页。
② 苑书义，孙华峰，李秉新：《张之洞全集》（第二册），河北人民出版社，1998年版，第1093页。
③ 苑书义，孙华峰，李秉新：《张之洞全集》（第二册），河北人民出版社，1998年版，第1093页。
④ 苑书义，孙华峰，李秉新：《张之洞全集》（第二册），河北人民出版社，1998年版，第1093页。

护湖广督臣谭继洵商妥"①。而由德国军官训练、采用德国军制的护军营亦有望"渐成劲旅":

> 德国驻京公使荐来之德将贝伦司多尔夫充当该两营总教
> 习,选募津、粤武备学生充当分教习,专肆西法马、步、炮
> 各队阵式技艺,枪炮药弹装卸运用,机器理法,营垒桥道测
> 量绘图事宜。……从前绿营、勇营积习已深,骤难振作,计
> 惟改练洋操,方足以开风气而渐成劲旅。②

为了提升军队战斗力,除了练新军之外,张之洞也大力裁汰
战斗力低下的老式军队,"不论绿营、勇营均应大加裁汰,是裁
减兵勇一事,事机所迫,势在必行"③。

在大力裁军之前,张之洞积极为曾立战功的将领向朝廷奏请
优抚。光绪二十一年(1895)十二月二十二日,张之洞在同时上
奏的《为朱洪章请恤折》《为刘鹤龄请恤折》中,为曾参与镇压
太平天国的将领请求朝廷抚恤:

> 已故章字营统领、记名提督、开缺云南鹤丽镇总兵朱洪
> 章……仍照提督军营立功后病故例从优赐恤,并宣付史馆立
> 传,并附祀原任大学士曾国藩、两江总督曾国荃、湖北巡抚
> 胡林翼专祠。④

---

　　① 苑书义,孙华峰,李秉新:《张之洞全集》(第二册),河北人民出版社,
1998年版,第1103页。

　　② 苑书义,孙华峰,李秉新:《张之洞全集》(第二册),河北人民出版社,
1998年版,第1175页。

　　③ 苑书义,孙华峰,李秉新:《张之洞全集》(第二册),河北人民出版社,
1998年版,第1258页。

　　④ 苑书义,孙华峰,李秉新:《张之洞全集》(第二册),河北人民出版社,
1998年版,第1103—1106页。

署湖北宜昌镇总兵、记名提督刘鹤龄"从前战绩，犹为寻常将领所可及，而其不营私财，一以廉勤感孚将士，固非时俗他将所能比拟也。……俯准将刘鹤龄照提督军营立功后，病故例敕部从优议恤，并请将该提督生前战绩宣付史馆立传，以慰忠勤"①。张之洞此举未尝不是对这些崛起于镇压太平天国运动中的湘军、淮军等旧军的一种安抚，这类军队的将领威望甚高，势力盘根错节，若没有这些安抚军心的举措，后续裁汰旧军、编练新军的政策能否顺利推行也是未知之数。

与此同时，张之洞提议将带兵思想落后、尸位素餐的旧军将领降职或调离重要职位，如江南提督谭碧理即为一例：

> 江南提督谭碧理自咸丰六年投效湘军，从征发、捻，由外委涔保提督……该提督在任十年，于营务毫无振作……是该提督即不逢迎，已难免于素餐；虽未阻挠，究属不知大体。②

此外张之洞还严厉纠正吃空饷的陋习，严惩吃空饷的将领，如统带沪防三营记名提督萧镇江即受到严厉惩处：

> 统带沪防三营记名提督萧镇江于所统中、左、右三营勇，多不足，经该营文案委员、候选巡检徐昭本具禀，该提督每营缺勇一百三十余名，长夫则全数入己……刘祖贤委充营官缺额尤多，似此统带、营官扶同虚冒均属未便姑容……

① 苑书义，孙华峰，李秉新：《张之洞全集》（第二册），河北人民出版社，1998年版，第1108页。
② 苑书义，孙华峰，李秉新：《张之洞全集》（第二册），河北人民出版社，1998年版，第1059-1060页。

针对上述情况,张之洞上疏要求对相关责任人"即行革职,以儆效尤"①。紧接着张之洞在上递的《裁减制兵酌拟办法折》中,对裁军提出了五大原则:

> 一曰官弁不可裁。绿营大小将弁,乃兵勇进身之阶,现当讲武练兵之际,战阵有功及缉捕出力者惟恃保举官阶以为奖赏,若官缺裁减太多,无以为鼓励之具,勇夫气沮,宿将惊疑,于武备要图,实多妨碍。故由镇将以至外委额外,一员皆不可裁,若兵数裁去七成,则官弁太多,不能全留,似有未便,一也。
>
> 一曰练军不宜裁。既已挑集成军,饷既较优,人亦较壮,若训练有方,亦尚可用,且提镇所驻皆有练军,正宜壮其军容,以资镇慑,二也。
>
> 一曰存营之兵不能裁。实缺将官以至都守,若无存营之兵,则将备无所事事,于政体有碍,且饷本不多,留之亦可充缉捕弹压之用,三也。
>
> 一曰零星汛兵可裁。每汛或十余名,或三五名,既不能操练备战,亦不能捕盗缉匪,然合计饷亦不少。拟查明分防各汛,凡千总、把总所驻之地,或关津,或镇市,必是略关紧要需人弹压者,将千、把本汛随身之兵不裁,其分驻外汛并无千、把驻所之兵全裁,其裁者发给一年恩饷、恩米,令其自谋生理。查向来绿营兵丁充补者,皆有顶脚一项名目,或名顶篷,系帮补前手革故兵丁之费,或银十余两,或银数十两,各省大略相同,惟数目多寡不等。得此恩饷、恩米,兼可弥补向来垫出顶脚之费。其协防之外委额外,一概撤归

---

① 苑书义,孙华峰,李秉新:《张之洞全集》(第二册),河北人民出版社,1998年版,第1060-1061页。

本营当差，仍留其额缺及廉俸，以为升转之阶。马兵亦全不裁，以为兵丁拔补之阶。四也。

一曰江省水师可酌裁。江苏水师分外海、内洋、里河三项，关涉海洋者其船系领江、广艇两种，船身较大，来往海滨，捕盗缉枭，虽不能如轮船迅利，尚觉有胜于无。惟同治七年前督臣曾国藩奏定江南水师营制之日，曾于苏松、狼山、福山三镇留有备拔轮船兵每镇各六千名，至今三镇既无轮可带，此兵虚留无用，自应汰除。太湖之滨，港汊纷歧，现正当苏浙两界盗匪日肆之际，太湖水师尚可协助勇营，此项自不宜裁。惟太湖水师有勇营七营，又有绿营太湖水师左右两营，事涉歧出，责任不专，应如何归并整顿，或着重水兵，或着重水勇，应再妥筹，专案奏办，以免重复虚糜。除太湖外，里河水师若淞北营副将、淞南营游击，各止舢板十数号，辖境十余州县，延袤数百里，毫无实用，亦可裁除。查江苏藩司所属州县，办公率皆宽裕，拟令各该州县就地筹款，酌量募勇，配船巡缉，一县仅养两三船，费甚有限，而可调度应手。粤省广州所属之副、参、游以至防汛千总，大率皆有自行捐备之艇船缉勇，况州县之力当易办此。至该两营将官，虽无船可带，然太湖水师勇营船只尚多，亦需员管带，似可派赴太湖水师勇营，酌配数船，令其帮同巡缉。五也。[①]

裁军可以减轻财政负担，"各省或请将兵额酌裁，尚无成数，或仅裁绿营二三成，所裁勇营更属寥寥无几，似此敷衍塞责，有名无实，何济于事？现在综计各省兵勇，尚有八十余万人，岁需

---

① 苑书义，孙华峰，李秉新：《张之洞全集》（第二册），河北人民出版社，1998年版，第1110—1111页。

饷银约共三千余万两"①。"值此需款紧急之时，弃有用之饷，养无用之兵，以致借无可借，抵无可抵，民生日蹙，国计亦因之愈穷。"② 以往旧式军队并非职业化的国防军，还要负责国内平叛一类的任务，而张之洞认为此类任务可以由"州县自派捕役、民壮、练丁、勇丁为之，转可免汛兵生事掣肘"③。

当然，裁军涉及数十万人的生计，裁军的配套政策不可付之阙如，否则必然会造成社会的动荡。对此，张之洞建议"所裁之兵，拟发给一年饷银、饷米，遣令归农，俾得借以资生，徐图改业，即自各营开额停饷之日起，由藩司、粮道按数核明，发足一年银米。此项恩饷既厚，可免其穷困觖望，以致为非"④。而对军中有一定官职的人员，如"副、参、游、都、守等官以及千、把、外委、额外等弁，应请留为弁兵升转之阶及将来分带兵勇之用，拟请勿庸议裁。所裁原营未练之兵，系体察地方轻重，情形缓急，繁要者裁减较少，简僻者裁减较多，如其地设有练军者，其原营即不多留"⑤。

经过数年的改革和裁军，两湖军事改革成果显著。湖北省的裁军幅度如下：

道光二十一年以前系二万二千六百三十四名，嗣后迭次裁减，军务大定以来，减为一万八千三百四十八名，外委额

① 苑书义，孙华峰，李秉新：《张之洞全集》（第二册），河北人民出版社，1998年版，第1258页。

② 苑书义，孙华峰，李秉新：《张之洞全集》（第二册），河北人民出版社，1998年版，第1258页。

③ 苑书义，孙华峰，李秉新：《张之洞全集》（第二册），河北人民出版社，1998年版，第1112页。

④ 苑书义，孙华峰，李秉新：《张之洞全集》（第二册），河北人民出版社，1998年版，第1259页。

⑤ 苑书义，孙华峰，李秉新：《张之洞全集》（第二册），河北人民出版社，1998年版，第1259-1260页。

外二百四十九名,至光绪十一年裁减马战守兵二千九百二十一名以后,现在实存马战守兵一万五千四百二十七名,内抽练兵三千八百名,存营存汛兵一万一千六百二十七名。……计裁竣后每年约可节省兵饷、马干、米折共银十一万余两。①

湖南裁军幅度如下:

同治三年复裁马战守兵三千七百余名,现在实存马战守兵二万二千八百二十三名。内抽练兵一千名,存营存汛兵二万一千八百二十三名。……总计此次共裁马战守兵七千四百三十八名,匀分五年递裁,计裁竣后每年节省兵饷、马干、米折共银十三万余两。②

张之洞的军事改革,从主观目的上是为了在抵抗外辱的同时维护清朝的统治,所以他一直强调军事将领和军事人才要"忠君爱国",然而随着训练新军的愈发深入,用以培养军事人才的"西法",其系统性和复杂性亦展现出来,"惟西法弁兵操练之制,先练体操,再练枪炮,最为勤苦。其测绘工程等事、学堂之功课、野操之奔驰,尤为繁细勤劳"③。如此专业化的训练,必须要具备专业化知识的人才来执行,于是建立军事学堂自然成为张之洞进一步推进军事改革的内容。但以学堂为平台培养军事将领

---

① 苑书义,孙华峰,李秉新:《张之洞全集》(第二册),河北人民出版社,1998年版,第1258—1259页。
② 苑书义,孙华峰,李秉新:《张之洞全集》(第二册),河北人民出版社,1998年版,第1282—1283页。
③ 苑书义,孙华峰,李秉新:《张之洞全集》(第二册),河北人民出版社,1998年版,第1332页。

的体系,却成为革命思想传播的"温床",这是张之洞未能预料到的。

三、"西学为用":张之洞近代学堂教育思想的形成

如果说张之洞采用"西法"进行军事改革在本质上与上一代洋务派"师夷长技以制夷"的思想没有区别,而只是"师夷"的程度深浅之别,那么真正能体现他作为这一时期洋务派领军人物之思想体系者,就在于以"西学为用"思想为指导,以富国强兵为目标,大力发展近代学堂教育。正如张之洞在《吁请修备储才折》中写道的那样,"人皆知外洋各国之强由于兵,而不知外洋之强由于学。夫立国由于人才,人才出于立学,此古今中外不易之理"①。而近代学堂教育所涵盖的领域,更非"水陆师学堂"和"自强学堂"所能比拟。

首先,因在筹建汉阳铁厂时有感于"洋务"人才的匮乏,张之洞很快就把创办培养"洋务"人才的学堂提上议事日程。早在光绪十九年(1893),张之洞便设立了自强学堂。在《设立自强学堂片》中,他首先强调"治术以培植人才为本,经济以通达时务为先",然后又指出设立学堂对湖北"办洋务"的重要意义:

> 湖北地处上游,南北冲要,汉口、宜昌均为通商口岸,洋务日繁,动关大局。造就人才,似不可缓,亟应及时创设学堂。先选两湖人士肄业其中,讲求时务,融贯中西,研精器数,以期教育成材,上备国家任使。②

---

① 苑书义,孙华峰,李秉新:《张之洞全集》(第二册),河北人民出版社,1998年版,第996页。
② 苑书义,孙华峰,李秉新:《张之洞全集》(第二册),河北人民出版社,1998年版,第898页。

在课程设置方面，自强学堂"分方言、格致、算学、商务四门"，"方言，学习泰西语言文字，为驭外之要领；格致，兼通化学、重学、电学、光学等事，为众学之入门；算学，乃制造之根源；商务，关富强之大计"①。

虽然张之洞依然将西学归为"术""经济"一类，但自强学堂的设立显示了张之洞对西学的深刻认识。特别是在学科设置上，自强学堂基本涵盖了西学最基础的学科，可以说张之洞已抓住了西学中的"体"和"本"。也许张之洞并未意识到西学将会对他视为立身之本的"中学"产生根本性的冲击，就像他不能预料到他一心想要维系的清王朝就是被他亲手培养的湖北新军推翻的一样。

甲午战争后，张之洞对近代学堂的专业化特点有了更加深刻的认识，已经形成了以专业化教育培养专业人才的思想。于是张之洞在光绪二十一年（1895）的《吁请修备储才折》中呼吁建立"专门学校"，在具体措施上，张之洞建议建立学堂体系和出国留学体系来培养专业人才：

> 应请各省悉设学堂，自各国语言文字以及种种制造、商务、水师、陆军、开矿、修路、律例各项专门名家之学，博延外洋名师教习，三年小成，乃择其才识较胜者，遣令出洋肄业，如陆师则肄业于德，水师则肄业于英，其他工艺各徒，皆就最精之国从而取法。②

同年（1895）底，张之洞接连向朝廷上了《创设储才学堂

---

① 苑书义，孙华峰，李秉新：《张之洞全集》（第二册），河北人民出版社，1998年版，第898页。
② 苑书义，孙华峰，李秉新：《张之洞全集》（第二册），河北人民出版社，1998年版，第996页。

折》《创设陆军学堂及铁路学堂折》,这不仅是他对近代学堂教育的进一步肯定,也是他一如既往地以"兴学"充实人才这一理念的具体体现,此外,它还深刻体现了甲午战败后张之洞对富国强兵之学的强烈关注和对西学更为深入的认识。在次年(1896)的《选派学生出洋肄业折》中,张之洞明确提出要设立学堂:

> 中国力图自强,舍培植人材,更无下手之处。臣现拟就江南省城创设陆军学堂、铁路学堂、储才学堂并开拓同文馆,业于上年十二月间先后奏陈立案。①

提议创立陆军学堂和水师学堂,说明张之洞已经认识到军事学堂教育对练兵建军的重要性。"现当急练陆军,亟宜设法推广,储异日干城之选。"② 这类军事学堂与用"洋操"练兵一样,需要专业的外国教师,而"现已电托出使大臣许景澄延请德国精通武事者五人为教习"③,可见张之洞谋事之深远。新式军事学堂选取学生的标准是"年十三岁以上二十岁以下聪颖子弟文理通顺、能知大义者"④,学习课程"分马队、步队、炮队、工程队、台炮各门,研习兵法、行阵、地利、测量、绘图、算术、营垒、桥路各种学问","又须略习德国语言文字,以便探讨图籍"⑤。

就培养人才以强军强国的逻辑而言,水师学堂与陆军学堂不

---

① 苑书义,孙华峰,李秉新:《张之洞全集》(第二册),河北人民出版社,1998年版,第1140页。

② 苑书义,孙华峰,李秉新:《张之洞全集》(第二册),河北人民出版社,1998年版,第1089页。

③ 苑书义,孙华峰,李秉新:《张之洞全集》(第二册),河北人民出版社,1998年版,第1089页。

④ 苑书义,孙华峰,李秉新:《张之洞全集》(第二册),河北人民出版社,1998年版,第1089页。

⑤ 苑书义,孙华峰,李秉新:《张之洞全集》(第二册),河北人民出版社,1998年版,第1089页。

可偏废，故张之洞指出"水师为海防要务，人才为水师根本，而学堂又人才所自出"①，应与陆军学堂同步设置。不过与陆军学堂相比，水师学堂的课程设置更为复杂，涉及的西学领域更多，这是由海军这个技术兵种的特点所决定的。张之洞对水师学堂的课程设置如下：

> 习华洋文字语言，翻译几何、三角、代数、八线诸算学、格致、化学、天文、地舆一切驾驶测绘、管轮、制造各法，兼课布阵、打靶、升桅、体操，娴其技艺，俾以练其筋力，增其胆识。②

而从光绪二十三年（1897）的《设立武备学堂折》里可以看到，张之洞已形成系统的军事人才培养思想。首先他已经完全接受了西方分层级的军事教育体制：

> 小学堂教弁目，中学堂教武官，大学堂教统领，学术深浅难易，以此为差。今中华为救时之计，虽不能遽设大学堂，而教武官之学堂则不可缓，取材精而经费省，用功约而收效多。③

此外，张之洞认为，设置武备学堂的目标是培养军事将领，因此在学生的选拔上更要慎重：

---

① 苑书义，孙华峰，李秉新：《张之洞全集》（第二册），河北人民出版社，1998 年版，第 1094 页。

② 苑书义，孙华峰，李秉新：《张之洞全集》（第二册），河北人民出版社，1998 年版，第 1094 页。

③ 苑书义，孙华峰，李秉新：《张之洞全集》（第二册），河北人民出版社，1998 年版，第 1226—1227 页。

今拟专储将领之材，专选文武举贡生员及文监生、文武
候补候选员弁以及官绅世家子弟文理明通、身体强健者，考
取收入学堂肄业。缘上项诸人皆科名仕宦中人，将来效用国
家，引伸会通，展转传授，上则可任带兵征战之事，次亦可
充营务、幕府、军械局所之官。①

"量才而教"，这也是张之洞长期以来人才培养思想中的重要
原则。军事学堂而外，张之洞还创设有铁路学堂。造铁路是一个
系统工程，其中就包括对人才的培养。张之洞对铁路学堂之于富
国强兵的重要性有着清醒的认识：

外国铁路衙门略如中国六部，设有极品大臣专司其事，
大小学堂林立，闻德国通铁路学术者至数万人之多，方敷全
国铁路十万余里之用。盖研求利弊，考验物料，图绘器具，
推算工程，监督行驶，稽察修理，随在与本利相关，亦随在
与军国相关。②

铁路学堂虽然专业性更强，但人才需求量较少，故张之洞将
其附设于陆军学堂："今拟另延洋教习三人，招习学生九十人，
别为铁路专门，附入陆军学堂，以资通贯。"③除了开办培养
"专门人才"的专业化学堂外，张之洞还创设了类似于今日之
"综合性"学校的储才学堂，这也是张之洞近代学堂教育实践的

---

①　苑书义，孙华峰，李秉新：《张之洞全集》（第二册），河北人民出版社，
1998年版，第1227页。

②　苑书义，孙华峰，李秉新：《张之洞全集》（第二册），河北人民出版社，
1998年版，第1090页。

③　苑书义，孙华峰，李秉新：《张之洞全集》（第二册），河北人民出版社，
1998年版，第1090页。

重要组成部分。

储才学堂"分立交涉、农政、工艺、商务四大纲","交涉"类培养外交人才,教学内容有"律例,赋税,舆图,翻书","翻书"即翻译,"此一门专为考求应翻外洋新出要书,借以考核列国政要";"农政"类培养农业人才,"分子目四:曰种植,曰水利,曰畜牧,曰农器";"工艺"类培养工业人才,"分子目四:曰化学,曰汽机,曰矿务,曰工程";"商务"类培养商业人才,"分子目四:曰各国好尚,曰中国土货,曰钱币轻重,曰各国货物衰旺"。可以说,储才学堂涵盖除军事之外的所有与国计民生相关的专业,皆为"有益国计民生之大端"①。

值得注意的是,张之洞的近代学堂教育思想不仅在甲午战后愈发成熟,而且还影响到他对传统书院的办学思想,在传统书院中加入很多"西学"课程,以"期于研究实学兼综道艺,融贯中西"②。尤其是在两湖书院的改革中,张之洞明确提出要参照近代学堂的教学方法:

> 两湖书院系臣于光绪十五年调任楚督以后所设,兹将两书院均酌照学堂办法,严立学规,改定课程,一洗帖括词章之习,惟以造真才济时用为要归。③

改革后,两湖书院的课程亦"分习经学、史学、地舆学、算学四门,图学附于地舆,每门各设分教,诸生于四门皆须兼通。

---

① 苑书义,孙华峰,李秉新:《张之洞全集》(第二册),河北人民出版社,1998 年版,第 1082 页。

② 苑书义,孙华峰,李秉新:《张之洞全集》(第二册),河北人民出版社,1998 年版,第 1292 页。

③ 苑书义,孙华峰,李秉新:《张之洞全集》(第二册),河北人民出版社,1998 年版,第 1299 页。

四门轮日分习。另设院长总司整饬学规，考核品行，讲明经济，用宋太学积分之法，每月终核其所业分数之多寡，以为进退之等差"①。经心书院的课程亦"分习外政、天文、格致、制造四门，每门亦各设分教，诸生于四门皆须兼通，四门分年轮习，无论所习何门，均兼算学"②。

但以上情况并不能说明张之洞的近代学堂教育思想就是单纯地照搬"西学"教育或以学堂教育改造书院教育。因为在新式学堂的课程设置和学生的出路方面，张之洞又加入了儒家传统教育的内容，如对在武备学堂中完全接受西方军事教育的学子，张之洞依然坚持在"洋教习课程余暇，即令其诵读《四书》，披览读史兵略，以固中学之根抵，端毕生之趋向。另派华教习经理，考选学生百二十名，并选派粤、津学堂出身久充教习者十二员为领班学生，按照洋教习讲说课程，译成华文华语，转述指授"③。而针对储才学堂这种综合性学堂的学子，张之洞则尽力将其纳入科举制度的轨道中，称"数年之后，傥果有高材成效，则量予科名仕进之途，俾知学有专长，在朝廷断不歧视，自然互相劝勉，愈造愈精，可以挽救空虚积习，此举似为造就人材之实际，规画富强之本源"④。

可以说，发展近代学堂教育已成为这一时期张之洞人才培养思想的主轴，但是，"儒臣"和"学官"的底色又使得他对"忠君爱国"的儒家教育方针念念不忘，并想方设法地将其融入学堂

① 苑书义，孙华峰，李秉新：《张之洞全集》（第二册），河北人民出版社，1998年版，第1299页。

② 苑书义，孙华峰，李秉新：《张之洞全集》（第二册），河北人民出版社，1998年版，第1299页。

③ 苑书义，孙华峰，李秉新：《张之洞全集》（第二册），河北人民出版社，1998年版，第1228页。

④ 苑书义，孙华峰，李秉新：《张之洞全集》（第二册），河北人民出版社，1998年版，第1082页。

教育中去。

四、新旧交替的政治人才思想

甲午战败后，张之洞在其递奏的《吁请修备储才折》中虽然提出了军事改革和教育改革的要求，呼吁官员们应当更加注重商务和游历，但对所谓的政治改革并未置喙。毕竟学习西方科技以维护清王朝的统治，是新、老洋务派的共同特点。

与教育思想的迅速转变不同，甲午战后张之洞在选拔和评价官员时仍坚持儒家"修齐治平"的传统思想和原则。只是随着洋务的扩展和深入，办理洋务的能力和与外国人打交道的能力，开始被张之洞纳入选拔官员的标准之中。

就在签订《马关条约》的光绪二十一年（1895），张之洞递奏了两份涉及人才举荐的奏折，一份是六月十八日的《荐举人才折并清单》，一份是十二月二十九日的《保荐人才折并清单》。我们将两份奏折所附清单中的官员，按姓名、官职履历、品行才能、和举荐理由等类别分列如下（见表3-1）：

表3-1　张之洞人才举荐标准表

编号	姓名	官职履历	品行才能	举荐理由
1	于荫霖	历任湖北、广东司道，台湾布政使	品行端重，器识闳深，不畏强御	所到之处，政声卓然，吏民翕服，实堪大受
2	黄体芳	通政使	直谅朴诚，笃于忠爱，好善恶恶，一秉至公，出于天性，其品概风操，中外皆知	闻其精力未衰，若置之朝列，当可砥砺僚采

编号	姓 名	官职履历	品行才能	举荐理由
3	陈宝琛	内阁学士	志趣远大,条理精详,于经济要政、洋务、海防有关大局之事,皆能研究通达;遇事果敢有为,不存退沮	近年人才如该员者实不多觏,无论京职外任,其设施自有可观
4	李用清	陕西布政使	廉洁俭朴,刻苦自励,退逊皆知;办事诚笃勤恳,不辞劳瘁	虽其才具稍偏于拘谨一路,然以之砥砺官方,激扬流俗,可以挽回风气,于今日时局自有裨益
5	林寿图	四品卿衔山西布政使	学博才长,练习吏事,理财谨严,虑事周密,尚有老成风范	近日两司中如此等人才实不多见。闻其精力尚强,似不宜听其闲废
6	梁鼎芬	翰林院编修	志节清峻,学行敦笃,平日究心经济,伉直敢言。颇能识微见远,众论称之;其治事之才,亦甚精敏	使处侍从论思之职,必能献纳竭忠,念念不忘君国
7	孙葆田	五品卿衔安徽合肥县知县	读书穷理,为守兼优;其居官勤政爱民,不畏强御,风操挺然,官民敬服	现引病在山东原籍主讲书院,似宜仍用为外吏,政绩必有可观
8	赵尔巽	安徽按察使	志趣清超,才长气锐	于吏治民生,殚心考求,极力整顿,迥异趋时俗吏之所为

编号	姓 名	官职履历	品行才能	举荐理由
9	程仪洛	江苏候补道、前署扬州府、江西督销局	学术纯正，风骨卓然，操履清廉，谋画切实	前署扬州府，官声甚好；委办江西督销局，剔除浮费，积弊一清；臣到江以来，屡有委办事件，该员立论必衷正道，计事必为公家，今世仕途中实为罕有之人。论其器识才品，将来可任司道以上
10	陆元鼎	广东惠潮嘉道	操守端谨，政事勤明。遇华洋交涉之事，独能坚持辩争，力伸民气；委办通、泰等处团练，于海口亲到测绘，独见精详切实，复能激励士民，鼓舞有方，不惟慈惠之吏，实是办事之才	拟优加委任，适奉简放惠潮嘉道之旨。江苏官场习气颇深，倘蒙圣恩，他日将该员迁调回江，实于江苏地方有益
11	恽祖翼	湖北汉黄德道	器于恢闳，才猷明决，练事甚深，而任事甚勇，有关地方民生利害极力整饬，皆中窾要，不为难行之空谈	于洋务交涉事宜，亦能操纵有法，洵为有用长才
12	黎庶昌	四川川东道，出使东洋两次	学有本源，志量远大，于西洋各国政治、商务、交涉机宜，均能考求透彻	臣前在粤东时，曾接该员自东洋来文，为川商兴办火柴厂；嗣到湖广任后，亦接其自川东道来文，为川商兴办纺纱厂，具见通达时务，极力保卫中国利权。臣前遵旨保荐使才，曾以该员应诏，今东洋出使虽已有人，若使充西洋各大国使臣，必能有益

编号	姓　名	官职履历	品行才能	举荐理由
13	袁世凯	浙江温处道	志气英锐,任事果敢,于兵事最为相宜,虽其任气稍近于伉,办事稍偏于猛,然较之世俗因循怯懦之流,固远胜之	今日武备方亟,储才为先,文员知兵者尤少,若使该员专意练习兵事,他日有所成就,必能裨益时局
14	王秉恩	奏调江南差委广东候补道	学识端雅,志趣坚凝,综核精实,是其所长	在粤历办善后补抽各局,岁增巨款,确有成效,其取与不苟,卓然自拔于流俗之表,洵可深信
15	联　元	安徽安庆知府	志操端洁,吏事精详,廉退无竞,不随流俗	僚属皆雅重之,若为司道,必能胜任
16	江毓昌	江西瑞州府知府	尽心民事,表率有方,属吏敬之,墨吏畏之	于风俗波靡之时,独能矫矫自好,成就可期远到
17	俞廉三	湖南按察使	器局端诚,才识谙练,治军精密,遇事确有定见,不肯依违	臣前在山西与该员共事有年,颇知其深,洵为两司中不可多得之员
18	袁　昶	芜湖关道、安徽徽宁池太广道	学优才长,志趣清远,地方公事极勤劬而极敏速,向在总署当差多年,博通洋务	任芜湖关道后,于洋关税务司及领事等俱能驾驭有法,操纵合宜,而在任裁汰陋规浮费万余金,俭约刻励,其廉洁可风,尤为人之所难
19	黄遵宪	奏调江南差委分省补用道	学识赅通,心思沉细,洋务素能精心考求	近日委办五省教案、先办江省各案,皆系积年胶葛之件,与法领事精思力辩,批却导窾,该领事颇就范围,挽回甚多,已咨明总署有案,是其长于洋务,确有明征,堪胜海关道之任

编号	姓名	官职履历	品行才能	举荐理由
20	恽祖祁	奏调江南差委江西候补道	才具干练，任事勇往，其性情伉爽，不避嫌怨	绝无官场积习，洵为有用之才
21	李廷箫	任候补道江宁府知府	品格端重，操守清廉，察吏严明，政事勤练，江南官场公论推为正人	该员历任河南、江南两省首府将及十年，资望最深，在今日知府中实为卓然拔俗之选，任以监司，设施必有可观
22	朱之榛	江苏候补道	才猷明练，综核精详，在苏三十年，本省吏事民事最为熟悉透彻，屡署司道，管理厘局甚久，遇事实心整饬，专为裨益公家起见	江苏官场习气，安逸敷衍、瞻顾情面者居多，如该员之勤职认真，实不易得
23	志钧	湖北督销局江苏候补道	心细才长，能知政体，委办，于盐务利弊分肌擘理，委曲透达，实力整顿	鄂边兵单枭炽，该员自行节省，筹款添募勇营，训练督缉，严核分销各员，不徇情面，分销遂无亏欠课价之弊，历年该局总办多有亏挪商捐缉费之事，该员裁节浮费，岁省一万三千余两，以后永杜新亏。察其志趣才识，在江苏候补道员中诚为出色之选
24	徐庆璋	甘肃庆阳府知府	才长力果，胆识俱优，在辽阳州任内平日深得民心。纠集团勇，力御东洋，屡挫凶锋，功绩卓著，海内皆知，较之当年在津力抗洋人之石赞清，战功尤伟。今已蒙特达之知，简擢知府	近来士气颓靡，武臣怯懦，当此力图自强搜罗人才之时，知该员之守边有功者，傥再蒙朝廷破格早予擢用，则人心咸知奋厉，似为鼓舞群才之要道

续表3-1

编号	姓名	官职履历	品行才能	举荐理由
25	钱恂	嗣两次经出使大臣奏带出洋,经历俄、法、德、英诸国,并此外各国亦经该员自往游历,湖北差委分省补用知府	学识淹雅,才思精详,平日讲求洋务,于商务考究甚深	于外洋政事学术确能考索要领,贯彻源流,期于有裨实用,不仅传说皮毛,以炫异闻,臣所见近日通晓洋务之员,其密实知要,未有能过之者。凡委办一事,必能澄心渺虑,审度时势,裁断敏速,能言能行,实为切于实用之长才
26	薛培榕	江苏候补知县	操守廉洁,才具精练。委办枪弹厂,旋委办银元局、钱局,每年款项出入以数百万计,局务虽多紧要,责成全在该员一人,综理微密,稽核勤苦,近年盈余银数十万两,可谓卓著成效	先经奏调赴湖北差委,已奉旨允准,前两广督臣李瀚章奏留不令赴鄂,嗣后屡经电商不允,昨与两广督臣谭钟麟电商,仍复坚留不遣,其为倚赖可知。如该员之长于机器制造,精于理财,而操守如此清廉者,近日实为罕觏

由表3-1可知,张之洞于光绪二十一年(1895)共举荐官员26名。其中以"品行""官声""清廉"等道德因素为主要举荐理由的有12人;而以才能(包括"洋务"才能)为主要举荐理由的有14人。这说明在举国震于甲午战败之时,张之洞的政治人才思想并未发生根本性的转变。

首先,张之洞坚持"修齐治平"的传统儒家观念,认为官员的道德是非常重要的,所以有近一半的举荐对象因品行端正、为官廉洁而被举荐。而且张之洞还希望这些廉洁的官员能以自身的操守改变官场风气,如他在举荐陕西布政使李用清时就称"以之砥砺官方，激扬流俗，可以挽回风气，于今日时局自有裨益"①。这完全是重"教化"的儒家思想的表现。

其次，张之洞毕竟久任封疆大吏，早已不是仅在庙堂之上唱唱高调的"清流"，"办洋务"也行之有年，因此在甲午战败后朝野上下兴起"自强"救国的热潮时，无论是出于实际需求，还是出于张之洞个人的想法，他举荐的官员大半都具有一定的经世才能。

如表3-1所示，因才干被举荐的官员，无论是治理能力、理财能力，还是治军能力，其实都与以前张之洞的官员选拔标准一致。不同的是，善于与外国人打交道和善于处理洋务（如枪炮厂、银元局）的政务才能已被张之洞作为选拔官员的标准明确提出来了。而且这类官员有八名，虽然仅占总数的三分之一弱，但在以才干被举荐的官员中，其比例已超过一半。这个比例显示了在《马关条约》签订后，洋务人才开始成为张之洞政治人才中的重要组成部分。

但是，这并不意味着张之洞的政治人才思想发生了根本性的改变。所谓"洋务"人才，仅属于"能员干才"中的一分子，而"能员干才"的标准却总是随着时代潮流和社会思想环境的变化而变化，张之洞必然会根据现实政治的需要对洋务人才的推荐比例进行调整。只不过这种调整并非单纯跟随"潮流"而变，而是更多地体现了张之洞的个人意愿。

例如在光绪二十三年（1897），举世都在谈维新、论变法的时候，张之洞在当年六月初一日上奏的《荐举人才折》中，却反映出这样一种官员选拔标准（见表3-2）：

---

① 苑书义，孙华峰，李秉新：《张之洞全集》（第二册），河北人民出版社，1998年版，第1013页。

表 3-2　张之洞人才选拔标准表

编号	姓　名	官职履历	品行才能	举荐理由
1	廷　杰	新授奉天府尹、前湖南辰永沅靖道	廉公有威，吏事精练，胆职尤为过人。辰永沅靖道地处苗疆，复多伏莽，素称难治，该员察吏抚苗，治盗安民，政绩昭著	历年密考，俱已详陈，今蒙恩特简府尹，是其才品久在圣鉴之中。熟察该员器干，实为今日任事济变之才，既确有所知，不敢不仍行上陈
2	于荫霖	广东按察使、安徽布政使	学有本原，体用兼备，品望素优。前任湖北荆宜施道，节省堤工土费；任广东按察使，察吏戢匪，两处官声均好	今官皖省，与湖北邻境，吏民称颂，敬其方严而感其诚恳，实为两司中不可多得之员。论其公正廉明，不避嫌怨，素与山东抚臣李秉衡齐名，而思能综核，才能应变，似尚胜之
3	瞿廷昭	湖北汉黄德道，屡署湖北藩、臬两司	器职闳达，才守兼优，在湖北二十余年，通省吏治民情极为熟悉，办理交涉事件操纵咸宜，举重若轻	遇事能持大体，筹画精详，实为干济长才
4	余肇康	汉阳府知府	才猷明达，器局开张，于所属吏治民生切实讲求，听断精详，折狱明决	本年奏委办理宜、施、郧三府赈务后路购粮雇轮，擘画精密，有条不紊，应机赴时，救济甚多。如该员之为守兼优，循声卓著，洵属湖北知府中最为出色之员

续表3-2

编号	姓　名	官职履历	品行才能	举荐理由
5	郑孝胥	江苏候补同知	学识清超，志趣坚定，曾充出洋随员，讲求洋务，赅通透彻，能见本源，于商务尤为考求详实	前在江南，备知其才，委充商务局委员，其时初拟筹办商务，尚无端绪，尚未能尽展其才。今日时艰方亟，讲求富强要政，如该员之才，实不易觏，可否恳恩敕令送部引见，以备录用
6	黄忠浩	候选内阁中书	才识杰出，学纯志远，向来讲求兵事，早年在籍办理团练，声望久著。近数年在湖北委带勇营，军律谨严，操练勤劳，又肯讲求新式军火枪炮	欲开湘军风气，必自湘将开之，而湘军宿将多已衰老，每多自负旧劳，固执成见，不肯改用西法操练；且武臣不学，亦难骤语精深，惟于文员中能得讲求兵事之人才，庶可望提倡振奋。窃查湘中后起堪备军旅之才，实无逾于该员者。可否恳恩敕令送部引见，以备录用

在表3-2中，除了郑孝胥"讲求洋务，赅通透彻，能见本源，于商务尤为考求详实"[1] 之外，其余"皆系确有干才，毫无习气"[2]，均属于传统的"能员干吏"型的官员。

而在一年之后的光绪二十四年（1898），康有为、梁启超、谭嗣同等维新派得势，戊戌变法进行得如火如荼，吏部于"四月

---

[1] 苑书义，孙华峰，李秉新：《张之洞全集》（第二册），河北人民出版社，1998年版，第1256页。

[2] 苑书义，孙华峰，李秉新：《张之洞全集》（第二册），河北人民出版社，1998年版，第1255页。

二十三日奉上谕:方今各国交通,使才为当务之急,著各直省督抚于平日所知品学端正、通达时务、不染习气者,无论官职大小,酌保数员,交总理各国事务衙门考验带领引见,以备朝廷任使。钦此"①。张之洞在六月初一所上的《保荐使才折并清单》中推荐了如下官员:

降调内阁学士陈宝琛　该员才品兼长,学端志远,办事沉毅有为,向来讲求洋务,于兵轮、商务工作等事并皆熟悉,中外大局均属了然,能见其大,不同侈谈西学皮毛者。

湖南盐法长宝道黄遵宪　该员学富才长,思虑精细,任事勇往,曾充日本及出使英、法大臣参赞及新加坡总领事等官,深悉外洋各国情形,著有成书,于中外约法、西国政事均能透彻。

直隶候补道傅云龙　该员学问优长,治事精核,考求洋务。曾经游历各国,著有成书。

奏调湖北差委三品衔分省补用知府钱恂　该员中学淹通,西学切实,识力既臻坚卓,才智尤为开敏。历充欧洲各国出使大臣随员、参赞,于俄、德、英、法、奥、荷、义、瑞、埃及、土耳其各国俱经游历,博访深思,凡政治、律例、学校、兵制、工商、铁路靡不研究精详,晓其利弊,不同口耳游谈,洵为今日讲求洋务最为出色有用之才。

江苏候补同知郑孝胥　该员才识坚定,学问湛深,办事沉挚有力。前充出使日本大臣随员,于东、西洋形势、政术均能得其要领,确有见地。②

---

① 苑书义,孙华峰,李秉新:《张之洞全集》(第二册),河北人民出版社,1998年版,第1316页。

② 苑书义,孙华峰,李秉新:《张之洞全集》(第二册),河北人民出版社,1998年版,第1317页。

这些虽然都是已经"名声赫赫"的"洋务派"官员，但是在很多"维新派"的眼中，却已经是毫无新意的"老派"官僚。但张之洞依然向朝廷举荐他们，其实这也反映了他"新旧交替"的政治人才思想。只是他的所谓"新"，在狂飙的思想变迁中，已渐渐变成了"旧"的东西了。从其驳斥封杀两湖地区"维新派"提倡"民权"的言论，以及后来镇压唐才常"自立军"的政策中，都可以看出张之洞坚持"忠君爱国"、维护清王朝的君主专制的政治人才思想。

值得注意的是，虽然这一时期的张之洞反对维新派破坏"纲常名教"，但并不意味着他在政治改革方面一成不变。他提出了要为官吏"瘦身"的政治改革思想，认为"吃皇粮"的官员，尤其是候补官员太多，这不仅是清廷财政的一大负担，更是"吏治之累"："钻营者妄为而生事，朴拙者被挤而困穷，有才者乏见长之方，年深者无循资之望，以致营营扰扰，求缺求差，绝不知安分之可贵，干求之违法，殊于政体有碍，自非认真沙汰，不足以澄清吏道，分别贤愚。"①

而在创新地方官制方面，张之洞也逐渐萌发了近代城市管理人才的意识，这在他于光绪二十四年（1898）十二月初八递奏的《汉口请设专官折》中可以看出来。

汉口是典型的中国传统商业市镇，明末清初即以其繁华的商业著称于世，号称"四大名镇"之首、"天下四聚"之一。汉口镇与汉阳县"中隔汉水，遇有要事，奔驰不遑。若至通济门外，往返之间，已废一日"。在咸丰八年（1858）第二次鸦片战争后签订的《天津条约》中，汉口被辟为通商口岸，"华洋杂处，事益纷烦"。

①　苑书义、孙华峰、李秉新：《张之洞全集》（第二册），河北人民出版社，1998 年版，第 1343 页

随着卢汉铁路的规划将汉口镇作为枢纽,"即皆有华洋交涉事件,必须随时应付,刻期履勘,断不能稍延时日,致误事机。加以商贾辐辏,讼案繁滋,会匪游勇,混迹窥伺,缉捕弹压,在在均关紧要"。以往的市镇管理体制已经不能满足现实的需要,因此张之洞建议"不如将汉口同知改为夏口抚民同知较为协宜,且品秩视知县为崇……遇有洋务交涉地方紧要事件,随时禀承该管之江汉关道就近督率办理,以期迅速而免贻误"。而原本属于县官职责的司法等,"所有刑名案件仍归汉阳府审转,仓库、钱粮仍归该府考核"①。在张之洞的设想中,新设汉口官员的职责是由传统的县官向更加专业化的近代城市管理官僚转变,虽然张之洞个人不一定有明确的"近代城市管理"的意识,但这无疑是其政治人才思想上的重大转变。

五、变法思潮下张之洞的科举改革思想

甲午战争的失败不仅在军事上摧毁了同治、光绪年间洋务运动的成果,也让清朝士大夫和知识分子对于中国的制度,尤其是科举制度产生了一定的质疑和批判,同时还令更进一步的改革自强运动——维新变法的思潮由此而生。一贯注重兴学和选拔人才的张之洞,也不得不向朝廷痛陈科举的弊端:

> 时局艰危,人才匮乏,屡颁明诏,破除成格,力惩谫陋空疏之习,思得体用兼备、通达时务之士而任之……窃惟救时必自求人才始,求才必自变科举始。②

---

① 苑书义,孙华峰,李秉新:《张之洞全集》(第二册),河北人民出版社,1998年版,第1334页。
② 苑书义,孙华峰,李秉新:《张之洞全集》(第二册),河北人民出版社,1998年版,第1304页。

张之洞主张，必须对中国的基本人才选拔制度——科举制度进行改革。就在光绪帝颁布《明定国是诏》、维新派在朝廷掀起维新变法的前夕，张之洞于光绪二十四年（1898）五月十六日递奏《妥议科举新章折》，详细阐述了其关于科举制度改革的思路和方案。

在奏折中，张之洞首先强调科举取士的基础——儒家经典及其所包含的价值观是天经地义而不容变易的，是中国政治和文化的根本：

> 四书五经，道大义精，炳如日月，讲明五伦，范围万世，圣教之所以为圣，中华之所以为中，实在于此。历代帝王经天纬地之大政，宅中御外之远略，莫不由之。①

其言下之意，即科举考试以儒家典籍为基本依归是不可动摇的。"国家之以四书文五经文取士，大中至正，无可议者也。"②

张之洞认为，之所以科举制度未能达到选拔人才的目的，尤其是未能选拔出足以应对"三千年未有之大变局"的经世致之才，根本原因是"文徇俗而愈卑，流积久而愈敝"的八股文导致的。八股文的存在使科举考试"虽设有二场经文、三场策问，而主司简率自便，惟重头场时文，二、三场字句无疵，即已中式，遂有三场实止一场之弊"③。此时废八股也已经成为维新派的共识，故而在维新派所颁的文教改革政策中，废八股就是其中的

---

① 苑书义，孙华峰，李秉新：《张之洞全集》（第二册），河北人民出版社，1998年版，第1304页。

② 苑书义，孙华峰，李秉新：《张之洞全集》（第二册），河北人民出版社，1998年版，第1304页。

③ 苑书义，孙华峰，李秉新：《张之洞全集》（第二册），河北人民出版社，1998年版，第1304—1305页。

重要一项。但张之洞赞成废除八股,是因为其"纤巧苛琐浮滥,不能阐发圣贤之义理也,非废四书五经也"①。他进一步就科举考试改革提出了自己的思路与原则:

> 窃以为今日当详议者约有数端:一曰正名。正其名曰四书义、五经义,以示复古文格,大略如讲义经论经说。二曰定题。四书义出四书原文,五经义出五经原文,或全章、或数章、或全节、或数节、或一句、或数句均可,不得删改增减一字,亦不得用其意而改其词。三曰正体。以朴实说理明白晓畅为贵,不得涂泽浮艳作骈俪体,亦不得钩章棘句作怪涩体。四曰征实。准其引征史事,博考群书,但非违悖经旨之言,皆可引用。凡时文向来无谓禁忌悉予蠲除。五曰闲邪。若周秦诸子之谬论,释老二氏之妄谈,异域之方言,报馆之琐语,凡一切离经叛道之言,严加屏黜,不准阑入。②

其中第四点"征实",反映了张之洞"通经致用"的人才思想和"言之有据"的汉学思想。很明显这一点是张之洞针对当时炙手可热的维新变法领袖,即提倡"孔子改制"说的康有为所代表的"今文经学"思潮提出的。③第五点"闲邪",主张禁止儒学以外的诸子百家、佛道二氏及西学、报馆的言论。张之洞将其视为"离经叛道之言",并认为若不加以遏止,"必致离经叛道,心术不端之士杂然并进,四书五经本义全失,圣道既微,世运愈

---

① 苑书义、孙华峰、李秉新:《张之洞全集》(第二册),河北人民出版社,1998年版,第1305页。

② 苑书义、孙华峰、李秉新:《张之洞全集》(第二册),河北人民出版社,1998年版,第1305页。

③ 龚书铎:《略谈张之洞的儒学》,《河北师院学报(社会科学版)》,1997年第3期。

否，其始则为惑世诬民之谈，其终必有犯上作乱之事，其流弊尤多，为祸尤烈"①。换一个角度来看，原本是为国家更好地选拔人才而进行的科举制度改革，在张之洞奏章里，其首要的任务却是要防止"离经叛道"。这一方面反映了张之洞维护"纲常名教"的基本思想，另一方面反映了该思想在近代思想嬗变之潮的冲击下已摇摇欲坠，故而他不得不在涉及科举改革的奏章里反复强调。

尽管如此，张之洞仍努力为科举寻找"体用一贯之法"，强调"求才不厌其多门，而学术仍归于一是，方为中正而无弊"②。他效法南宋的朱熹，"兼他科目取人"，提出要开"特科经济六门"；效法北宋的欧阳修，"以策论救诗赋，犹今之欲以中西经济救时文也"③。其实这就是他长久以来呼吁的"中体西用"与科举制度的结合。

在此思想的指导下，张之洞改革科举考试的实际构想如下：

> 府县考覆试之法，第一场试以中国史事、国朝政治论五道，此为中学经济。……二场试以时务策五道，专问五洲各国之政、专门之艺。政如各国地理、学校、财赋、兵制、商务、刑律等类；艺如格致、制造、声光化电等类。分门发题考试，此为西学经济，其虽解西法而支离狂悖、显背圣教者斥不取。……三场试四书义两篇，五经义一篇，取其学通而不杂、理纯而不腐者。……大抵首场先取博学，二场于博学

---

① 苑书义，孙华峰，李秉新：《张之洞全集》（第二册），河北人民出版社，1998年版，第1305页。

② 苑书义，孙华峰，李秉新：《张之洞全集》（第二册），河北人民出版社，1998年版，第1305页。

③ 苑书义，孙华峰，李秉新：《张之洞全集》（第二册），河北人民出版社，1998年版，第1306页。

中求通才，三场于通才中求纯正，先博后约，先粗后精，既无迂暗庸陋之才，亦无偏驳狂妄之弊。①

在《妥议科举新章折》的后半部分，张之洞巨细靡遗、旁征博引地讨论不同层级的科举考试，乃至考生的字体、书法。如果就张之洞的汉学根柢和学官经历来说，关注到此类细节倒也是题中之意，但对于身负重责的封疆大吏来说，在全社会维新变法思潮汹涌而来的时刻，在对科举这样的基本制度的改革中，却花大量篇幅阐述此类细枝末节之事，也未尝不是透露了他对科举制度在选拔切于实务的人才方面，已不抱很大的希望了。

与针对科举制度改革的《妥议科举新章折》同时递奏的是《酌拟变通武科新章折》，张之洞在奏折中称：

臣详稽旧制，参考新章，审酌通筹，谨拟一营伍、学堂、武科三事合一之法。②

张之洞指出，武备学堂虽极为重要，但此类学堂设立得很少，且合格的近代军事教官更为缺乏：

目前风气初开，有武备学堂者共止有四五省，一省亦只一堂……又必须文理清通、气习良谨者。……若谓令武职教练，则中华将弁向来惟尚勇敢，其精细者不过约束纪律较为详明，其于火器理法、测算绘图、工程制造、边海形势罕能通晓，至文理通畅能读洋书者尤不易觏。故各省大小武职，

---

① 苑书义、孙华峰，李秉新：《张之洞全集》（第二册），河北人民出版社，1998年版，第1306-1307页。

② 苑书义、孙华峰，李秉新：《张之洞全集》（第二册），河北人民出版社，1998年版，第1312页。

能教兵勇者或间有之，能教将弁者决无其人。其稍能通晓一二、能教兵勇者，即已矜贵非常，则必留在防营，使充营官教习，岂肯令其散往各属，教授武生、武童乎？①

非现在营伍之兵勇不准应武童试，非现在营伍之武生、武举不准应武乡试、武会试，即例准应试之武弁，若现不在营者，亦不得录送、咨送乡、会试，正与部臣前奏寓营制于科举之意相合。其利有三……今应试取之兵勇，则操练械药本是各营应有之需，间有愿附入防营、学堂练习者，规矩严肃，人数必不甚多，且所习枪炮即由官借用药弹，由该生缴价。是曰塞漏，其利一也。……专令营弁兵勇就试，即入武学、登武科，以后仍有本营长官钤束，无从为非，其技艺亦不至荒废。……从此可为地方暗减此一项违法扰害之游民。此尤潜移默化之微权矣。是曰戢暴，其利二也。……今若悬此一途，以为营弁兵勇进身之阶，功名所在，则肄习自精，不待朝廷督责、将帅劝勉，而各省各营皆为劲旅矣。是曰励军，其利三也。②

与科举考试不同，张之洞对于武举考试所寄托的期望更大，不仅期望通过武举考试的改革改变社会的"贱兵"偏见，树立尚武的风气，以吸引更多的人才参军入伍：

今欲重武厉兵，而积习已深，不能骤改，空言训勉，亦恐无裨。惟有励行伍以科举之一法，使其非由行伍不得科

---

① 苑书义、孙华峰、李秉新：《张之洞全集》（第二册），河北人民出版社，1998年版，第1312页。

② 苑书义、孙华峰、李秉新：《张之洞全集》（第二册），河北人民出版社，1998年版，第1313—1314页。

举，非由科举不得将官，爵禄所在，则豪杰争趋，流品既殊，则廉耻自立，将领不肯侮辱，旁人不敢轻量，从此凡为兵勇者俨然可列士流，欣然望得大将，夫然后世族文儒皆肯入伍，感慨激发，人人有执干戈卫社稷之心。然则今日欲求中国士气之奋、军实之修，转移微权，必在于是。①

更重要的是，张之洞认为中国为了自强而学习西方的制度，在培养选拔军事人才上，完全采行西方军事制度既是必要的，又能开风气之先，而且这在维新变法中也较为可行：

> 综考各国军政，有武学而无武科，其各等学堂以次考拔，发营录用，即是中国武科、武试，从无不由学堂出身之官校，亦无不充军营官校之学生，其法实将武营、武学、武科三事合而为一，立法最善。故今日而欲采择西法，莫如先自练兵始，欲学西人之练兵，莫如自开兵勇之升阶，合学堂于营伍始矣。②

六、《劝学篇》与张之洞"中学为体，西学为用"人才思想的完整表述

光绪二十四年（1898）三月，张之洞刊行《劝学篇》。翰林院编修黄绍箕以《劝学篇》进呈。光绪帝发布上谕称是书"持论平正通达，于学术人心大有裨益"，并下令由军机处颁发各督抚学政各一部，《劝学篇》"挟朝廷之力以行之，不胫而遍于海内"。

---

①　苑书义，孙华峰，李秉新：《张之洞全集》（第二册），河北人民出版社，1998 年版，第 1315 页。

②　苑书义，孙华峰，李秉新：《张之洞全集》（第二册），河北人民出版社，1998 年版，第 1315 页。

虽然《劝学篇》原文并没有"中体西用"或"中学为体，西学为用"的字句，但在同年对两湖书院和经心书院的改革中，张之洞明确提出："故于两书院分习之大指，皆以中国为体，西学为用，既免迂陋无用之讥，亦杜离经叛道之弊。"① 张之洞在《劝学篇》序言中阐述了写作此书的目的，"《内篇》务本以正人心，《外篇》务通以开风气"②，其实这就是"中体西用"思想的基本主旨，故时人和后世研究者都把《劝学篇》看作阐释"中体西用"思想的代表作。

《劝学篇·内篇》分为"同心""教忠""明纲""知类""宗经""正权""循序""守约""去毒"九小篇，可以说是张之洞"中学为体"人才思想的集大成之作，前六小篇可以作为以"中学为体"思想衡量人才的标准，后三小篇可以作为以"中学为体"思想培养人才的方式和方法。

首先，张之洞坚持儒家的传统价值观，而且将捍卫儒家价值观的"保圣教"看作与"保国"和"保种"同等重要。如在《同心》篇里，张之洞认为"吾闻欲救今日之世变者，其说有三：一曰保国家，一曰保圣教，一曰保华种。夫三事一贯而已矣"。同心就是"保国、保教、保种，合为一心"③。值得注意的是，张之洞又认为保国是"保圣教"的前提，因为"教何以行？有力则行。力者，兵之谓也。故国不威则教不循；国不盛则种不尊"④。张之洞虽然认为儒家价值观是人才的根柢，但这远不是最终目

---

① 苑书义，孙华峰，李秉新：《张之洞全集》（第二册），河北人民出版社，1998 年版，第 1299 页。

② 苑书义，孙华峰，李秉新：《张之洞全集》（第十二册），河北人民出版社，1998 年版，第 9704 页。

③ 苑书义，孙华峰，李秉新：《张之洞全集》（第十二册），河北人民出版社，1998 年版，第 9708 页。

④ 苑书义，孙华峰，李秉新：《张之洞全集》（第十二册），河北人民出版社，1998 年版，第 9708 页。

标。因此他反对因尊崇儒家学说而拒绝西学的保守派:

> 然则舍保国之外,安有所谓保教、保种之术哉?今日颇
> 有忧时之士,或仅以尊崇孔学为保教计,或仅以合群动众为
> 保种计,而于国、教、种安危与共之义忽焉。[①]

其实这是张之洞在维护儒家思想和价值观的同时,为实现"保国"的目标而不得不学习西方科技、文化乃至政治的一种辩护。如果以衡量人才标准来看,我们可以说《劝学篇》首先展示的是张之洞衡量人才的标准,他希望培养和造就既能"保国"又能"保圣教""保华种"的"同心"之人。

在"明纲"部分,张之洞明确提出要维护儒家的"纲常名教"。但有趣的是,此篇大部分内容都是在论述西洋强国也遵循圣人所制定的"伦常","圣人为人伦之至,是以因情制礼,品节详明。西人礼制虽略而礼意未尝尽废,诚以天秩民彝,中外大同。人君非此不能立国,人师非此不能立教"[②]。这样的看法多少有受到当时流行的"西学中源"观点的影响,张之洞借此对"贵洋贱华之徒"进行批判,他认为此类人"于泰西政治、学术、风俗之善者,懵然不知,知亦不学,独援其秕政、敝俗,欲尽弃吾教、吾政以从之"[③]。这说明张之洞反对不分青红皂白地"全盘西化",其实这条也是具有现实针对性的:

---

① 苑书义,孙华峰,李秉新:《张之洞全集》(第十二册),河北人民出版社,1998 年版,第 9709 页。

② 苑书义,孙华峰,李秉新:《张之洞全集》(第十二册),河北人民出版社,1998 年版,第 9716 页。

③ 苑书义,孙华峰,李秉新:《张之洞全集》(第十二册),河北人民出版社,1998 年版,第 9716 页。

> 近日微闻海滨洋界有公然创废三纲之议者，其意欲举世放恣黩乱而后快，怵心骇耳无过于斯。中无此政，西无此教，所谓非驴非马，吾恐地球万国将众恶而共弃之也。①

当时活动于海外和租界的革命党人，正在积极反对和批判"纲常名教"。张之洞在《知类》篇进一步批判道：

> 昏墨之人……而莠民邪说，甚至诋中国为不足有为，讥圣教为无用，分同室为畛域，引彼法为同调，日夜冀幸天下有变，以求庇于他人。若此者，仁者谓之悖乱，智者谓之大愚。②

而在"正权"这部分，张之洞更是明确提出革命党人尊崇的"民权"学说是"召乱之言"，于天下"无一益而百害"，③ 不但不能抵御外侮，反而会因"乱民必作，纪纲不行，大乱四起"导致"外洋各国必借保护为名，兵船、陆军，深入占踞，全局拱手而属之他人"④。在张之洞眼中，能"保国""保教""保民"的，"惟有以忠义号召，合天下之心；以朝廷威灵合九州之力，乃天经地义之道，古今中外不易之理"⑤。

"循序"部分，可以说是张之洞"中体西用"人才思想的具

---

① 苑书义，孙华峰，李秉新：《张之洞全集》（第十二册），河北人民出版社，1998年版，第9716页。

② 苑书义，孙华峰，李秉新：《张之洞全集》（第十二册），河北人民出版社，1998年版，第9717—9718页。

③ 苑书义，孙华峰，李秉新：《张之洞全集》（第十二册），河北人民出版社，1998年版，第9721页。

④ 苑书义，孙华峰，李秉新：《张之洞全集》（第十二册），河北人民出版社，1998年版，第9722页。

⑤ 苑书义，孙华峰，李秉新：《张之洞全集》（第十二册），河北人民出版社，1998年版，第9723页。

体阐述。该部分首先明确提出"西学为用"："今欲强中国、存中学，则不得不讲西学"①。但在举世追求"西学"时，他又强调若"不先以中学固其根柢，端其识趣，则强者为乱首，弱者为人奴，其祸更烈于不通西学者矣"②。并称如一个人缺乏"中学"的基础，犹"无辔之骑，无柁之舟"，那这样的人纵使通于西学，也只会"西学愈深，其疾视中国亦愈甚"。因此这类人也不能被视为人才，甚至他们还可能对国家产生危害："虽有博物多能之士，国家亦安得而用之哉！"随后他又详述了"中学"人才所必备的素质："今日学者，必先通经以明我中国先圣、先师立教之旨；考史以识我中国历代之治乱、九州之风土；涉猎子、集以通我中国之学术文章，然后择西学之可以补吾阙者用之、西政之可以起吾疾者取之，斯有其益而无其害。"③显而易见，"通经致用"贯穿了张之洞不同时期的人才培养思想。

《劝学篇》从刊行开始，就引起了新旧两派的争论，赞赏者有之，批判者更有之。1898 年 9 月 26 日《申报》刊登了一篇名为《读南皮张制军〈劝学篇〉书后》的书评，称《劝学篇》"殆综中西之学、通新旧之邮，今日所未有、今日所不可无之书也……开守旧之智，范维新之心，其意厚矣，其功大矣"。有研究者认为，这恐怕是对《劝学篇》最早而中肯的高评价。④

假如我们把视野放宽，自甲午战争以来，乃至出任湖广总督以来，张之洞对洋务的热衷不仅会让维新派把他视为"同道中

---

① 苑书义、孙华峰、李秉新：《张之洞全集》（第二册），河北人民出版社，1998 年版，第 9724 页。

② 苑书义、孙华峰、李秉新：《张之洞全集》（第十二册），河北人民出版社，1998 年版，第 9724 页。

③ 苑书义、孙华峰、李秉新：《张之洞全集》（第十二册），河北人民出版社，1998 年版，第 9725 页。

④ 祝婷婷：《百年张之洞〈劝学篇〉研究评述》，《社会科学战线》，2012 年第 12 期。

人"，而且也难免会让守旧派对他的"儒臣"身份和"维持名教"的抱负产生一定的怀疑。在维新运动兴起之时，张之洞授意屠仁守作《辨〈辟韩〉书》并发表在《时务报》上，该书批判了严复的《辟韩》一文。光绪二十四年（1898），张之洞致电湖南巡抚陈宝箴，称"《湘学报》中可议之处已时有之，至近日新出《湘报》其偏尤甚，近见刊有易鼐议论一篇，直是十分悖谬，见着人人骇怒。此等文字远近煽播，必致匪人邪士倡为乱阶"①。

因此，无论是从张之洞的儒家价值观出发，还是从当时的历史情境出发，笔者均倾向于认为张之洞写《劝学篇》的初衷是在于"务本""以正人心"的内篇。虽然《劝学篇》外篇有十五小篇，内篇只有九小篇，但外篇的思想都可从甲午战争至维新变法前后张之洞的奏折和政治实践中找到依据，它只不过是张之洞"西学为用"思想的一种总结。但从《劝学篇》全文看，无论是内、外篇的结构，还是该书的写作背景，都可以看出张之洞强调"中学为本"甚于"西学为用"的用心。《劝学篇》不仅是在进一步鼓励保守派向西方学习，还将张之洞完整的人才思想以文字的形式系统地展示出来。

但如前所述，张之洞在其"中学为本"的思想中，对所谓的儒家思想和纲常名教皆做了"普适性"的解读。无论张之洞主观上是否真的信仰这种涵盖东西方价值的"中学"，他客观上已经为保守派人士进一步学习西方提供了一套"能接受"的思想和理论。更重要的是，《劝学篇》深入地阐述了"中学为本"的人才思想，并详细地提出了"中体西用"人才所需要学习的内容和参考书目。如内篇"守约"一节：

---

① 吴剑杰：《张之洞年谱长编》下册，上海交通大学出版社，2009 年版，第544 页。

十五岁以前,诵《孝经》《四书》《五经》正文,随文解义,并读史略、天文、地理、歌括、图式诸书,及汉、唐、宋人明白晓畅文字有益于今日行文者。自十五岁始,以左方之法求之,统经、史、诸子、理学、政治、地理、小学各门,美质五年可通,中材十年可了,若有学堂专师,或依此纂成学堂专书,中材亦五年可了,而以其间兼习西文。过此以往,专力讲求时政,广究西法。①

在上述引文中,张之洞并未提出能够有效培养"中学"人才的"新政策";与之相反,张之洞以办学校、推动学制改革乃至最终废除科举的措施,让"中学为体"的人才思想缺乏实践的平台和模式。所以若是以历史发展的眼光看待《劝学篇》的人才思想,它其实已经为清王朝的覆灭和"中体西用"思想的退场埋下了伏笔。

第三节 "生气血,去宿疴":庚子巨变后 张之洞的人才思想

光绪二十六年(1900)《辛丑条约》的签订,使清朝的统治已到了风雨飘摇的地步。而对忠于清廷的士大夫来说,"大局几危,其为我中国之忧患者可谓巨矣,其动忍我君臣士民之心性者可谓深矣"②。

此巨变自然会对张之洞的人才思想产生影响。次年(1901),两江总督刘坤一和湖广总督张之洞联署了《江楚会奏变法三折》,

---

① 苑书义,孙华峰,李秉新:《张之洞全集》(第十二册),河北人民出版社,1998年版,第9726页。

② 苑书义,孙华峰,李秉新:《张之洞全集》(第二册),河北人民出版社,1998年版,第1393页。

包括《变通政治人才为先遵旨筹议折》《遵旨筹议变法谨拟整顿中法十二条折》《遵旨筹议变法谨拟采用西法十一条折》，附《请专筹巨款举行要政片》（简称"江楚三折"），成为此后为清王朝"生气血，去宿疴"，进而挽救王朝命运的新政蓝本。

一、"兴学堂，改科举"：人才培育思想的转变

张之洞在《变通政治人才为先遵旨筹议折》中延续了他一贯的人才观，认为"中国不贫于财而贫于人才，不弱于兵而弱于志气"，而"保邦致治非人无由"，故"先就育才兴学之大端"提出了若干建议。[1]

在此折中张之洞虽未能明确修改或否定其"中体西用"的人才思想，但却进一步点出了人才贫乏是"由于见闻不广，学业不实"造成的事实，并在折中明确指出对西方政治和学术的了解程度是衡量一个人见闻广狭的重要标准。"中国见闻素狭，讲求无素，即有考求时务者，不过粗知大略，于西国政治未能详举其章，西国学术未能身习其事。"[2] 这说明张之洞已意识到原有的人才选拔思想和选拔模式已不能应对当前的国家危机了。对此，张之洞提出的改革措施首先是"设文武学堂"，并认为科举并非"自古不变"的取士之法：

> 取士之法自汉至隋为一类，自唐至明为一类，无论或用选举或凭考试，立法虽有短长，而大意实不相远……现行科举章程，本是沿袭前明旧制，承平之世，其人才尚足以佐治

---

① 苑书义，孙华峰，李秉新：《张之洞全集》（第二册），河北人民出版社，1998年版，第1394页。

② 苑书义，孙华峰，李秉新：《张之洞全集》（第二册），河北人民出版社，1998年版，第1394页。

安民。①

张之洞认为,在国家危机日益深重的时候,没有不改革的道理:"今日国蹙患深,才乏文敝,若非改弦易辙,何以拯此艰危。"② 而且,张之洞进一步指出,西式学校的若干办学之法,是符合儒家理想中的"三代"之制的:

> 今泰西各国学校之法,犹有三代遗意,礼失求野,或尚非诬。其立学教士之要义有三:一曰道艺兼通,二曰文武兼通,三曰内外兼通。其教法之善有四:一曰求讲解不责记诵;一曰有定程亦有余暇;一曰循序不躐等;一曰教科之书官定颁发,通国一律。大小各学功有浅深,意无歧异,其考校进退章程,皆用北宋国学积分升舍之法,才能优绌,切实有据,既不虞试官偏私,亦不至摸索偶误,故其人才日多,国势日盛。③

当然,作为洋务派巨擘,张之洞在办新式学校方面已有丰富经验,但在《变通政治人才为先遵旨筹议折》中,他并未对自己的办学经验进行总结,而是为全国制定了统一的学制。他提出模仿日本的小学、中学、高等学校的学制,在县一级设小学校及高等小学校,现分述如下。

其一,在县一级设小学校及高等小学校:

---

① 苑书义、孙华峰、李秉新:《张之洞全集》(第二册),河北人民出版社,1998年版,第1394页。

② 苑书义、孙华峰、李秉新:《张之洞全集》(第二册),河北人民出版社,1998年版,第1394页。

③ 苑书义、孙华峰、李秉新:《张之洞全集》(第二册),河北人民出版社,1998年版,第1395页。

童子八岁以上入蒙学习识字、正语音，读蒙学歌诀诸书，除《四书》必读外，《五经》可择读一二部，家塾、义塾悉听其便，由绅董自办，官劝导而稽其数，每年报闻上司可也。十二岁以上入小学校，习普通学，兼习《五经》，先讲解后记诵，但解经书浅显义理，兼看中外简略地图，学粗浅算法至开立方止，学粗浅绘图法至画出地面平形止，习中国历代史事大略、本朝制度大略，习柔软体操，三年而毕业，绅董司之，官考察之。十五岁以上入高等小学校，解经书较深之义理，学行文法，学为策论、词章，看中外详细地图，学较深算法至代数几何止，学较深绘图法至画出地上平剖面、立剖面、水底平剖面止，习中国历史大事、外国政治学术大略，习器具体操，兼习外国一国语言文字之较浅者，此学必设兵队操场，三年而毕业，官司之，绅董佐之，毕业后本管府考之，分数及格者，给予凭照，作为附生，送入府学校，分数欠者留学。①

其二，在府城设中学校：

十八岁高等小学校毕业取为附生者，入中学校，习普通学，其有监生世职职衔愿入普通学者亦听，但须酌捐学费，与附生一律教课，其有营弁、营兵文理通畅能解算法、绘图考验有据者，亦准收入此学，温习经史地理，仍兼习策论、词章，并习公牍、书记文字，学精深算法至弧三角、航海驶船法止，学精深绘图法至测算经纬度、行军图、目揣远近斜度止，习中国历史、兵事，习外国历史、律法、格致等，学

① 苑书义，孙华峰，李秉新：《张之洞全集》（第二册），河北人民出版社，1998年版，第1396—1397页。

外国政治条约即附于律法之内,并讲明农、工、商等学之大略,习兵式体操,兼习外国一国语言文字之较深者,词章一门亦设教习,学生愿习与否均听其便,弁兵入学者,专学策论,免习词章,此学亦必设兵队操场,三年而毕业,学政考之,给予凭照,作为廪生送入省城高等学校。[①]

其三,在省城设高等学校:

非由中学校普通学毕业者不能收入。拟参酌东西学制,分为七专门:一经学,中国经学文学皆属焉;二史学,中外史学、中外地理学皆属焉;三格致学,中外天文学、外国物理学、化学、电学、力学、光学皆属焉;四政治学,中外政治学、外国律法学,财政学、交涉学皆属焉;五兵学,外国战法学、军械学、经理学、军医学皆属焉;六农学;七工学,凡测算学、绘图学、道路、河渠、营垒、制造军械、火药等事皆属焉。共七门,各认习一门,惟人人皆须兼习一国语言文字,此学亦必设兵队操场。[②]

其次,在《变通政治人才为先遵旨筹议折》中,张之洞提出了"酌改文科"与"停罢武科"。在"酌改文科"一条中,张之洞这样写道:

窃惟今日育才要指,自宜多设学堂,分门讲求实学,考取有据,体用兼赅,方为有裨世用。惟数年之内,各省学堂

---

① 苑书义,孙华峰,李秉新:《张之洞全集》(第二册),河北人民出版社,1998年版,第1397页。

② 苑书义,孙华峰,李秉新:《张之洞全集》(第二册),河北人民出版社,1998年版,第1397—1398页。

不能多设，而人才不能一日不用，即使学堂大兴，而旧日生员年岁已长，资性较钝，不能入学堂者亦必须为之筹一出路，是故渐改科举之章程，以待学堂之成就。①

这说明张之洞在主观上依然支持科举考试，与后来清廷在新政实际推行时很快就停止科举考试的做法并不相同，这也是"老成谋国"的他稳健改革思想的体现。②

> 兹拟将科举略改旧章，令与学堂并行不悖，以期两无偏废，俟学堂人才渐多，即按科递减科举取士之额，为学堂取士之额，其颖敏有志者，必已渐次改业归入学堂，其学优而年长者，文平而品端者，尽可宽格收罗，量材录用，或取作副榜，多取数名，或令充岁贡，倍增其额，或推广大挑，每科一次，或挑作誊录，令其议叙有资，或举人比照孝廉方正，生员比照已满吏准其考职，令其入官效用，宜汇总核计以上各途推广录用之数，足以抵每科减额之数，则旧日专习时文者亦尚有进身之阶，十数年以后，奋勉改业者日多，株守沉沦者日少，且仍可为小学堂、中学堂、经书、词章之师，其衰老者可从优赏给职衔。总之，但宜多设其途，以恤中才之寒畯，而必当使举人、进士作为学堂出身，以励济世之人才，只可稍宽停罢场屋试士之期，而不可使空疏无具者永占科目之名，果使捐纳一停，则举贡、生员决不患其终无

---

① 苑书义，孙华峰，李秉新：《张之洞全集》（第二册），河北人民出版社，1998 年版，第 1402—1403 页。

② 杨湛：《张之洞稳健改革思想渊源寻绎——由"治军治民"到〈劝学篇〉再到〈江楚三折〉》，《西安文理学院（社会科学版）》2016 年第 4 期。

出路，此则兼顾统筹，潜移默化而不患其窒碍难行者也。①

由此可见，此时对于人才培育，张之洞已经完全接受西式学校的教育体制，仅仅是在课程中插入了一些"中学"科目，更不要说原来的书院模式，它和"通经致用"的人才思想都已经被张之洞弃用了。然而对科举考试，张之洞依然在想方设法以更稳健的政策和步骤来改革，这表明他对科举考试这一影响清朝人才选拔、关系社会稳定的基本制度的清醒认识。

二、"拔擢文武"：政治人才思想的延续

光绪二十八年（1902），时任两江总督刘坤一逝世，总督任缺，魏光焘又暂时未能到任，张之洞奉旨暂时署理两江总督。在谢恩折里，张之洞表现出了对时局的担忧和无能为力之感。他感叹道："霜筠雪竹，愧钟山投老之无能；青琐沧江，增京国朝班之依恋。"② 这是化用了王安石和杜甫的典故。王安石拜相之后，在众人的朝贺中，写下"霜筠雪竹钟山寺，投老归欤寄此生"的诗句，意谓在成就国家改革、使得国家富强的大业之后，他愿安心归隐山林度此余生。杜甫在夔州时，国家战乱频仍，民不聊生，时值秋风萧瑟，其顿生悲凉心境，不禁感叹："一卧沧江惊岁晚，几回青琐点朝班。"即回首过往，在夔州卧床已有一年多了，而以前自己也曾站在朝堂之上，得到皇帝的垂询，这样的机会，人生中还能有多少呢？张之洞当时所面临的朝局已难收拾，想要挽狂澜于既倒已不可能，想想自己多年来在山西、广东、湖北等地担任封疆大吏，处理各种棘手的问题，而现在自己的身体

---

① 苑书义，孙华峰，李秉新：《张之洞全集》（第二册），河北人民出版社，1998 年版，第 1403 页。

② 苑书义，孙华峰，李秉新：《张之洞全集》（第三册），河北人民出版社，1998 年版，第 1515 页。

也一天不如一天，什么时候才能致天下太平而回到京城，在朝堂之上得到君王的垂询呢？

面对这样的时局，张之洞提出的解决方案仍然以人才为重，通过访求贤才，奖拔廉俭，以造就文武人才。

> 伏念臣驽骀下乘，蒲柳衰姿，权篆甫阅七年，时艰更加十倍。臣惟有修明内治，慎重外交，博访贤才，务其远大。江南繁剧，以奖拔廉俭之吏为先；新政多端，以造就文武人材为急。①

在署理两江总督时，张之洞的第一感受是时局之艰已十倍于前。两江地处沿海，政事繁重，要想处理好各种事务，首先要做的就是奖励、提拔清廉的官员，使之在重要的职位上发挥作用。新政千头万绪，但所有政事，若欲有所成就，都需要能干的人才。而当务之急就是"博访贤才""奖拔廉俭"，做未雨之绸缪。

光绪二十八年（1902），张之洞上《保荐经济特科人才折（并清单）》，这是遵光绪二十七年（1901）四月十七日慈禧的懿旨和光绪二十八年（1902）六月初四日的上谕而做的保荐。懿旨指出，时局阽危，朝廷要破格用人，要求张之洞保荐"志虑忠纯、规模闳远、学问深通、洞达中外时务者"②。张之洞认为，设立特科可以满足破格用人的要求，而以"经济"的名目来选拔人才，则能显出朝廷对治世之才的重视。张之洞称，在湖广总督任上，他得到了16名"经济"人才；在两江总督任上，他得到了30名"经济"人才。这些人品行端正，志向远大，学有专长，

---

① 苑书义，孙华峰，李秉新：《张之洞全集》（第三册），河北人民出版社，1998年版，第1515页。

② 苑书义，孙华峰，李秉新：《张之洞全集》（第三册），河北人民出版社，1998年版，第1518页。

对时局有很深的认识，其才能为国家所用。若对张之洞此次所推荐的30名人才的情况做一个简单的梳理，我们可以看出这一时期张之洞对人才的一些基本观点。

表3-3按被保荐人的姓名、籍贯、职务、品行、学术、特长等项目分类列表，对张之洞此时所举荐的30名人才进行比较：

表3-3 张之洞光绪二十八年十二月十五日保荐经济特科人才表①

姓 名	籍 贯	职 务	品 行	学 术	特 长
缪荃孙	江苏江阴县人	翰林院编修	人品坚定，不染时俗躁竞之习	学问博雅，识趣端凝，讲才时务，不涉轻浮	
张 謇	江苏通州人	翰林院修撰		学问富赡，才力开张，讲求东西各国政治教育各门学术，均能心知其意	办事切实精密，洵为致用之才
刘奉璋	江苏宝应县人	记名御史户部郎中		夙承家学，经术深通，于时务亦极留心，识议平正，考求外国学校情形，得其要领	
李维格	江苏吴县人	候选郎中	品格安详，立志笃学	前曾游学英国，兼通英、法两国语言文字，随使美国、日本，熟谙交涉，过年考求冶炼制造之学，成效卓然	熟谙交涉
曹元忠	江苏吴县人	候选内阁中书		经学词章兼长，并擅考求时务，通达和平	

① 苑书义，孙华峰，李秉新：《张之洞全集》（第三册），河北人民出版社，1998年版，第1518—1521页。

续表3-3

姓 名	籍 贯	职 务	品 行	学 术	特 长
徐振清	江苏无锡县人	候选内阁中书		讲求格致造制之学，出自家传，具有心得	
吴廷燮	江苏江宁县人	山西宁远府通判，现署太原府知府		才具开展，学识优长，群经诸史博涉多通，于古今政治、舆地诸学，能得会通，国朝掌故律令及近时交涉约章，均所谙习	
张焕纶	江苏上海县人	候选同知		覃研经史，识达品端，讲求经世之学，志切有为	
王季烈	江苏长洲县人	候选通判举人		好学深思，博闻强识，于中西算学、物理、化学研习精勤，具有心得	
陈庆年	江苏丹徒县人	江浦县训导优贡		才识开通，学问淹博，于古今中西战事兵略研求探讨，贯串无遗，洵为杰出之才	
华世芳	江苏无锡县人	拔贡		文行兼修，精于算学	
贾文浩	江苏南汇县人	布政使司理问职衔		熟于中外天文之学，殚心测验，雅擅专长	
蒯光典	安徽合肥县人	江苏候补道		中学素称博雅，西学亦甚赅通，兼以才气俊爽，治事精能，果能尽其所长，必能有裨时局	

姓 名	籍 贯	职 务	品 行	学 术	特 长
刘廷琛	江西德化县人	翰林院编修		文学优长,识力坚定,深明时务,独见先机,此才实不多觏	
沈曾桐	浙江嘉兴县人	翰林院编修		中学素优,兼通西学,器局恢闳,思精识敏,干济之才	
陈 骧	直隶天津县人	翰林院庶吉士	品谨学优,深通化学	确能征诸实验,尤为中国儒者所难能	
孙诒让	浙江瑞安县人	刑部主事		群经诸子靡不研精,淹雅闳深,著书甚富,久负士林宿望,近年讲求时务,实能会通中西古今学术治术	
李希圣	湖南湘乡县人	刑部主事		熟于古今史学,讲求实务经济,持论明通,才力强毅	
华学涑	直隶天津县人	刑部主事		才长思敏,锐意研精,深通理化之学	
罗振玉	浙江上虞县人	候选光禄寺署正		学问优长,近年究心中外农学及教育学,广为搜采选辑流传,深裨世用,确系有用之才	
道魏瀚	福建侯官县人	三品衔候选	品端识正,学有专长	前由福建船政学生出身,游学英、法、德三国,谙习英、法两国语言文字,精于海军制造之学,中国罕觏之才	

姓　名	籍　贯	职　务	品　行	学　术	特　长
王咏霓	浙江黄岩县人	安徽候补知府		学博文优，究心时务，前曾充出使大臣随员游历欧洲，殚心考究	
邹代钧	湖南新化县人	同知衔候选知县	敦品力学，才具优长	前曾游历欧洲，于中外舆地之学考求精熟，绘有全图，当世实罕其匹	
汪鸾翔	广西桂林县人	举人	和平慎默，志节清廉	于格致理化之学覃精研思，多有冥悟	
陈　衍	福建闽县人	举人		学富才长，议论通达，究心时务，于古今中外政治之学持之有故，言之成理	
姚炳奎	湖南邵阳县人	拔贡		学术纯正，博通地理之学，办事切实可信	
马贞榆	广东顺德县人	廪贡生	人品端方，学术纯正	研精《春秋左氏》之学，足以针砭近世文人依托《公羊》发为谬说之病，既有功于经学，尤有功于世道人心	
左全孝	湖南清泉县人	廪　生	人品方正，志虑忠纯	经史博通，才长经济，于古今史事、中外舆地、算学均所研习，前曾游历日本考求教育理法，具能观其会通，洵为体用兼备之才，可任大事	

续表3-3

姓 名	籍 贯	职 务	品 行	学 术	特 长
罗照沧	广东南海县人		行端志正,思密学精	于测算绘图之学辨晰微芒,丝丝入扣,洵属诣力过人,成就人才甚众	
汤金铸	广东花县人		才力精强,性情勤笃	古今中外畴人之学烂熟于胸,善于教人,后进获其指授者开通最易,成材极多	

对表3-3进行分析,可以看出张之洞所荐之人的基本情况(见表3-4):

表3-4 张之洞所荐人才基本情况表

张之洞所荐30人的籍贯(人)									
籍贯	江苏	安徽	浙江	江西	湖南	福建	直隶	广东	广西
	12	1	4	1	4	2	2	3	1

张之洞所荐30人的学术背景和出国情况(人)				
学术	中学	出国经历	西学	会通中西
	10	5	20	16

张之洞所荐30人擅长的学科(人)									
学科	算学	测绘	物理	农学	教育	军事	地理	外交	冶炼
	4	3	2	1	1	3	4	2	1
	政治	天文	经济	其他					
	3	1	1	4					

由表3-4可以看出,此次推荐的30人中,有出国经历者仅5人,熟悉西学者共20人。这批人才涉及的学科很多,有算学、测绘、物理、化学、农学、教育、军事、冶炼、地理、外交、政

治、天文、经济，这反映出在中西接触逐渐增多的情况下，中国对西学人才的需求巨大。在专长于中学的 10 人中，也有人能达到通达时务、会通中西的水平。

在针对具体事务所进行的人才选拔中，更能体现张之洞的人才思想。光绪二十八年（1902），他需要整顿两淮盐务。这一工作十分棘手，一是当时私盐买卖猖獗，需要禁止；二是盐务人员懒散、贪婪等习气积年已久，想要一举革除积弊，实为不易。淮盐规制肇始于曾国藩，后又经沈葆桢补充完善，但是到张之洞任两江总督时，已经不能很好地运行下去了。如不大力整顿，每年610 万两的税银便无着落，这将会严重影响国计民生。因此，整顿两淮盐务已成当务之急。

张之洞认为，能担此重任者，"非得廉明干练之员"不可，并且同时还需要授以专任之权，假以一定的时间，才能收到实效。在这种情况下，张之洞推荐江苏补用道蒯光典任此一职。张之洞认为蒯氏"力果心精，兼任劳怨，整躬率物，众望交孚"[1]，上任两江总督刘坤一曾委任此人管理淮北督销局，"将正阳关从前一切偷惰贪婪之蛊毒，一扫而空，剔弊疏销，卓有成效，甫及一年，售销北盐至一百数十万包之多，为二十年来所仅见"[2]。其后事实证明，蒯光典确能担此大任。

总的来说，这一时期张之洞的政治人才思想依然以他一贯所持的儒家价值观为基础，以干才为前提，以洋务、西学为补充。

此外，这一时期张之洞仍延续了"兴学"的措施。署理两江总督后，张之洞在学堂创建方面又有新的建树：创建了三江师范学堂。至于创建该学堂的理由，张之洞在光绪二十九年（1903）

---

[1] 苑书义，孙华峰，李秉新：《张之洞全集》（第三册），河北人民出版社，1998 年版，第 1525 页。

[2] 苑书义，孙华峰，李秉新：《张之洞全集》（第三册），河北人民出版社，1998 年版，第 1525 页。

正月初八日所上的奏折中讲得十分清楚:

> 查各国中小学堂教员,咸取材于师范学堂。是师范学堂为教育造端之地,关系尤为重要。两江总督兼辖江苏、安徽、江西三省,此三省各府州县应设中小学堂为数浩繁,需用教员何可胜计。若未经肄业师范学堂,延访外国良师研究教育之理、讲求教授之法及管理之法,遽任以中小学堂教员,必致疏漏凌躐,枝节补救,徒劳鲜功,且详略参差,各学堂学派学程终难画一。[①]

经过对其他国家的研究,张之洞指出要培养人才必自小学、中学始,而中小学的教员又来自师范学堂,故师范学堂是教育的根基所在,关系重大。清末两江地区需要设立的中小学数量巨大,所需教员更是不可胜数。若不统一由师范学堂培养,而只延聘外国教师对中小学教员进行教学方法及教学管理的培训后,就让其任职于各中小学堂,必然会出现很多问题。而要避免这样的问题,"惟有专力大举先办一大师范学堂,以为学务全局之纲领,则目前之致力甚约,而日后之发生甚广"[②]。至于学校选址、经费来源、师资力量等,张之洞在奏折中也一一做了安排(见表3-5)。

---

① 苑书义,孙华峰,李秉新:《张之洞全集》(第三册),河北人民出版社,1998年版,第1526-1527页。

② 苑书义,孙华峰,李秉新:《张之洞全集》(第三册),河北人民出版社,1998年版,第1527页。

表 3-5　张之洞创建三江师范学堂相关安排表①

学校选址	江宁省城北极阁前
招生范围	江苏、安徽、江西三省士人
学员名额	共定额为九百名（江苏省宁属定额二百五十名、苏属定额二百五十名，安徽省定额二百名，江西省定额二百名）
师资来源	日本高等师范教习十二人，专司讲授教育学及理化学、图画学各科； 选派举、贡、廪、增出身之中学教习五十人，分授修身、历史、地理、文学、算学、体操各科
举办时间	本年先行开办
经费来源	一、购地建堂经费：江宁藩司筹拨应用 二、常年学堂经费（如华洋教习、各学生饭食、冬夏讲堂及操场、衣冠、靴带、卧具、纸笔、灯火、奖赏、监督、提调、监学、庶务各委员司事人役薪工及一切杂用之属）：江苏藩司于本年先协拨银一万两，以后每年协筹银四万余两；拟令安徽、江西两省各按学生额数每名年协助龙银一百元 三、全堂三省学生学费：筹专款济用。江宁银元局添购机器增建厂屋大加扩充；以岁获盈余专供该学堂经费之用
筹备人员	湖北师范学堂长（曾赴日本考察学校熟悉教育情形）负责学堂建造规模及一切课程办法，精绘图式，详定章程
办事机构	省城设立两江学务处所，派委司道等员会同综理，加意讲求，督催兴办
教授学科	教育学、理化学、图画学、修身、历史、地理、文学、算学、体操、东文（日文） 给日本教习教授的课程：中国语文、中国经学

　　如上所述，虽然经过庚子年的国家巨变，但张之洞选拔政治人才的标准，依然是以"修齐治平"思想为基础，只不过在"洋务"人才的轨道上更进了一步而已。可以说此时的张之洞已经处

---

　　① 苑书义、孙华峰，李秉新：《张之洞全集》（第三册），河北人民出版社，1998 年版，第 1527-1528 页。

于封疆大吏生涯的晚期了,在实际的政务和人才选拔实践上,已不可能出现剧烈的改变。虽然如此,但这并不意味着他在人才思想方面毫无变化,例如他在《遵旨筹议变法谨拟整顿中法十二条折》中就提出了下述的人才选拔标准:

> 承平用人多计资格,所以抑躁进;时危用人必取英俊,所以济艰难。今之仕途不必其皆下劣也,同一才具而依流平进者多骑墙,精力渐衰者惮改作,资序已深者耻下问,平日论吏才者患更事之不多。今当变更政治之际,则惟患更事之太多。盖其所谓更事者,不过痼习空文,于中外时局素未讲求,安有阅历,而迂谈谬论成见塞胸,不惟西法之长不能采取学步,即中法之弊亦必不肯锐意扫除。……莫如略仿宋人外吏转官须有十人荐举之例,如其人有四五人保荐者,即破格用之,如此则徇私援引之弊除矣。如止一人保荐,则必试之以事,果有实效,然后破格用之,如此则虚声误采之弊免矣。①

其实张之洞已经认识到在推行新政的过程中,应该打破原有的用人藩篱,重用"讲求中外时局,取西法之长,除中法之弊"的改革型人才。只是天不假年,张之洞已没有时间来实践上述的人才选拔改革了。

---

① 苑书义,孙华峰,李秉新:《张之洞全集》(第二册),河北人民出版社,1998年版,第1410页。

结语 "无可奈何花落去"：
"中体西用"人才思想的退场

  光绪三十三年（1907）六月，张之洞奉旨以湖广总督协办大学士；七月授体仁阁大学士；九月，慈禧太后电谕张之洞进京，与袁世凯同入军机处。张之洞离开了经营近二十年的湖北，也结束了大半生封疆大吏的生涯。

  从光绪三十三年八月初五日进京到宣统元年八月二十一日病逝，在张之洞人生最后的两年中，他以军机大臣的身份为即将倾覆的清王朝苦苦支撑。无论是推动清廷尽快立宪以平复立宪派的请愿风潮和解除革命党人的威胁，还是着力于稳定光绪皇帝和慈禧太后相继死去后的朝局，张之洞都以"风烛残年"之躯全力投入。

  尽管如此，晚年的张之洞依然念兹在兹，一如既往地发扬其"中体西用"的人才思想。"废科举、兴学堂"的新政不但没有为保存"中学"提供新的能量，反而因由科举进入仕途的通道被废除，原来通过科举考试才能获得的"进士、举人、拔贡、优贡、岁贡"等出身与"编修、检讨、庶吉士、主事、中书、知州、知县、州判、府经、主簿、教授、教谕、训导"等官职，都转而授予新式学堂毕业生，"利禄之途便移到学堂之中"。读书人皆对新式学堂趋之若鹜，"中学"更是乏人问津。这无疑对愈来愈强调"中学为体"，又是新政主要推手的张之洞产生了不小的刺激。据说此时张之洞"见新学猖狂，颇有悔心"，但对新政新学"既提倡于先，不能尽反于前议，袖手嗟叹而已"。

在如此时势下，张之洞递奏了两份跟人才培养相关的奏折——也是他人生最后两份与教育和人才相关的重要奏折：《创立存古学堂折》和《请奖各学堂毕业生及管理员教员折》。其中《创立存古学堂折》与他创办的最后一所学校——存古学堂密切相关，因此这篇奏折不仅具有特殊的含义，而且在张之洞一生众多的与人才思想相关的文本中也有其特殊的地位。

《创立存古学堂折》上奏于光绪三十三年五月二十九日，主要内容是主张将武汉的经心书院和两湖书院改建为存古学堂。

一直以来，经心书院和两湖书院的毕业生大多进入新式学堂充任监学或经学、史学、算学、图学、地学、词章学等各门教员，因此这两座书院也可以说是张之洞"中学为体"思想的实践产物。张之洞对这些毕业生的品质十分自信："中学素有根柢，人品向来端纯，深知宗法圣贤，兼以博览典籍。"① 为了培养更多这样的人才，以满足新式学堂对师资的需求，张之洞决定借经心书院的故址改建存古学堂。

但是，张氏创立存古学堂的真正用意，还在于保存国粹。

何为国粹？"国粹"一词原是日本的舶来品。1898 年秋，梁启超在创办《国学报》时提出的"以保国粹为主义"，是国人首次使用"国粹"一词。而当时国粹派的主要代表人物章太炎认为，"语言文字""典章制度""人物事实"都属于"国粹"的范畴。② 张之洞对"国粹"的定义如下："至本国最为精美擅长之学术、技能、礼教、风尚，则尤为宝爱护持，名曰国粹，专以保

---

① 苑书义、孙华峰、李秉新：《张之洞全集》（第三册），河北人民出版社，1998 年版，第 1763 页。

② 王凯、成积春：《清末国粹运动的理论、实践及启示》，《荆楚学刊》2018 年第 5 期。

存为主。"① 虽然他依然极端推崇儒家圣人的"微言大义"和"纲常伦理","中国之圣经贤传，阐明道德，维持世教，开启神智，尊显乡邦，固应与日月齐光，尊奉传习。即列朝子史事理博赅，各体词章军国资用，亦皆文化之辅翼，宇宙之精华，岂可听其衰微，渐归泯灭?"② 因此如何保存"国粹"就成为关乎国家命运的重要问题："若中国之经史废，则中国之道德废，中国之文理词章废，则中国之经史废。国文既无，而欲望国势之强，人才之盛，不其难乎!"③

对此问题，张之洞给出的答案是办学，即创办他人生中的最后一所学校：存古学堂。此学堂"专聘博通中学经、史、诸子、词章各门学问之师儒为教员，选取中学较优之生收入此堂肄业"④。课程的设置分为"经学，包括文字音韵；史学，包括本朝掌故；词章，包括金石书法"三门，"以上或经或史，无论认习何门，皆须兼习词章一门"⑤。而对于学生西学的要求，则"只须令其略知世间有此各种切用学问，即足以开其腐陋，化其虚矫，固不必一人兼擅其长，每一星期各讲习一点钟即可"⑥。与其他学校相比，存古学堂减少"西学"的比重倒成了"逆潮流"的改革。

---

① 苑书义，孙华峰，李秉新：《张之洞全集》（第三册），河北人民出版社，1998 年版，第 1762 页。

② 苑书义，孙华峰，李秉新：《张之洞全集》（第三册），河北人民出版社，1998 年版，第 1763 页。

③ 苑书义，孙华峰，李秉新：《张之洞全集》（第三册），河北人民出版社，1998 年版，第 1764 页。

④ 苑书义，孙华峰，李秉新：《张之洞全集》（第三册），河北人民出版社，1998 年版，第 1764 页。

⑤ 苑书义，孙华峰，李秉新：《张之洞全集》（第三册），河北人民出版社，1998 年版，第 1764 页。

⑥ 苑书义，孙华峰，李秉新：《张之洞全集》（第三册），河北人民出版社，1998 年版，第 1764-1765 页。

对比光绪二十四年（1898）张之洞按照学堂的模式对两湖书院所进行的改革，我们就会发现一些端倪。两湖书院与存古学堂虽然都是"以中学为主、西学为辅"的办学格局，但九年之前，"西学"的课程在时代潮流下地位大增；九年之后，"西学"已成统治之势，其地位已呈下降趋势。这"一增一减"，所传递的史实正是清末社会和思想潮流的迅速转变，而相比之下张之洞对人才培育的思想已渐趋"保守"。

但这种"保守"又是相对的。如张之洞将学堂命名为"存古"，而其所用"国粹"一词又大有与当前富国强兵、救国救民目标"无关"的意思。而且在创办存古学堂的过程中，张之洞在奏折中特别提出要"建造书库多储中国旧学图书、金石、名人翰墨、前代礼器"①，这也是张之洞以前有关兴学的奏章中所未有的。而他在宣统元年（1909）逝世前一个月，还在关心筹建中的京师图书馆搜集善本古籍一事。这说明他对"中学"的态度已经发生微妙的变化了。

最后，我们再回顾一下张之洞人才思想的变化。从最初担任学官时，张之洞信奉"通经致用"的人才思想；随后在担任山西巡抚时接触西方科学，开始出现了"中体西用"的思想萌芽；在两广总督任上，张之洞已开始"办洋务"，"西学为用"与"通经致用"的思想并行不悖，这一思想状态一直延续到其担任湖广总督的前期。甲午战败，国势日蹙，同时张之洞"办洋务"亦愈发深入，从而促使其"西学为用"的思想占据了原本"通经致用"的"地盘"，"中体西用"的思想逐渐成熟。此后，张之洞一直以"中体西用"思想的代言人为世人所识，直至去世。

但正如上面所分析的那样，从某种意义上来说，张之洞在人

---

① 苑书义，孙华峰，李秉新：《张之洞全集》（第三册），河北人民出版社，1998年版，第1764页。

生的最后时光中，已经在为自己一直推崇、信仰的"中学"寻找避免覆灭的挪亚方舟，已开始着手建造能存放"国粹"的"博物馆"了。而存古学堂的人才教育，已不再存有"经世救国"的目标，实际上是为"文化博物馆"培训"工作人员"。既然是要放入"博物馆"，那么"中学为体"也将成为一句虚无缥缈的空话。

对于张之洞"中体西用"的思想，梁启超曾如此评价："不三十年将化为灰烬，为尘埃。其灰其尘，偶因风扬起，闻者犹将掩鼻而过之。"作为政敌，梁启超的评价虽难免有个人情感的因素，但他还是太低估了清末民初中国社会思想变化的速度。"中体西用"思想，随着张之洞的去世和两年后清王朝的覆灭，就已经"无可奈何花落去"了。而且很有可能的是，张之洞在生前虽然不一定预感到清王朝的迅速覆灭，却一定预感到"中体西用"思想将会在他死去后迅速退场。

参考资料

一、报纸杂志

1. 《广益丛报》

2. 《时务报》

3. 《清议报》

4. 《北京公益报》

5. 《大同白话报》

6. 《时报》

7. 《东方杂志》

8. 《中外日报》

9. 《大公报》

10. 《申报》

11. 《民报》

12. 《警钟日报》

13. 《汉口中西报》

14. 《汉口见闻录》

15. 《汉报》

16. 《畿辅公言报》

二、图书

1. 张之洞，等. 奏定学堂章程［M］. 光绪间湖北学务处刊本.

2. 《中国近代史资料丛刊》编委会. 洋务运动［M］. 上海：上海人民出版社，1961.

3. 《中国近代史资料丛刊》编委会. 辛亥革命［M］. 上海：上海人民出版社，1981.

4. 廖一中，罗真容. 袁世凯奏议［M］. 天津：天津古籍出版社，1987.

5. 杜春和，耿来金，张秀清. 荣禄存札［M］. 济南：齐鲁书社，1986.

6. 王闿运. 湘绮楼诗文集［M］. 长沙：岳麓书社，1996.

7. 王闿运. 湘绮楼日记［M］. 长沙：岳麓书社，1997.

8. 易顺鼎. 呜呼易顺鼎·哭庵碎语［M］. 清光绪刻《琴志楼丛书》本.

9. 许同莘. 张文襄公年谱［M］. 上海：商务印书馆，1947.

10. 张继煦. 张文襄公治鄂记［M］. 武汉：湖北通志馆，1947.

11. 听雨楼主人. 张之洞五十年大事记［M］. 宣统元年（1909）张氏石印本.

12. 张之洞. 张文襄公全集［M］. 北京：中国书店，1990.

13. 苑书义，孙华峰，李秉新. 张之洞全集［M］. 石家庄：河北人民出版社，1998.

14. 张之洞. 輶轩语［M］. 光绪四年（1878）敏德堂刊本.

15. 张之洞. 书目答问［M］. 光绪四年（1878）上海松隐阁印本.

16. 张之洞. 劝学篇［M］. 光绪二十四年（1898）两湖书院刊本.

17. 陈衍. 石遗室师友诗录［M］. 清末集成图书公司铅印本.

18. 丁贤俊，喻作凤. 伍廷芳集［M］. 北京：中华书局，1993.

19. 沈家本. 沈寄簃先生遗书［M］. 北京：中国书店，1990.

20. 胡珠生. 宋恕集［M］. 北京：中华书局，1993.

21. 陈宝琛. 沧趣楼文存［M］. 福州：福建省图书馆卫星印刷厂，1959.

22. 张謇研究中心，南通市图书馆. 张謇全集 ［M］. 南京：江苏古籍出版社，1994.

23. 王先谦. 葵园四种 ［M］. 长沙：岳麓书社，1986.

24. 苏舆. 翼教丛编 ［M］. 上海：上海书店出版社，2002.

25. 郑大华. 新政真诠 ［M］. 沈阳：辽宁人民出版社，1994.

26. 康有为，楼宇烈. 康南海自编年谱（外二种）［M］. 北京：中华书局，1992.

27. 丁文江，赵丰田. 梁启超年谱长编 ［M］. 上海：上海人民出版社，1983.

28. 赵尔巽，等. 清史稿 ［M］. 北京：中华书局，1977.

29. 荣孟源，章伯锋. 近代稗海 ［M］. 成都：四川人民出版社，1985.

30. 汪士铎. 胡文忠公抚鄂记 ［M］. 长沙：岳麓书社，1988.

31. 殷树森，汪宝树. 南皮县志 ［M］. 光绪十四年（1888）刊本.

32. 吴永述，刘治襄记，鄢琨标点. 庚子西狩丛谈 ［M］. 长沙：岳麓书社，1985.

33. 刘成禺. 世载堂杂忆 ［M］. 沈阳：辽宁教育出版社，1997.

34. 李元度. 国朝先正事略 ［M］. 长沙：岳麓书社，1991.

35. 武汉大学历史系中国近代史教研室. 辛亥革命在湖北史料选辑 ［M］. 武汉：湖北人民出版社，1981.

36. 徐凯希，田锡富. 外国列强与近代湖北社会 ［M］. 武汉：湖北人民出版社，1996.

37. ［美］周锡瑞. 改良与革命——辛亥革命在两湖 ［M］. 杨慎之，译. 北京：中华书局，1982.

38. 张朋园. 立宪派与辛亥革命 ［M］. 长春：吉林出版集团有限责任公司，2007.

39. 张玉法. 清季的立宪团体 ［M］. 北京：北京大学出版社，2011.

40. 张海鹏. 追求集：近代中国历史进程的探索 [M]. 北京：社会科学文献出版社，1998.

41. 王亚南. 中国官僚政治研究 [M]. 北京：中国社会科学出版社，1981.

42. 张仲礼. 中国绅士——关于其在19世纪中国社会中作用的研究 [M]. 李荣昌，译. 上海：上海社会科学院出版社，1991.

43. 王晓秋，尚小明. 戊戌维新与清末新政 [M]. 北京：北京大学出版社，1998.

44. 王晓秋. 近代中日启示录 [M]. 北京：北京出版社，1987.

45. 郭世佑. 晚清政治革命新论 [M]. 长沙：湖南人民出版社，1997.

46. 吴春梅. 一次失控的近代化改革——关于清末新政的理性思考 [M]. 合肥：安徽大学出版社，1998.

47. 萧功秦. 危机中的变革　清末现代化进程中的激进与保守 [M]. 上海：上海三联书店，1999.

48. 董方奎. 清末政体变革与国情之论争——梁启超与立宪政治 [M]. 武汉：华中师范大学出版社，1991.

49. ［美］任达. 新政革命与日本——中国，1898—1912年 [M]. 雷颐，译. 南京：江苏人民出版社，1998.

50. 赵军. 折断了的杠杆——清末新政与明治维新比较研究 [M]. 长沙：湖南出版社，1992.

51. 张连起. 清末新政史 [M]. 哈尔滨：黑龙江人民出版社，1994.

52. 董宝良，熊贤君. 从湖北看中国教育近代化 [M]. 广州：广东教育出版社，1996.

53. 高钟. 文化激荡中的政府导向与社会裂变——1853年—1911年的湖北 [M]. 武汉：华中师范大学出版社，1998.

54. 汤志钧. 戊戌变法人物传稿［M］. 北京：中华书局，1982.

55. 朱维铮. 梁启超论清学史二种［M］. 上海：复旦大学出版社，1985.

56. 朱维铮. 求索真文明——晚清学术史论［M］. 上海：上海古籍出版社，1996.

57. 舒新城. 近代中国留学史［M］. 上海：中华书局，1933.

58. ［日］实藤惠秀. 中国人留学日本史［M］. 谭汝谦，林启彦，译. 北京：生活·读书·新知三联书店，1983.

59. 黄福庆. 清末留日学生［M］. 台北："中央研究院"近代史研究所，1975.

60. 王德昭. 清代科举制度研究［M］. 北京：中华书局，1984.

61. 王玉棠. 刘坤一评传［M］. 广州：暨南大学出版社，1990.

62. ［法］托克维尔. 旧制度与大革命［M］. 冯棠，译. 北京：商务印书馆，1992.

63. 丁伟志，陈崧. 中西体用之间：晚清中西文化观述论［M］. 北京：中国社会科学出版社，1995.

64. 熊月之. 西学东渐与晚清社会［M］. 上海：上海人民出版社，1994.

65. 李时岳，胡滨. 从闭关到开放——晚清"洋务"热透视［M］. 北京：人民出版社，1988.

66. 石泉. 甲午战争前后之晚清政局［M］. 北京：生活·读书·新知三联书店，1997.

67. 李国祁. 张之洞的外交政策［M］. 台北："中央研究院"近代史研究所，1970.

68. 苏云峰. 张之洞与湖北教育改革［M］. 台北："中央研究院"近代史研究所，1976.

69. 章回. 张之洞［M］. 北京：中华书局，1980.

70. 周汉光. 张之洞与广雅书院［M］. 广州：广东人民出版

社，2012.

71. 冯天瑜. 张之洞评传 [M]. 郑州：河南教育出版社，1985.

72. 马东玉. 张之洞大传 [M]. 沈阳：辽宁人民出版社，1989.

73. 冯天瑜，何晓明. 张之洞评传 [M]. 南京：南京大学出版社，1991.

74. 陈钧，任放. 世纪末的兴衰——张之洞与晚清湖北经济 [M]. 北京：中国文史出版社，1991.

75. 黄新宪. 张之洞与中国近代教育 [M]. 福州：福建教育出版社，1991.

76. 黎仁凯，钟康模. 张之洞与近代中国 [M]. 保定：河北大学出版社，1999.

77. 许同莘. 张文襄公年谱 [M]. 上海：商务印书馆，1947.

78. 孙华峰，王佩元. 张之洞传 [M]. 石家庄：河北人民出版社，1989.

79. 蔡振生. 张之洞教育思想研究 [M]. 沈阳：辽宁教育出版社，1994.

80. 谢放. 中体西用之梦——张之洞传 [M]. 成都：四川人民出版社，1995.

81. 陈钧. 儒家心态与近代追求——张之洞经济思想论析 [M]. 武汉：湖北人民出版社，1990.

82. 唐浩明. 张之洞 [M]. 北京：人民文学出版社，2002.

83. 任晓兰. 张之洞与晚清文化保守主义思潮 [M]. 北京：法律出版社，2009.

84. 陈秋芳. 长河落日：张之洞与武汉 [M]. 武汉：湖北人民出版社，2011.

85. 朱从兵. 张之洞与粤汉铁路——铁路与近代社会力量的成长 [M]. 合肥：合肥工业大学出版社，2011.

86. 王凤翔. 张之洞 [M]. 石家庄：河北人民出版社，2011.

87. 张实. 苍凉的背影——张之洞与中国钢铁工业 [M]. 北京：商务印书馆，2010.

88. 邢东. 张之洞家训 [M]. 北京：中国妇女出版社，2009.

89. 张之洞，庞坚. 张之洞诗文集 [M]. 上海：上海古籍出版社，2008.

90. 陈山榜. 张之洞教育文存 [M]. 北京：人民教育出版社，2008.

91. 丁永刚. 张之洞近代化思想研究 [M]. 西安：陕西人民出版社，2007.

92. 黄华文. 张之洞画传 [M]. 重庆：重庆出版社，2007.

四、论文

1. 丁凤麟. 张之洞的《劝学篇》体现什么精神——驳周谷城先生对时代精神的歪曲 [J]. 学术月刊，1964（12）.

2. 郑鹤声. 张之洞氏之教育思想及其事业 [J]. 教育杂志，1935：25（2，3）.

3. 韦少波，陈伟桐. 试论光绪新政的性质及张之洞在戊戌维新中的地位 [J]. 上海师范大学学报（哲学社会科学版），1989（3）.

4. 赵晓雷. 论张之洞的洋务思想 [J]. 社会科学战线，1989（1）.

5. 丁凤麟. 论张之洞的洋务观 [J]. 学术月刊，1982（10）.

6. 程方平. 近代史上倡导新学的教育家：张之洞 [J]. 贵阳师院学报（社会科学版），1982（3）.

7. 吕达. 论张之洞的教育思想 [J]. 上海师范学院学报（哲学社会科学版），1983（3）.

8. 桂勤. 从《劝学篇》比较福泽谕吉与张之洞的人才观 [J]. 比较教育研究，1994（4）.

9. 江亚南. 张之洞《劝学篇》中的教育思想 [J]. 江西师范大学学报，1994（3）.

10. 谢敏华. 论影响张之洞洋务思想形成的几个因素［J］. 赣南师范学院学报，1994（4）.

11. 欧阳跃峰. 张之洞洋务思想论析［J］. 安徽史学，1994（4）.

12. 伍春明. 清末新政时期张之洞的教育改革及其历史评价［J］. 湖北民族学院学报（哲学社会科学版），1995（3）.

13. 何晓明. 张之洞教育思想论［J］. 社会科学研究，1995（3）.

14. 王广军，白雪梅. 浅谈张之洞的留学教育思想与实践［J］. 辽宁大学学报（哲学社会科学版），1995（4）.

15. 冯天瑜. 张之洞与湖北近代教育［J］. 武汉师范学院学报（哲学社会科学版），1984（3）.

16. 关晓红. 张之洞与晚清学部［J］. 历史研究，2000（3）.

17. 王先明. 张之洞与晚清"新学"［J］. 社会科学研究，2000（4）.

18. 彭次松. 张之洞的《劝学篇》是反对维新派的宣言书［J］. 四川师范大学学报（哲学社会科学版），1985（4）.

19. 姚会元，刘大洪. 第二次"张之洞在湖北"学术讨论会综述［J］. 中南财经大学学报，1986（4）.

20. 董宝良. 重视改革清末封建传统教育的张之洞［J］. 华中师范大学学报（哲学社会科学版），1986（4）.

21. 黄玉兰. 张之洞与我国近代教育［J］. 历史教学，1986（5）.

22. 苏沛. 张之洞与戊戌变法［J］. 社会科学战线，1986（3）.

23. 黎仁凯. 张之洞《劝学篇》新论［J］. 历史教学，1989（10）.

24. 赵晓雷. 论张之洞《劝学篇》的革命性和传统性［J］. 史学月刊，1989（6）.

25. 朱志经. 张之洞和两湖书院［J］. 湖北师范学院学报（哲学社会科学版），1987（2）.

26. 沈继成. 张之洞与中国近代军事教育的兴起［J］. 湖北师范学院学报（哲学社会科学版），1988（2）.

27. 黄新宪. 论张之洞与两湖书院的兴办及改制［J］. 齐齐哈尔

师范学院学报（哲学社会科学版），1988（4）.

28. 黄新宪. 论张之洞与中国近代学制的建立［J］. 辽松学刊（社会科学版），1988（3）.

29. 黄新宪. 论张之洞的留学观及历史意义［J］. 上海师范大学学报（哲学社会科学版），1988（2）.

30. 石培华. 张之洞的洋务实践及其思想［J］. 江海学刊，1999（1）.

31. 朱忠焰. 张之洞：中国近代外语教育的奠基人［J］. 安庆师范学院学报（社会科学版），1999（1）.

32. 刘杰辉. 试论张之洞与清末留日运动［J］. 社会科学论坛，1999（4）.

33. 龚书铎，黄兴涛. "儒臣"的应变与儒学的困境——张之洞与晚清儒学［J］. 清史研究，1999（3）.

34. 王海燕. 张之洞与癸卯学制的制定［J］. 历史教学问题，2000（3）.

35. 赵荣. 张之洞与晚清名人［J］. 贵州文史丛刊，1991（1）.

36. 孙石月. 论张之洞的教育思想［J］. 山西师大学报（社会科学版），1991（3）.

37. 黄新宪. 对张之洞改善办学条件若干尝试的考察［J］. 山东教育科研，1992（4）.

38. 钟康模，钟海模. 论张之洞对待外敌入侵的态度——兼论张之洞对外态度变化的原因［J］. 中山大学学报（社会科学版），1992（4）.

39. 蕲阳侠. 浅析张之洞办教育的经济因素及经济活动［J］. 江汉大学学报，1992（1）.

40. 洪九来. 张之洞军事教育思想初探［J］. 湖北大学学报（哲学科学版），1992（2）.

41. 苏志宏，郝丹立. 张之洞"中体西用"教育改革论探要

［J］. 云南教育学院学报，1993（1）.

42. 王笑宇. 张之洞与"癸卯学制"［J］. 历史教学问题，1993（4）.

43. 谢放. 张之洞与戊戌政制改革［J］. 历史研究，1997（6）.

44. 冯祖贻. 张之洞与张謇［J］. 贵州社会科学，1997（6）.

45. 陈旭霞. 1980 年以来张之洞研究综述［J］. 河北师范学院学报（社会科学版），1997（1）.

46. 黎仁凯，乔丽荣. 近二十年来张之洞研究概述［J］. 近代史研究，1998（4）.

47. 彤新春，汤萌. 张之洞督鄂与新式教育［J］. 湖北民族学院学报（哲学社会科学版），1998（2）.

48. 周志初. 张之洞《劝学篇》评析［J］. 扬州大学学报（人文社会科学版），1998（4）.

49. 王世名. 张之洞与广雅书院［J］. 广东民族学院学报（社会科学版），1998（1）.

50. 丁永刚. 张之洞的留学教育思想及其实践［J］. 唐都学刊，1998（4）.

51. 李涤非. 论张之洞与清末新政教育改革［J］. 洛阳理工学院学报（社会科学版），2013（5）.

52. 陈冰. 张之洞"中体西用"政治思想与晚期洋务运动［J］. 兰台世界（上旬刊），2013（11）.

53. 郭书愚. "新旧交哄的激进时代"：以张之洞和存古学堂的"守旧"形象为例［J］. 四川大学学报（哲学社会科学版），2013（1）.

54. 赵山花，赵亚丽. 谈张之洞对洋务派的超越［J］. 兰台世界，2013（3）.

55. 湛长胜. 张之洞与中国近代化［J］. 赤峰学院学报（汉文哲学社会科学版），2013（2）.

56. 余倩倩，杜保钢. 张之洞早期的学术思想探究——以《輶轩语》为中心 [J]. 文史博览（理论），2013（1）.

57. 魏登云. 论张之洞教育思想的特色 [J]. 教育文化论坛，2013（1）.

58. 任晓兰，王昊. 张之洞"中体西用"教育思想评析 [J]. 理论与现代化，2013（2）.

59. 陆胤. 经古学统与经世诉求——张之洞创建广雅书院的学派背景 [J]. 清史研究，2013（2）.

60. 范文明. 张之洞储才思想浅探——以张之洞督鄂期间为主 [J]. 大庆师范学院学报，2012（1）.

61. 黄俊棚. 论张之洞的教育思想与学术主张 [J]. 求索，2012（4）.

62. 秦进才. 张之洞的成就角色——影响中国近代社会思潮的思想家 [J]. 沧州师范学院学报，2012（2）.

63. 王芳. 张之洞与癸卯学制 [J]. 内江师范学院学报，2011（3）.

64. 鞠北平. 论张之洞军事人才教育思想及其实践 [J]. 湖北社会科学，2011（6）.

65. 赖继年. 浅评张之洞的教育思想——以《劝学篇》为中心 [J]. 兰州教育学院学报，2011（4）.

66. 苏哲. 张之洞与晚清文化保守主义思潮 [J]. 江苏警官学院学报，2011（3）.

67. 时赟，杨小朋，李爱民. 张之洞农业教育思想与实践 [J]. 河北师范大学学报（教育科学版），2011（11）.

68. 刘春丽. 张之洞与湖北教育的近代化 [J]. 新乡学院学报（社会科学版），2011（6）.

69. 张月琴，李珍梅. 张之洞的教育和谐思想及其当代意义 [J]. 山西大同大学学报（社会科学版），2010（5）.

70. 武晓华. 张之洞兴学育才思想探源 [J]. 山西大学学报（哲学社会科学版），2009（3）.

71. 任晓兰. 张之洞的东学观探析 [J]. 武汉科技大学学报（社会科学版），2009 (3).

72. 张玉山. 张之洞与中国近代职业教育的萌芽 [J]. 求索，2009 (7).

73. 陈立波，王洪忠. 论张之洞的留学教育思想 [J]. 山东理工大学学报（社会科学版），2008 (1).

74. 聂蒲生. 略论中国近代教育的先驱张之洞 [J]. 贵州大学学报（社会科学版），2008 (1).

75. 温晓静. 从《劝学篇》和"癸卯学制"初探张之洞的历史教育思想 [J]. 温州大学学报（社会科学版），2008 (6).

76. 董贵胜. 论张之洞对中国近代教学思想的创新与贡献 [J]. 山东理工大学学报（社会科学版），2007 (5).

77. 刘亚玲. 简析张之洞的荐才观 [J]. 黄冈师范学院学报，2006 (5).

78. 王姗萍，黎仁凯. 张之洞聘任洋员探析 [J]. 安徽史学，2005 (4).

79. 刘亚玲. 刍议张之洞的农业教育观 [J]. 华中农业大学学报（社会科学版），2005 (2).

80. 柳卫民. 试论张之洞的警察教育思想 [J]. 湖北警官学院学报，2005 (4).

81. 王珞霞. 颜元、张之洞教育思想比较研究 [J]. 河北师范大学学报（教育科学版），2005 (1).

82. 任放. 近百年张之洞研究述评 [J]. 近代史研究，2003 (2).

83. 把增强. 近五年来张之洞研究的新进展 [J]. 历史教学，2003 (7).

84. 黎仁凯. 张之洞历史定位之我见 [J]. 历史教学，2003 (9).

85. 于月清. 张之洞、梁启超教育思想比较研究 [J]. 山东社会科学，2003（2）.

86. 吴剑杰. 论张之洞湖广任内的外才引进［J］. 武汉大学学报（人文科学版），2003（2）.

87. 胡世刚. 张之洞创办实业学堂的思想与实践［J］. 湖北社会科学，2002（7）.

88. 吴宝晓. 张之洞与清末新政的起源——兼论清末新政的多种动机及其影响［J］. 历史档案，2002（4）.

89. 李细珠. 张之洞与《江楚会奏变法三折》［J］. 历史研究，2002（2）.

90. 李细珠. 张之洞与晚清军事教育近代化［J］. 安徽史学，2001（4）.

91. 王天桥. 张之洞人才培养思想的教育启示［J］. 教育文化论坛，2018（2）.

92. 平利. 张之洞的人才思想对当代高校人才培养的启示［J］. 人才资源开发，2017（14）.

93. 陈永胜. 试论张之洞的人才观［J］. 黑龙江史志，2015（3）.

94. 陈静. 论儒臣张之洞的人才观［J］. 广东广播电视大学学报，2013（4）.

95. 鞠北平. 论张之洞军事人才教育思想及其实践［J］. 湖北社会科学，2011（6）.

96. 李凤. 张之洞人才教育思想和实践的转变［J］. 唐山师范学院学报，2011（3）.

97. 张玉栋. 浅析张之洞的国防建设思想——"储人才，制器械，开地利"［J］. 科技信息，2009（1）.

98. 闭雄壮，韦秋杰. 张之洞人才思想论［J］. 河池学院学报，2008（6）.

99. 邓永康. 张之洞与晚清海外人才引进［J］. 商情（教育经济研究），2008（6）.

100. 钮海燕. 张之洞：晚清引进海外人才第一人 [J]. 国际人才交流，2006（10）.

101. 闭雄壮. 从"通经致用"到"中体西用"——论张之洞的人才教育思想 [J]. 河池学院学报（哲学社会科学版），2006（4）.

102. 闭雄壮. 传统与现实——论张之洞的人才功能观 [J]. 河池学院学报（社会科学版），2005（3）.

103. 桂勤. 从《劝学篇》比较福泽谕吉与张之洞的人才观 [J]. 比较教育研究，1994（4）.

104. 姚永森. 张之洞抚晋求人才 [J]. 晋阳学刊，1984（4）.

后　记

　　《张之洞人才思想研究》终于出版了。本书是我在导师杨世文教授的指导下，完成的张之洞相关研究的成果之一。张之洞是晚清重要的政治人物之一，他曾任四川学政、山西巡抚、两广总督、湖广总督，主持了兴建广雅书院、尊经书院等旧式学堂，创建了武汉大学的前身湖北自强学堂、南京大学的前身三江师范学堂等近代新式学堂，培养了大批近代人才。在张之洞的政治生涯中，对人才的发现和培养十分重视，在他的奏章中，随处可见他向朝廷举荐人才、参奏并要求处罚不负责任的官员等内容。张之洞勤于发现人才，这不难理解，在三千年未有之大变局的形势下，改弦更张，在内忧外患中谋求国家的富强，人才是最为重要的要素。本书的撰写，从《张之洞全集》中，整理出张之洞关于人才的论述约 100 多万字，结合时间先后顺序，参考相关研究和资料，对张之洞政治生涯中的人才思想进行了系统的研究，这也从一个侧面反映了在当时的世界局势下，中国的先进人物对于西方冲击的反应。

　　从 1000 多万字的《张之洞全集》中，搜索、摘录出相关资料，尤其是对相关史实的确定、考证等工作，不仅需要耐心地查看相当数量的资料，还需要具备一定的文言文和史学功底，工作量十分巨大，我的几位学生和助手面对庞大的工作量，任劳任怨，在材料整理方面做出了较大的贡献。相关工作的分工如下：第一章，黄方力（西南科技大学外国语学院）；第二章第一节，李杰；第二章第二节，胡亚杰；第二章第三节，张娜；第三章第一节，税显辉；第三章第二、三节，黄方力（西南科技大学外国语学院）。本书参考了大量的教材、专著和论文，限于篇幅，书后只列出主要书目，部分参考书和论文未能一一列出，这里谨向作者致歉并表示衷心感谢。